TUTORIUM JURA

Brian Valerius

Einführung in den Gutachtenstil

15 Klausuren zum Bürgerlichen Recht, Strafrecht und Öffentlichen Recht

Dritte, überarbeitete und aktualisierte Auflage

 Springer

Dr. Brian Valerius
Julius-Maximilians-Universität Würzburg
Lehrstuhl für Strafrecht, Strafprozessrecht,
Rechtstheorie, Informationsrecht
und Rechtsinformatik
(Professor Dr. Dr. Eric Hilgendorf)
Domerschulstraße 16
97070 Würzburg
brian.valerius@email.de

ISBN 978-3-540-88644-0   e-ISBN 978-3-540-88645-7

DOI 10.1007/978-3-540-88645-7

ISSN 1613-8724

Bibliografische Information der Deutschen Nationalbibliothek
Die Deutsche Nationalbibliothek verzeichnet diese Publikation in der Deutschen Nationalbibliografie;detaillierte bibliografische Daten sind im Internet über http://dnb.d-nb.de abrufbar.

© 2005, 2007, 2009 Springer-Verlag Berlin Heidelberg

Einbandgestaltung: WMXDesign GmbH, Heidelberg

Gedruckt auf säurefreiem Papier

9 8 7 6 5 4 3 2 1

springer.de

Vorwort zur dritten Auflage

Die anhaltend wohlwollende Aufnahme durch Studierende und Rezensenten beschert dem Buch eine weitere Neuauflage. Der erfreuliche Anlass wurde genutzt, um sowohl die einleitenden Kapitel über den Gutachtenstil als auch die ausformulierten Klausuren eingehend zu überarbeiten und behutsam zu ergänzen. Unter anderem wurde § 2 um einen Abschnitt über Tücken und stilistische Fallstricke des juristischen Sprachgebrauchs erweitert.

Das Buch richtet sich vornehmlich an Studierende der ersten Semester, die in ihren Vorlesungen und Arbeitsgemeinschaften zum ersten Mal dem Gutachtenstil begegnen. Daher sind die Themen der abgedruckten Klausuren denjenigen Rechtsgebieten entnommen, die gewöhnlich zu Beginn des Jurastudiums gelehrt werden. Studierenden aus höheren Semestern kann vor allem der einführende Teil über den Gutachtenstil als kurze und wertvolle Wiederholung in Vorbereitung auf ihre Zwischenprüfungs- oder Übungsklausuren dienen.

Für die gründliche Durchsicht der Neuauflage gilt mein herzlichster Dank Frau *Alexandra Kraemer* und Herrn *Christian Krauße*. Sie konnten ihre eigenen Erfahrungen als Leiter von Arbeitsgemeinschaften in das Manuskript mit einfließen lassen und dadurch wesentlich dazu beitragen, das Buch weiter auf die Bedürfnisse der Zielgruppe abzustimmen.

Konstruktive Anregungen und Verbesserungsvorschläge sind jederzeit willkommen, am Besten per E-Mail an brian.valerius@email.de.

Würzburg, im November 2008   Brian Valerius

Aus dem Vorwort zur ersten Auflage

Die Idee zu diesem Buch entstand im Rahmen eines Konversatoriums zum Strafrecht AT 1 und war eine Reaktion auf Fragen, mit denen ich mich als Leiter dieser Arbeitsgemeinschaft konfrontiert sah. Dabei ging es nicht um Fragen juristischer Art, sondern um Schwierigkeiten bei der Anwendung des Gutachtenstils und der konkreten Ausformulierung von Klausuren. Schnell ertappte ich mich dabei, die Grundzüge des Gutachtenstils und gängige Tipps zu dessen Beherrschung unreflektiert von mir zu geben. Das erforderliche Wissen gab ich zwar auf diesem Wege an die Teilnehmer meiner Arbeitsgemeinschaft weiter, es schien mir aber nicht ausreichend vermittelt. Dazu wäre erforderlich gewesen, nicht lediglich die Regeln des Gutachtenstils aufzuzählen, sondern darüber hinaus ihren jeweiligen Sinn und Zweck zu erklären. Denn nicht selten trägt zum Verständnis bei, wenn man nicht nur erklärt, *dass* etwas so ist, sondern auch *warum* dies der Fall ist.

Mit dem vorliegenden Buch sollen diese Versäumnisse nachgeholt werden. Es ist somit eine Art Vergangenheitsbewältigung mit dem Ziel, dem Studienanfänger der Rechtswissenschaft anschaulich zu erläutern, was er bei der Anfertigung von Gutachten im Rahmen von Klausuren und schriftlichen Prüfungen zu beachten hat. Mit der Kombination eines einführenden theoretischen Teils zum Gutachtenstil und eines abschließenden praktischen Teils mit 15 fächerübergreifenden Klausuren hoffe ich, den Studierenden einen sicheren Einstieg in das Jurastudium zu ermöglichen und ihre ersten Schritte zu erleichtern.

Inhaltsverzeichnis

Abkürzungsverzeichnis

a.A.	anderer Ansicht
Abs.	Absatz
a.E.	am Ende
Alt.	Alternative
Art.	Artikel
AT	Allgemeiner Teil
Aufl.	Auflage
BGB	Bürgerliches Gesetzbuch
BGH	Bundesgerichtshof
BGHSt	Sammlung der Entscheidungen des Bundesgerichtshofs in Strafsachen
BGHZ	Sammlung der Entscheidungen des Bundesgerichtshofs in Zivilsachen
BVerfG	Bundesverfassungsgericht
BVerfGE	Sammlung der Entscheidungen des Bundesverfassungsgerichts
BVerfGG	Gesetz über das Bundesverfassungsgericht
bzgl.	bezüglich
bzw.	beziehungsweise
d.h.	das heißt
Ed.	Edition
etc.	et cetera
EUR	Euro
f.	folgende
ff.	fortfolgende
GG	Grundgesetz
ggf.	gegebenenfalls
GOBT	Geschäftsordnung des Deutschen Bundestages
Gr.	Gruppe
grds.	grundsätzlich
hrsg.	herausgegeben
HS	Halbsatz
i.S.d.	im Sinne des/r
i.V.m.	in Verbindung mit

JA	Juristische Arbeitsblätter
Jura	Juristische Ausbildung
JuS	Juristische Schulung
JZ	Juristenzeitung
MDR	Monatsschrift für Deutsches Recht
m.w.N.	mit weiteren Nachweisen
NJW	Neue Juristische Wochenschrift
Nr.	Nummer
NStZ	Neue Zeitschrift für Strafrecht
OLG	Oberlandesgericht
Rdn.	Randnummer
RGebStV	Rundfunkgebührenstaatsvertrag
RGZ	Sammlung der Entscheidungen des Reichsgerichts in Zivilsachen
RpflStud	Rechtspfleger Studienhefte
S.	Satz; Seite
SGB V	Sozialgesetzbuch Fünftes Buch
sog.	sogenannte(r/s)
StGB	Strafgesetzbuch
StPO	Strafprozessordnung
str.	strittig
u.a.	und andere; unter anderem
Var.	Variante
VersG	Versammlungsgesetz
vgl.	vergleiche
VR	Verwaltungsrundschau
vs.	versus
z.B.	zum Beispiel
zit.	zitiert

§ 1 Einleitung

Mit der Aufnahme eines Studiums beginnt ein neuer Lebensabschnitt. Die Studierenden treten in die entscheidende Phase ihrer Ausbildung und verschreiben sich für einige Jahre demjenigen Fachgebiet, mit dem sie sich für den Rest ihres beruflichen Lebens beschäftigen möchten. Ebenso hält das Privatleben einschneidende Veränderungen und wertvolle Erfahrungen bereit, stehen doch viele zum ersten Mal fernab vom elterlichen Heim auf eigenen Füßen und müssen und dürfen ihr Leben selbst in die Hand nehmen. Sicherlich spricht nichts dagegen, die hinzugewonnene Freiheit in vollen Zügen zu genießen. Allerdings geht damit auch eine größere Verantwortung einher, an die es sich erst einmal zu gewöhnen gilt.

Unter den verschiedenen Studiengängen erfordert vor allem das Studium der Rechtswissenschaften ein erhöhtes Maß an *Eigenständigkeit*. Diese erschöpft sich nicht lediglich darin, sich selbstständig um die rechtzeitige und vollständige Anmeldung für Abschlussklausuren und Zwischenprüfungen sowie um die fristgerechte Einreichung von Haus- und Seminararbeiten zu kümmern. Vielmehr bleibt ebenso völlig dem Einzelnen überlassen, wie er sein Studium gestaltet, d.h. mit welcher Ernsthaftigkeit, mit welcher Konsequenz und mit welchem Fleiß er es betreibt. Eine Betreuung oder Überwachung durch die Universität, ob sämtliche Studierende ihre Semesterziele erreichen, gibt es – anders als zur Schulzeit – nicht mehr. Weder werden schriftliche oder mündliche Hausaufgaben gestellt noch unangekündigte Lernkontrollen geschrieben. Die meisten Lehrveranstaltungen weisen nicht einmal eine Anwesenheitspflicht auf. Jeder muss sich also selbst dazu motivieren, genügend Zeit in das Studium zu investieren und sich gewissenhaft auf Abschluss-, Zwischenprüfungs- oder Übungsklausuren vorzubereiten.

Um die zahlreichen Prüfungen während des Jurastudiums erfolgreich zu absolvieren, sind zunächst entsprechende Kenntnisse in den jeweiligen Rechtsgebieten erforderlich. Darüber hinaus verlangen schriftliche Arbeiten zumeist die Anfertigung eines (Rechts-)Gutachtens, das eigenen Regeln und Gesetzmäßigkeiten folgt, deren Gesamtheit den sogenannten *Gutachtenstil* bildet. Die Studierenden müssen sich also nicht nur das notwendige Wissen aneignen, sondern auch mit dem Gutachtenstil anfreunden, der sie bis zum Ersten Staatsexamen in fallbasierten Klausuren begleiten wird.

Die Vermittlung des Gutachtenstils ist das Ziel des vorliegenden Buches. Zu diesem Zweck enthält das nachfolgende Kapitel (§ 2) zunächst allgemeine Ausführungen zum Gutachtenstil, zu seinen einzelnen Schritten, seinem Verhältnis zum sogenannten, noch zu erläuternden Urteilsstil sowie seinem Gebrauch bei Meinungsstreiten, denen die Studierenden im Jurastudium häufig begegnen werden. Dabei wurde versucht, es nicht bei der bloßen Schilderung der *Grundzüge des Gutachtenstils* zu belassen, sondern darüber hinaus zu erklären, warum der Stil überhaupt gefordert wird und welcher Sinn sich hinter seinen einzelnen Regeln verbirgt. Diese Hintergrundinformationen sollen das Verständnis für den Gutachtenstil fördern und seine Anwendung erleichtern.

Da in Klausuren gewöhnlich ein unbekannter Fall auf die Studierenden wartet, empfiehlt sich außer den notwendigen Kenntnissen über den Gutachtenstil eine besonnene und durchdachte Herangehensweise in der Prüfungssituation. Kapitel § 3 beinhaltet daher einige Ratschläge zur *Klausurtaktik*, etwa zum Umgang mit dem Aufgabentext (sogenannter Sachverhalt) und der Prüfungsfrage (sogenannter Bearbeitervermerk), zur Vorbereitung der Reinschrift des Gutachtens sowie zur Zeiteinteilung während einer Klausur.

Der restliche Teil des Buches widmet sich schließlich der praktischen Umsetzung der einleitenden allgemeinen Erörterungen und enthält jeweils fünf *Klausuren zum Bürgerlichen Recht* (§ 4), zum *Strafrecht* (§ 5) und zum *Öffentlichen Recht* (§ 6) mit einführenden Hinweisen zu jedem Rechtsgebiet. Die Klausuren behandeln Standardprobleme aus dem Allgemeinen Teil des BGB, dem Staatsrecht sowie dem Allgemeinen Teil des StGB, auf welche die Studierenden in den juristischen Veranstaltungen der ersten Semester gewöhnlich stoßen. Alle Fälle sind für eine zweistündige Bearbeitungszeit konzipiert und könnten somit als Klausur in einer Arbeitsgemeinschaft oder als Abschlussklausur einer Vorlesung dienen.

Die ausformulierten Gutachten zu den einzelnen Klausuren sind keineswegs als Musterlösungen zu verstehen. Sie bieten lediglich eine Orientierungshilfe und können als Formulierungsbeispiele dienen. Dies bedeutet aber nicht, dass die darin enthaltenen juristischen Probleme nicht auf eine andere, ebenso vertretbare Weise gelöst werden können. Gleiches gilt für die vorgeschlagene Gewichtung einzelner Aspekte und nicht zuletzt für den Sprachgebrauch. Die abgedruckten Lösungen sind daher weder als unumstößlich noch als einziger Weg zu einer zufriedenstellenden Punktzahl zu betrachten. Vielmehr sollte jeder seinen individuellen Schreibstil entwickeln und verfeinern.

§ 2 Zum Gutachtenstil

I. Aller Anfang ist schwer

Die *schlechte Nachricht* vorweg: Das Studium der Rechtswissenschaft wird von den Studierenden in den ersten Semestern oftmals unterschätzt. Schließlich scheinen alle Fakten für einen eher gemütlichen und erholsamen Studiengang zu sprechen: Semesterferien von über 20 Wochen und in der verbleibenden Vorlesungszeit zumeist eine im Vergleich zur Kollegstufe des Gymnasiums geringere Wochenstundenzahl. All dies könnte den Eindruck erwecken, dass das Jurastudium für einen gestandenen Abiturienten, der seine Hochschulreife gegebenenfalls in lernintensiven Leistungskursen unter Beweis gestellt hat, weder mit großem Aufwand verbunden noch eine ernst zu nehmende Herausforderung sei.

Der Schein trügt allerdings. Je nach Bundesland variiert die Anzahl der bis zum Examen zu erlernenden Rechtsgebiete und damit die sich anzueignende Stoffmenge von „viel" über „enorm viel" bis hin zu „kaum überschaubar". Eine einfache Rechenoperation vermag dies zu veranschaulichen: Ein achtsemestriges Studium unterstellt, kommen nach den gewöhnlichen Studienplänen in der Regel bis einschließlich des sechsten Semesters neue Rechtsgebiete in den Vorlesungen hinzu, bevor das letzte Studienjahr der Examensvorbereitung und der Wiederholung dient. Wer ungefähr erahnen möchte, was ihn im Jurastudium erwartet, kann daher den im ersten Semester zu erlernenden Stoff mit sechs multiplizieren und sich vergegenwärtigen, diese Gesamtmenge im Examen vollständig wissen und beherrschen zu sollen. In statistischen Erhebungen zeichnet sich das Jurastudium dementsprechend gegenüber anderen Studiengängen durch zweierlei aus: einen durchweg geringeren, wenngleich zuletzt zunehmenden Arbeitsaufwand für Lehrveranstaltungen einerseits sowie ein umso zeitintensiveres Selbststudium andererseits.

Um sogleich eine weitere Fehlvorstellung zu entlarven: Es reicht bei weitem nicht aus, nur das zu lernen, was in den Vorlesungen oder Kursen erwähnt wird. Die einzelnen Rechtsgebiete sind nämlich meistens zu umfangreich, um komplett in einer Lehrveranstaltung behandelt werden zu können. Eine Vorbereitung, die sich gleichwohl nur auf den in der Veranstaltung vorgetragenen Stoff beschränkt, mag zwar noch genügen, um die jeweiligen Abschlussklausuren zu bestehen. Spätestens im zentral gestellten Examen, häufig bereits in den Übungen für Fortgeschrittene, wird aber keine Rücksicht mehr darauf genommen, ob und gegebenenfalls in welcher Gründlichkeit in den vorangegangenen Vorlesungen der gesamte Prüfungsstoff angesprochen wurde. Wer seine Hochschulreife in einem

Bundesland mit landesweit einheitlichen Abiturprüfungen erlangt hat, verfügt vielleicht bereits über einschlägige eigene Erfahrungen.

Für alle Leser und Leserinnen, die sich durch diese Hiobsbotschaften nicht von der weiteren Lektüre abhalten ließen, nun die *gute Nachricht*: Das Jurastudium ist bei weitem nicht so dramatisch oder aussichtslos, wie es die vorstehenden Ausführungen vermuten lassen, und viele Studierende werden es erfolgreich absolvieren. Die Lebensqualität während der Studienzeit wird sich allerdings maßgeblich danach bestimmen, wie an das Studium herangegangen wird. Dazu sind zunächst die Fähigkeiten näher zu erläutern, die von den Studierenden der Rechtswissenschaften erwartet werden.

Einen wesentlichen, angesichts der erwähnten Stoffmenge nicht zu unterschätzenden Aspekt stellt zunächst das *Wissen* dar. Das Wissen allein reicht allerdings nicht aus, da die schriftlichen Prüfungen im Jurastudium anders als in den meisten Studiengängen weder aus Frage-Antwort- noch aus Multiple-Choice-Klausuren bestehen. Auch die in anderen Geisteswissenschaften verbreiteten Aufsatz- oder Themenklausuren sind bei den Juristen nur selten anzutreffen. Vielmehr werden dem Prüfling Sachverhalte vorgegeben, aus denen er die rechtlichen Problemstellungen selbst herauszuschälen hat. Er muss also sein Wissen *anwenden*, d.h. er muss erkennen können, welche Rechtskenntnisse an welcher Stelle von Bedeutung sind. Zu guter Letzt – was oftmals vernachlässigt wird – müssen die Studierenden ihr (angewendetes) Wissen *vermitteln* können. Oder in der freien Marktwirtschaft anders formuliert: Sie müssen sich verkaufen können.

Den Studierenden diese Trias abzuverlangen, hat seine Berechtigung, da sie den Anforderungen des späteren Berufslebens entspricht. Wenn Sie sich etwa eines nicht allzu fernen Tages als Rechtsanwalt niederlassen und einen Mandanten empfangen, so wird dieser Ihnen nur selten eine konkrete, juristisch korrekt formulierte Frage stellen, die Sie ohne größeren Aufwand zutreffend beantworten können. In der Regel wird sich Ihr Kunde vielmehr erst einmal setzen, seinem Ärger Luft machen und sich ausführlich über die Ungerechtigkeit im Leben oder die Unverfrorenheit desjenigen beschweren, der ihn in Ihre Kanzlei getrieben hat. Die rechtlich relevanten Seiten seines Falles wird er dagegen erst nach einiger Zeit und gegebenenfalls nur in einem Nebensatz ansprechen. Ihre Aufgabe als Rechtsanwalt besteht dann darin, aus den Schilderungen des Mandanten die wesentlichen Gesichtspunkte herauszufiltern (Anwenden) und zu bewerten (Wissen).

Jetzt stellen Sie sich bitte vor, dass Ihr Mandant mit einem aussichtslosen Fall zu Ihnen kommt, den er und somit auch Sie nur verlieren können; und zumindest in zivilrechtlichen Streitigkeiten verliert in der Regel eine der Parteien, manchmal sogar beide. Sie haben alles wunderbar erledigt, die rechtlichen Problempunkte herausgearbeitet und zutreffend bewertet, aber die Rechtslage spricht einfach gegen Ihren Mandanten. Nicht Ihre Schuld, zweifellos. Doch wie können Sie Ihren Mandanten trotz der Niederlage als Kunden behalten? Sie müssen ihm die Rechtslage erläutern und die Gründe seines Scheiterns erklären. Kurz: Sie müssen Ihr Wissen vermitteln. Gelingt Ihnen dies, kehrt der Mandant trotz der Niederlage wieder zu Ihnen zurück. Gelingt Ihnen dies in der Klausur, können Sie den einen oder anderen Punkt mehr erzielen.

II. Das Gutachten als juristischer Dreisprung

Um die Bedeutung der einzelnen Schritte *Wissen – Anwenden – Vermitteln* zu unterstreichen, soll ein Beispiel aus der Welt des Sports bemüht werden. In der Leichtathletik existiert eine für den Gelegenheitsbetrachter seltsam anmutende Disziplin, deren Ziel es ist, mit drei Sprüngen eine möglichst große Weite zurückzulegen: der sogenannte Dreisprung. Dabei handelt es sich im Grunde um einen dreifachen Weitsprung, bestehend aus einem größeren ersten Hüpfer (englisch „hop"), einem kleineren Zwischenschritt („step") und einem abschließenden Sprung („jump"), an dessen Ende der Sportler erstmals mit beiden Füßen zugleich auf dem Boden bzw. in der Sandgrube landet.

- Der erste Sprung („*hop*") lässt sich mit dem Wissen (dazu sogleich 1) vergleichen. Wer bereits hier strauchelt bzw. den Sprung zu kurz setzt, d.h. wer nicht über das notwendige juristische Wissen verfügt, hat kaum Chancen auf eine große Weite. Das Wissen stellt also die unabdingbare Grundvoraussetzung dar, um ein gutes Ergebnis zu erzielen.
- Die nächste Phase des Dreisprungs bildet der Zwischenschritt („*step*"), vergleichbar mit der Anwendung des Wissens (dazu 2). Selbst wenn dank eines umfangreichen Wissens mit einem guten ersten Hüpfer die besten Voraussetzungen für eine große Weite geschaffen werden, muss auch der zweite Schritt sitzen. Dagegen wäre es schmerzhaft, bereits bei der Landung des ersten Sprungs umzuknicken.
- Gelingen „hop" und „step", entscheidet schließlich ein sauberer Schlusssprung („*jump*"). Vermag der Prüfling alle Probleme der Klausur zu erkennen und richtig zu gewichten, muss dies dem Korrektor auch vermittelt werden (dazu 3). Durch eine falsche Technik oder durch bereits nachlassende Konzentration in der Schlussphase des juristischen Dreisprungs werden leicht einige Meter bzw. Punkte verschenkt.

Was soll dieses Bild verdeutlichen? Wer im juristischen Studium große Sprünge hinlegen möchte, darf sich nicht nur auf das Lernen von *Wissen* beschränken. Auch wer die renommiertesten und umfangreichsten Lehrbücher liest und verinnerlicht, hat zwar sehr gute Voraussetzungen, seine Prüfungen mit Erfolg zu absolvieren, ist aber von einer Traumnote noch ein gutes Stück entfernt.

Ebenso wäre es verkehrt, sich allein auf den zweiten Schritt der *Wissensanwendung* zu konzentrieren. Wer sich ausschließlich mit Klausuren die rechtliche Behandlung möglichst vieler typischer Fallkonstellationen aneignen möchte und darauf hofft, in der Prüfung einem bekannten Sachverhalt zu begegnen, landet nicht erst dann unsanft, wenn ein untypischer Fall zu lösen ist. Den gesamten Lernstoff auf diese Weise abzudecken, gelingt zwar bei der theoretischen Führerscheinprüfung mit ihrem nur begrenzten Repertoire an Fragen, aber nicht im Jurastudium, bei dem die Anzahl und Vielgestaltigkeit denkbarer Sachverhalte täglich mit jedem aktuellen Verfahren vor den Gerichten wächst. Das Lernen seiner Anwendung vermag das Wissen selbst somit nicht zu ersetzen.

Gleiches gilt für den Umgang mit dem vorliegenden Buch. Es kann bei weitem nicht den Anspruch haben, den gesamten Lernstoff des ersten Semesters abzudecken. Wie bei jeder Fallsammlung werden lediglich ausgewählte Probleme behandelt, an deren Beispiel die Bearbeitung einer Klausur aufgezeigt wird. Das gewissenhafte und gründliche Studium des Buches erfreut zwar den Verfasser, lässt den Griff zu einem Lehrbuch oder Skript aber alles andere als überflüssig werden.

Schließlich verspricht das *Vermitteln* allein nicht den gewünschten Erfolg. Zwar wurde zwei Seiten zuvor das Beispiel des Mandanten angeführt, den Sie trotz einer Niederlage an sich fesseln wollen. Dies könnte zu dem – in der Praxis häufig berechtigten – Schluss verleiten, entscheidend sei allein der dritte Schritt, nämlich das Vermitteln bzw. Verkaufen. In den Klausuren während des Studiums besteht allerdings das Problem, dass auch der Prüfer über juristische Kenntnisse verfügt und sich nicht ohne Weiteres täuschen lassen wird. Der Prüfling wird somit selbst mit einem außerordentlich schönen Schreibstil den Korrektor kaum von etwas überzeugen können, das juristisch unzutreffend ist.

Wie der Dreisprung eines Leichtathleten nur dann eine große Weite erzielen kann, wenn alle drei Einzelsprünge gelingen, so werden auch Jurastudierende nur dann ihr volles Potential ausschöpfen, wenn sie ihre Vorbereitung sowohl auf die Aneignung von Wissen als auch auf dessen Anwendung und Vermittlung erstrecken. Mit anderen Worten: Der erfolgreiche Prüfling weiß, *was* er schreibt (Wissen), *an welcher Stelle* und *in welchem Umfang* er es schreibt (Anwenden), und schließlich, *wie* er es schreibt (Vermitteln). Die Metapher des juristischen Dreisprungs liegt somit nahe, zumal – um dieses Bild bis an die Grenze seiner Ertragbarkeit auszureizen – der Freiluftweltrekord (der Männer) bei 18(,29) Punkten, Verzeihung, Metern liegt.

1. Hop: Wissen

Unabdingbare Grundvoraussetzung für ein erfolgreiches Studium der Rechtswissenschaften sind zunächst umfangreiche *juristische Kenntnisse*. Ihre Vorbereitung wird sich zu einem großen Teil, was angesichts der wenigen praktischen Elemente im Jurastudium nicht verwundert, auf die Anhäufung von Wissen konzentrieren. Es gilt also viel zu lesen und zu lernen, wieder zu vergessen, erneut zu lernen etc. und im Idealfall schließlich irgendwann zu behalten. Zum richtigen und effektiven Lernen gibt es eigene Bücher und viele Ratschläge, angefangen von der Anfertigung eigener Karteikarten bis hin zum sogenannten Mind Mapping. Es obliegt jedem selbst herauszufinden, mit welcher Methode er persönlich den größtmöglichen Erfolg erzielt. An dieser Stelle sei daher nur auf einige Gesichtspunkte hingewiesen.

Zwischen dem Lernen im Jurastudium und dem Lernen in der Schule besteht zumindest ein wesentlicher Unterschied: die *Menge* des zu bewältigenden Stoffes. Ein konzentriertes und „punktuelles" Lernen, das vor allem bei wenig lernaufwendigen Leistungskursen durchaus den Weg zu guten Noten eröffnen konnte, verspricht daher kaum Erfolg. Wer sich also elegant und mit minimalistischem

Aufwand durch die Schulzeit bewegte, indem er sich den gesamten Stoff erst kurz vor den Klausuren aneignete, wird mit dieser Methode im Jurastudium spätestens im Examen auf Probleme stoßen. Dafür erweisen sich die geforderten Prüfungsgebiete als zu umfangreich.

Zugegeben eignet sich das *punktuelle Lernen* nach wie vor, um kurz vor einer Klausur noch letzte Wissenslücken zu füllen. Dies gilt vor allem bei Abschlussklausuren einer Vorlesung, sofern sich der vom Dozenten ausgewählte Prüfungsstoff in überschaubaren Grenzen halten sollte. Allerdings besteht insbesondere beim simplen Auswendiglernen die Gefahr, das Studierte schnell wieder zu vergessen. Wer sich frei von dem Druck einer unmittelbar bevorstehenden Prüfung juristisch betätigt, sollte daher eine andere Lernmethode praktizieren, damit seine Bemühungen auf fruchtbaren Boden fallen und das Gelernte länger im Gedächtnis verbleibt.

Vorzugswürdig ist daher das „*verständige Lernen*". Vielfach wird in Lehrveranstaltungen auch von „Systemverständnis" die Rede sein. Es trifft sicherlich zu, dass das Verständnis für das System, also das Zusammenspiel und den Zusammenhang zwischen einzelnen Normen, Rechtsfiguren und Rechtsgebieten, das Ziel aller Studierenden sein sollte und das Lernen erleichtern kann. Doch um das System wirklich überblicken zu können, werden die Studierenden schon einige Rechtsgebiete in Vorlesungen gehört oder sich auf sonstige Weise darin vertieft haben müssen, was in der Regel erst nach einigen Semestern der Fall ist. Daher empfiehlt es sich, den zweiten Teil des Schlagwortes zu betonen, nämlich das „Verständnis".

Das verständige Lernen besteht grob beschrieben darin, stets nach dem Sinn und Zweck einer Norm, eines Rechtsgrundsatzes oder einer Rechtsansicht zu fragen – oder kurz: *warum*? Warum hat der Gesetzgeber eine bestimmte Rechtsvorschrift erlassen bzw. geändert? Warum wird ein Prüfungspunkt an dieser Stelle angesprochen? Warum wird bei einem Rechtsproblem eine bestimmte Ansicht vertreten? Warum kritisiert dies die Gegenmeinung? Warum die Frage nach dem „warum"? Die Kenntnis der Hintergründe erleichtert das Verstehen und das Merken von (nicht nur) juristischen Fakten und Meinungen.

An dem Beispiel der alternativen Kausalität, die gewöhnlich in den ersten Vorlesungen zum Allgemeinen Teil des StGB gelehrt wird, soll dies verdeutlicht werden (siehe dazu Klausur 6, S. 115). In der Regel wird die alternative Kausalität als Gegenpart zur kumulativen Kausalität besprochen und von den Studierenden ebenso gelernt, weswegen die Bezeichnungen gelegentlich vertauscht werden. Ein solches Missgeschick in der Klausur ist unnötig, aber noch verzeihbar. Einen größeren Fehler stellt jedoch dar, die Rechtsfolgen der mit diesen Schlagworten bezeichneten Sachverhaltskonstellationen zu verwechseln. Wer bei einem Fall der kumulativen Kausalität auf die Modifikation der „conditio sine qua non"-Formel verweist, zeigt, zwar gelernt, aber nichts verstanden zu haben.

Solche Verwechslungen entlarven regelmäßig denjenigen, der brav die gängigen Definitionen und Lehrsätze auswendig lernt („Alternative Kausalität liegt vor, wenn ... "), aber sich niemals ernsthaft nach deren Sinn erkundigt. Bei den genannten Sonderfällen der Kausalität besteht ein verständiges Lernen etwa darin, sich zu fragen, warum die eine Konstellation als „alternativ" und die andere als „kumulativ" bezeichnet wird. Durch den Blick in ein anschaulich erklärendes Lehrbuch ließe sich dann feststellen, dass sich die Adjektive auf die Fähigkeit der beiden Kausalketten beziehen, den tatbestandlichen Erfolg herbeizuführen. Können sie dies ausschließlich zusammen, dann eben nur „kumulativ"; reichen dagegen beide für sich jeweils bereits zur Tatbestandsverwirklichung aus, dann stellt jede eine mögliche Alternative dar.

Ebenso ließe sich die zweite und gravierendere Verwechslung im Hinblick auf die notwendige Modifikation der „conditio sine qua non"-Formel durch verständiges Lernen vermeiden. Bei der alternativen Kausalität wird die „conditio sine qua non"-Formel nämlich ergänzt, weil ihre strenge Anwendung den Kausalzusammenhang entfallen lässt und somit zur (ungerecht erscheinenden) Straflosigkeit der Täter (wegen vollendeter Tat) führt. Wer sich diese Rechtsfolge einmal verinnerlicht, wird in der Klausur kaum noch in einem Fall der kumulativen Kausalität blindlings die gelernte Modifikation der alternativen Kausalität niederschreiben.

Ein verständiges Lernen kann somit unnötige Fehler in einer Klausur verhindern oder zumindest reduzieren. Nicht zuletzt gestaltet sich das Lernen effektiver und zeitsparender. Um keine falschen Hoffnungen zu schüren: Auch ein verständiges Lernen wird niemanden davor bewahren können, viel von dem Gelernten wieder zu vergessen, denn das Vergessen gehört zum Alltag im Jurastudium. Was aber einmal verstanden wurde, verbleibt länger im Gedächtnis bzw. kann schneller wieder ins Gedächtnis zurückgerufen werden.

2. Step: Anwenden

Regelmäßig wird den Studierenden in einer juristischen Prüfung die *rechtliche Bewertung eines Sachverhalts* abverlangt. Die Aufgabe des Prüflings beschränkt sich dann nicht auf die bloße Wiedergabe seines Wissens, wie beispielsweise die unreflektierte Niederschrift gelernter Definitionen. Vielmehr muss er seine juristischen Kenntnisse auf den konkreten Fall anwenden, um überhaupt herauszufinden, welche juristischen Probleme der Sachverhalt aufwirft und welchen Stellenwert sie jeweils einnehmen. Schließlich muss er die entdeckten Probleme lösen und in einem ihrer Bedeutung angemessenen Umfang behandeln.

Auch bei dem *Erkennen von Problemen* einer Klausur wird den Studierenden eine auf Verständnis setzende Lernmethode behilflich sein. Denn wer bereits beim Lernen versucht, den Grund für eine Rechtsvorschrift, eine Rechtsfigur oder eine bestimmte Ansicht zu erfahren, wird selbst in einem ihm unbekannten Sachverhalt leichter registrieren, ob eine vergleichbare Konstellation vorliegt. Ein simples Auswendiglernen dagegen wird die Studierenden kaum für die im Sachverhalt gestreuten Hinweise und Tipps des Klausurerstellers sensibilisieren.

In einem gewissen Rahmen ist es sogar möglich, das Erkennen von Problemen im Sachverhalt zu erlernen. Je mehr Sie sich mit Klausuren auseinandersetzen, desto mehr wird Ihnen auffallen, dass sich manche Konstellationen und Details in Sachverhalten regelmäßig wiederholen und stets nach ein und demselben Schema zu lösen sind. Sofern Sie also Schwierigkeiten haben, ihr juristisches Wissen in Klausuren anzuwenden und aufgeworfene Probleme zu erkennen, können Sie diese Fähigkeit verfeinern, indem Sie sich neben den in Ihren Lehrveranstaltungen angebotenen Klausuren mit weiteren Fällen aus Ausbildungszeitschriften, Lehrbüchern und Fallsammlungen beschäftigen. Generell empfiehlt es sich, sämtliche Übungsklausuren in Arbeitsgemeinschaften und Konversatorien wahrzunehmen, um den zweiten Schritt des Anwendens zu trainieren und im Umgang mit Prüfungsklausuren routinierter zu werden.

Verfehlt wäre es allerdings, ein Rechtsgebiet ausschließlich anhand von Klausuren aufzubereiten. Dies würde den ersten und wichtigeren Schritt der Aneignung von Wissen vernachlässigen. Bevor man lernt, was man *wo und wie* hinschreibt, sollte man erst wissen und verstehen, *was* man hinschreibt. Klausuren sollten daher nur den Anlass oder die Abrundung zur Lektüre von Lehrbüchern und Skripten darstellen. Wer etwa gerade das Minderjährigenrecht aus dem Allgemeinen Teil des BGB wiederholt, kann sein Wissen sogleich durch die Lösung einer Klausur zu diesem Themenkomplex überprüfen. Ebenso gilt umgekehrt: Wer sich gerade mit einer strafrechtlichen Klausur zu bestimmten Problemen aus dem Bereich der objektiven Zurechnung beschäftigt, kann bei der Gelegenheit ein Lehrbuch zu diesem Thema zu studieren.

In einer Klausurbearbeitung müssen Probleme aber nicht nur erkannt, sondern auch *angemessen gewichtet* werden. Wer mehrere Seiten über einen unproblematischen Prüfungsschritt schreibt, verschenkt Zeit, ohne dafür etwas zu gewinnen. Kaum ein Korrektor wird für unnötig offenbartes Wissen Punkte verteilen, auch nicht als Honorierung des dadurch belegten Lerneifers. Zudem sind Klausuren in der Regel derart konzipiert, dass sich die Teilnehmer nicht allzu lange bei dem Offensichtlichen aufhalten dürfen. Ansonsten fehlt bei den wirklichen Problemen der Klausur und somit bei den punkteträchtigen Stellen die Gelegenheit zu einer umfassenden Bearbeitung.

Schwerpunkte setzen zu können, erweist sich für eine Klausur somit als äußerst relevant. Stellen Sie sich bitte einmal vor, wegen eines Verkehrsunfalls mit Ihrem Pkw einen Rechtsanwalt aufzusuchen. Sie schildern ihm den Geschehensablauf und erwarten nun seine rechtliche Beurteilung des Falles. Leider wartet bald Ihre nächste Vorlesung auf Sie, so dass Sie schon in einer halben Stunde aufbrechen müssen. Der Rechtsanwalt erzählt Ihnen zunächst über die Geschichte des Straßenverkehrsrechts, sinniert über die Möglichkeiten, in Ihrem Blinken, d.h. in Ihrer Betätigung des Fahrtrichtungsanzeigers, ein Angebot zum Vertragsschluss zu erblicken, und schließlich über die zivilrechtlichen Anforderungen an die Deliktsfähigkeit und wie einfach es denn wäre, wenn sie nicht vor einiger Zeit das achte Lebensjahr erreicht hätten. Als er gerade zur entscheidenden Frage gelangt, wer denn eigentlich Vorfahrt hatte, müssen Sie sich auf den Weg zur Universität machen. Wären Sie in diesem Fall von dem Wissen des Rechtsanwalts beeindruckt? Glauben Sie, dass es der Korrektor Ihrer Klausur wäre?

3. Jump: Vermitteln

Nicht zu unterschätzen ist letztlich der Abschlusssprung des Vermittelns. Zwar wird ein Prüfling eine Klausur trotz völliger Ahnungslosigkeit in rechtlichen Belangen allein durch die Art und Weise, wie er etwas hinschreibt, kaum bestehen können. Der Prüfling wird in diesem Fall selbst dann nicht erfolgreich sein, wenn er einen Schreibstil an den Tag legt, der eines Literaturnobelpreisträgers würdig wäre. Oder um im Bild des Dreisprungs zu bleiben: Wer bereits beim ersten Sprung strauchelt, wird allein mit dem dritten Sprung keine ausreichende Weite mehr erzielen. Sind aber die erforderlichen Kenntnisse vorhanden und werden sie auf den vorliegenden Sachverhalt zutreffend angewendet, wäre es schade, Punkte nur deshalb zu verschenken, weil das Wissen dem Korrektor nicht genügend vermittelt werden kann. Warum sollte der Prüfling nicht sein volles Potential ausschöpfen und optimal in Punkte umsetzen?

Die Wege und Möglichkeiten dazu können und sollten Sie sich möglichst früh aneignen. Zum einen stehen Semester für Semester Abschlussklausuren an, die zumeist im Gutachtenstil verfasst werden müssen. Schleichen sich bei seiner Anwendung punktefeindliche Fehler oder Ungenauigkeiten ein, verkommt dies leicht zur schlechten Angewohnheit, derer sich man später nur schwer entledigen kann. Verfallen Sie auch bitte nicht dem Umkehrschluss, dass es an Ihrem Gutachtenstil nichts auszusetzen gebe, wenn der Korrektor insoweit nichts bemängelt. Dazu wird er sich bereits aus Zeitgründen regelmäßig nur bei groben Verstößen oder Unstimmigkeiten veranlasst sehen, zumal er sich bei seinen Anmerkungen eher auf die juristischen Probleme der Klausur konzentrieren wird.

Zum anderen kann der dritte Schritt des Vermittelns als einziger bereits *zu Beginn des Studiums* vollständig erlernt werden. Die juristischen Kenntnisse werden naturgemäß jedes Semester mit jedem neuen Rechtsgebiet wachsen, ebenso die damit einhergehenden typischen Klausurkonstellationen. Die Grundzüge eines richtig und vorteilhaft angewandten Gutachtenstils lassen sich dagegen schon im ersten Semester komplett begreifen, weil sie für jedes Rechtsgebiet gelten. Es ist also seit den ersten Übungs- und Abschlussklausuren möglich, den Gutachtenstil zu trainieren und sich seinen richtigen Gebrauch anzugewöhnen. Denn auch beim Ausformulieren von Klausuren macht Übung den Meister. Die Klausur wird, von den rechtlichen Problemen abgesehen, immer leichter von der Hand gehen und die Suche nach Formulierungen wird weniger Zeit beanspruchen.

Insofern bietet es sich an – getreu dem Motto „you have to learn to dance, before you learn to crawl" – den finalen Schritt als ersten zu erproben. Die folgenden Abschnitte beschäftigen sich daher mit diesen Tanzschritten. Zunächst wird der Gutachtenstil (§ 2 III–VII) in seinen wesentlichen Grundzügen erklärt und anhand von Beispielen erläutert, bevor der theoretische Teil des Buches mit einem Kapitel zur Klausurtaktik (§ 3) schließt.

III. Gutachtenstil

1. Sinn und Zweck

Der Gutachtenstil verfolgt die Studierenden ab ihren ersten Stunden in Vorlesungen und Arbeitsgemeinschaften. Anders als bei den meisten Schulaufgaben genügt es im Jurastudium grundsätzlich nicht, das gelernte Wissen lediglich hinzuschreiben und so dem Prüfer seine Kenntnisse zu demonstrieren. Stattdessen muss dies in einer bestimmten äußeren Form, dem sogenannten Gutachten, geschehen. Auf den ersten Blick leuchtet dies kaum ein und erscheint als lästige Schikane. Zudem gewinnt eine Klausurbearbeitung durch den Gutachtenstil weder an literarischem Wert hinzu noch weiß sie den Studierenden besondere Freude zu bereiten. Im Gegenteil vermag der Gutachtenstil kaum zur Kurzweiligkeit einer Klausur beizutragen.

Gleichwohl verlangt der Bearbeitervermerk in einer häufig anzutreffenden Formulierung: „In einem *Gutachten* ist auf alle aufgeworfenen Rechtsfragen einzugehen." Dies liegt daran, dass das Gutachten in etwa dem Regelfall der juristischen Arbeit in der Praxis entspricht. Denken Sie etwa noch einmal an den auf S. 4 erwähnten Mandanten. Er wird Sie nicht mit einem bereits selbstständig umrissenen juristischen Problem oder mit einer konkreten Frage aufsuchen, sondern Ihnen einen Sachverhalt schildern, um dessen rechtliche Bewertung zu erfahren. Oder ein weiteres Beispiel: Sie haben sich auf ein Rechtsgebiet spezialisiert und sind als Koryphäe auf diesem Gebiet bekannt. Ein Unternehmen kommt mit neuen Plänen auf sie zu und möchte deren Vereinbarkeit mit geltendem Recht wissen. Auch hier wird Ihnen keine konkrete juristische Frage gestellt, sondern Sie müssen eigenständig tätig werden und eine umfassende Antwort finden.

Bei diesen Beispielen ist zudem zu berücksichtigen, dass Ihre Mandanten in der Regel juristische Laien sind. Zwar haben sie sich gegebenenfalls über gewisse Aspekte ihres Rechtsproblems schon informiert. Vielleicht glauben sie auch, die Antwort auf ihre Fragen bereits zu kennen, selbst wenn sie die Lösung nicht verstehen oder nachvollziehen können – was vor allem dann der Fall sein wird, wenn die Rechtslage Ihren Mandanten nicht genehm erscheint. Die Erwartungen an Ihre Meinung, Ihre Einschätzung, an Ihr Gutachten sind dementsprechend hoch. Die Mandanten wollen nicht nur Antworten hören, sondern auch verstehen, warum die Antwort so lautet. Kurz: Sie wollen für ihr Geld etwas sehen.

Dementsprechend sollten Sie Ihr Ziel in einer Klausur formulieren. Versuchen Sie ein Gutachten anzufertigen, das einem *rechtlichen Laien*, der nur den Sachverhalt kennt, die juristischen Probleme des Falles aufzeigt und ihm überzeugend erklärt, aus welchem Grund sie wie gelöst werden. Der Gutachtenstil soll also dazu dienen, Personen von Ihrem Ergebnis zu überzeugen, die in der Regel nur wenige rechtliche Vorkenntnisse aufweisen. Kann ein Laie nach Lektüre Ihrer Lösung den Sachverhalt zutreffend rechtlich beurteilen, haben Sie gute Arbeit geleistet. Das ist Sinn und Zweck eines Gutachtens.

2. Grundlagen des Gutachtenstils

Der Gutachtenstil zeichnet sich dadurch aus, den Weg *von der* (im Bearbeitervermerk) aufgeworfenen *Frage* bis *zur Antwort* zu begleiten. Im Grunde bildet er Ihren Gedankengang nach. Fragt eine Klausur etwa nach einem zivilrechtlichen Anspruch des K auf Übereignung einer Kaufsache gegen V, so gibt das Gutachten darauf erst an seinem Ende eine eindeutige Antwort. Zuvor gilt es, Schritt für Schritt zu überlegen, ob denn die einzelnen Voraussetzungen für einen solchen

Anspruch gegeben sind, ob etwa V und K überhaupt einen wirksamen Kaufvertrag geschlossen haben (z.b. obwohl K sich über eine Eigenschaft der Kaufsache geirrt hat) und ob dem daraus erwachsenen Anspruch Einwendungen (z.b. weil V minderjährig ist oder weil er wegen eines Irrtums den Kaufvertrag – genau: seine auf den Abschluss des Kaufvertrags gerichtete Willenserklärung – angefochten hat) oder Einreden (z.b. wenn K seinen Anspruch schon seit drei Jahren nicht geltend gemacht hat) entgegenstehen.

Die *lineare Vorgehensweise* von der Frage zur Antwort muss nicht nur bei dem Bearbeitervermerk beachtet werden, sondern bei jedem Aspekt, der näherer rechtlicher Erörterung bedarf. Mit anderen Worten: Jedes (Gesamt-)Gutachten ist in kleinere Untergutachten eingeteilt.

Beispiel: Eine Strafrechtsklausur fragt nach der Strafbarkeit des A, der dem X mit einem Bierkrug auf den Kopf schlägt, um dessen Fausthieb abzuwenden. Das Gesamtgutachten betrifft hier die Strafbarkeit des A (Bearbeitervermerk). Die Untergutachten behandeln die zu prüfenden Straftatbestände (hier §§ 223, 224 StGB), die Rechtfertigung des Handelns des A aus Notwehr, dabei etwa wiederum die Erforderlichkeit der Verteidigungshandlung.

Bei sämtlichen Gesamt- und Einzelgutachten wird der Gutachtenstil grundsätzlich in derselben Weise angewandt, wobei drei Schritte zu unterscheiden sind.

Der erste sowie der dritte bzw. letzte Schritt bilden gewissermaßen den Rahmen für Ihre Erörterungen. Da ein Gutachten den Gedankengang von der Frage zum Ergebnis aufzeichnet, wirft der erste Schritt zunächst die Frage auf, die Sie in Ihrem konkreten (Gesamt- oder Einzel-)Gutachten behandeln, während der dritte Schritt das Ergebnis zu dem jeweiligen Aspekt festhält. Dementsprechend werden diese Schritte als *Einleitungs- bzw. Obersatz* und *Schlusssatz* bezeichnet.

Dazwischen erfolgt die eigentliche juristische Arbeit. Nachdem Sie sich im Obersatz vergegenwärtigen, worüber Sie gerade schreiben, gilt es in dem sogenannten *Untersatz*, sich dem aufgeworfenen Problem ausführlich zu widmen. Der Untersatz lässt sich wiederum in zwei weitere Schritte aufteilen: Zunächst wird die fragliche Voraussetzung bzw. das betreffende Merkmal näher betrachtet, indem es *abstrakt*, d.h. losgelöst von dem jeweiligen Fall, definiert (*Definition*) wird. Anschließend wird erörtert, ob die Vorgaben dieser Begriffsbestimmung *konkret*, d.h. im vorliegenden Sachverhalt, gegeben sind (*Subsumtion*). Es versteht sich von selbst, dass dem Untersatz die größte Bedeutung zuteil wird und hier die meisten Punkte verteilt werden. Dies darf aber nicht dazu verleiten, Ober- und Schlusssatz zu vernachlässigen und weniger prägnant zu formulieren.

Wie die einzelnen Schritte des Gutachtenstils anzuwenden sind, soll im Folgenden ein einführendes Beispiel aus dem Strafrecht verdeutlichen. Die sehr konkrete, für einen Bearbeitervermerk unüblich präzise Fallfrage dient dem Zweck, nicht zwischen verschiedenen (Unter-)Gutachtenebenen springen zu müssen und sich auf den Ablauf eines einzelnen Gutachtens konzentrieren zu können.

(Sachverhalt:) A wählt nachts wiederholt die Telefonnummer der F, legt aber jeweils nach einmaligem Klingeln wieder auf. Wie von A beabsichtigt, verbringt F eine schlaflose Nacht und kann am nächsten Morgen nur unausgeschlafen zur Arbeit gehen.
(Bearbeitervermerk:) Hat A eine Gesundheitsschädigung im Sinne des § 223 Abs. 1 Var. 2 StGB begangen?

3. Die einzelnen Schritte des Gutachtenstils

a) *Einleitungs- bzw. Obersatz*

Der erste Schritt besteht darin, sich in einem Einleitungs- bzw. Obersatz zu vergegenwärtigen, was überhaupt im Folgenden zu prüfen ist, z.B. welche Anspruchsgrundlage oder welches konkrete Tatbestandsmerkmal. Die einführenden Worte
des Obersatzes dienen nicht nur Ihrer eigenen *Orientierung*, sondern vor allem der
Orientierung Ihres Korrektors. Anders als Sie kennt er den Gedankengang, den Sie
präsentieren wollen, gerade nicht. In einer juristischen Prüfung haben die Ober-
sätze daher die primäre Aufgabe, den Korrektor durch Ihre Klausur zu leiten.

Der Obersatz muss dementsprechend präzise sein, damit der Korrektor daraus
ersehen kann, welchem rechtlichen Gesichtspunkt Sie sich widmen möchten. Sie
sollten daher sehr genau bezeichnen, was den Gegenstand Ihrer folgenden Ausführungen bildet. Allerdings darf der Obersatz auch nicht zu epischer Breite an-
wachsen, weil er in das Gutachten lediglich einführt, ohne es in der Sache selbst
voranzubringen. Bemühen Sie sich also, in der gebotenen Kürze eine hohe Infor-
mationsdichte zu erreichen.

Abschließend ist bei der Formulierung des Obersatzes noch ein wesentlicher
Charakterzug des Gutachtenstils zu berücksichtigen. Da das Gutachten nur eine
Niederschrift Ihres eigenen Gedankengangs auf dem Weg von der Ausgangsfrage
zum Ergebnis darstellt, steht das Ergebnis nicht vor dem dritten und letzten Schritt
fest. Um dies zu verdeutlichen, werden im Obersatz in der Regel der *Konjunktiv*
oder Formulierungen verwendet, die ähnlich zum Ausdruck bringen, dass eine
Antwort auf die vorgestellte rechtliche Fragestellung noch nicht vorliegt, sondern
erst gesucht wird.

(Obersatz:) A könnte durch seine wiederholten Telefonanrufe die Gesundheit der F im
Sinne des § 223 Abs. 1 Var. 2 StGB geschädigt haben.
(alternativ:) Fraglich ist, ob A durch seine wiederholten Telefonanrufe die Gesundheit
der F im Sinne des § 223 Abs. 1 Var. 2 StGB geschädigt hat.
(alternativ:) Durch seine wiederholten Telefonanrufe hat A möglicherweise die Gesund-
heit der F im Sinne des § 223 Abs. 1 Var. 2 StGB geschädigt.

b) *Untersatz*

Definition. Im ersten Teil des Untersatzes wird der im Obersatz aufgeworfene
Gesichtspunkt rechtlich näher betrachtet. Dies geschieht, indem z.B. die Voraussetzung einer zivilrechtlichen Anspruchsgrundlage oder das Merkmal eines strafrechtlichen Tatbestandes definiert wird bzw. sonstige *juristische Ausführungen* zu
dem jeweiligen Prüfungspunkt erfolgen.

Nähere Erörterungen erscheinen allerdings nur angebracht, wenn sie für den
konkreten Fall von Bedeutung sind. Die sich dem Prüfling bietende Möglichkeit,
im ersten Abschnitt des Untersatzes seine juristischen Kenntnisse unter Beweis zu
stellen, darf dagegen nicht als Einladung verstanden werden, sein gesamtes
Wissen ohne Rücksicht auf seine Relevanz für den zu behandelnden Sachverhalt
niederzuschreiben. Lassen Sie sich also nicht dazu verleiten, unnötige Defini-

tionen und überflüssige Fakten zu präsentieren, auch wenn Sie sie fleißig gelernt haben und sich nun darüber ärgern, dass sie für die vor Ihnen liegende Klausur unerheblich sind. Konzentrieren Sie sich auf das Wesentliche und denken Sie an den Verkehrsanwalt von S. 9.

Wenn sich der erste Teil des Untersatzes nicht in einer gängigen Definition erschöpfen sollte, sondern etwa eine bestimmte Fallkonstellation rechtlich gewürdigt werden muss (z.b. die bereits angesprochene Modifikation der „conditio sine qua non"-Formel bei der alternativen Kausalität), bemühen Sie sich bitte um eine verständliche Schreibweise. Bedenken Sie stets, ein Gutachten in einer Klausur nur faktisch für einen Korrektor mit juristischen Kenntnissen zu schreiben. Ihre eigentliche Zielgruppe bleibt dagegen nach wie vor der rechtliche Laie, der Ihr Gutachten verstehen können muss. Besteht also rechtlicher Erklärungsbedarf, dürfen Sie nicht der beliebten Denkweise verfallen, der Korrektor wüsste schon, was und wie Sie es meinen. Denn in der Klausur geht es nicht darum, was der Korrektor weiß; vielmehr müssen allein Sie unter Beweis stellen, was Sie wissen.

Dass alle Erläuterungen in der Definition abstrakt sind und nicht nur im vorliegenden Sachverhalt, sondern generell Gültigkeit beanspruchen, muss in Ihrem Schreibstil zum Ausdruck kommen. Insoweit sollte nicht mehr auf den Konjunktiv des Obersatzes zurückgegriffen werden. Vielmehr stehen Begriffsbestimmungen und sonstige Ausführungen im Rahmen der Definition im *Indikativ*.

(Definition:) Eine Gesundheitsschädigung ist jedes Hervorrufen oder Steigern eines nicht unerheblichen pathologischen, d.h. krankhaften Zustandes.

Subsumtion. Ob die in der Definition näher erläuterten Voraussetzungen und Merkmale im vorliegenden Sachverhalt gegeben sind, wird im zweiten Teil des Untersatzes geprüft. Einen *konkreten Sachverhalt* unter eine abstrakte Norm oder ein allgemeingültiges Tatbestandsmerkmal zu ziehen, wird als Subsumtion bezeichnet. Auch die Subsumtion erfolgt im *Indikativ*.

Da nun der vorliegende Einzelfall rechtlich zu bewerten ist, empfiehlt es sich, *nahe am Sachverhalt zu arbeiten*. Übernehmen Sie also die Fakten, die für den gerade erörterten Aspekt wesentlich sind, in Ihr ausformuliertes Gutachten. Scheuen Sie sich dabei nicht, die entsprechenden Passagen wortwörtlich und ohne Anführungszeichen abzuschreiben. Diesem Zweck dient schließlich der Sachverhalt. Denken Sie an den Mandanten, der gerade die rechtliche Bewertung seines Falles wissen will und ihn in Ihrem Gutachten wieder erkennen möchte. Ersparen Sie sich daher die Mühe, den Sachverhalt mit anderen Worten zu umschreiben.

Über die Qualität Ihrer Arbeit entscheidet neben der Nähe zum Sachverhalt nicht zuletzt Ihre im Gutachten zum Ausdruck kommende Fähigkeit zur *Argumentation*. In nahezu jeder Klausur gibt es Problembereiche, die mit guten Gründen unterschiedlich gelöst werden können, sei es, dass es zu einer juristischen Thematik widerstreitende Lösungsansätze gibt (zur Darlegung von Meinungsstreiten siehe § 2 V) oder dass bei der Subsumtion des konkreten Einzelfalls unter allgemein anerkannte Grundsätze mehrere Ergebnisse vertretbar erscheinen. In solchen Fällen müssen Sie im Gutachten erklären können, warum Sie sich gerade für die eine der verschiedenen akzeptablen Lösungen entschieden haben. Führen Sie dazu nicht nur Argumente für die von Ihnen bevorzugte Auffassung an, sondern auch mögliche Einwände, die Sie aber mit triftigen Gründen widerlegen.

(Subsumtion:) A hat durch seine wiederholten nächtlichen Telefonanrufe zwar erreicht, dass F am nächsten Morgen nur unausgeschlafen zur Arbeit gehen konnte. Müdigkeit allein ist aber noch kein krankhafter Zustand. Auch ergeben sich keine Anhaltspunkte dafür, dass sich die Aktion des A in sonstiger Weise auf die Gesundheit der F ausgewirkt hat, wie dies etwa bei dauerhaftem Schlafentzug denkbar wäre.

c) Schlusssatz

Haben Sie erfolgreich einen umfassenden und anschaulichen Untersatz formuliert, stellt der dritte und letzte Schritt eine willkommene Aufgabe dar: die *Zusammenfassung* des gerade im (Unter- oder Gesamt-)Gutachten gefundenen Ergebnisses. Im Schlusssatz geben Sie die Antwort auf die im Obersatz aufgeworfene Frage.

Da Sie nun das Ergebnis verkünden, liegt nahe, nicht mehr den – somit grundsätzlich nur im Obersatz angebrachten – Konjunktiv zu verwenden, sondern Ihre Schlussfolgerungen in einem einfachen Aussagesatz im *Indikativ* bekannt zu geben. Dabei sollten Sie sich kurz, aber präzise fassen. Begründungen, auch wenn sie nur in einem Nebensatz oder in Gedankenstrichen erfolgen, sind fehl am Platz und gehören allein in den Untersatz.

(Schlusssatz:) Somit hat A durch seine nächtlichen Telefonanrufe nicht die Gesundheit der F im Sinne des § 223 Abs. 1 Var. 2 StGB geschädigt.

d) Zusammenfassung und Gewichtung

In einem ausformulierten Gutachten nimmt von den aufgezeigten drei Schritten der *Untersatz* den weitaus *größten Raum* ein. Während sich die Funktion von Ober- und Schlusssatz darauf beschränkt, die jeweilige Problematik einleitend aufzuwerfen (Obersatz) und abschließend zu beantworten (Schlusssatz), findet im Untersatz die wahre juristische Aufarbeitung des Sachverhalts statt. *Ober- und Schlusssatz* bilden gewissermaßen den *Rahmen* für das Bild des Untersatzes.

Wie bei richtigen Gemälden ein passender Rahmen zwar gerne gesehen wird, über den Kaufpreis aber letztlich die Qualität des Bildes entscheidet, verhält es sich auch bei einer Klausur. Erweist sich bereits der Rahmen als fehlerhaft, wirkt sich dies negativ auf das Interesse des Käufers aus, der gegebenenfalls sogar von dem Erwerb eines an sich gelungenen Gemäldes Abstand nimmt. Ein schöner Rahmen, d.h. prägnant formulierte Ober- und Schlusssätze, gehört also dazu und ist das Mindeste, was von einem Gutachten erwartet wird. Ob die Klausur aber zu einem Kunstwerk avanciert und mit hohen Punktzahlen honoriert wird, bestimmt sich maßgeblich nach der Qualität der Untersätze.

Innerhalb des Untersatzes wiederum wird regelmäßig der *Subsumtion* die größere Bedeutung zuteil. Zwar darf die saubere Niederschrift gelernter Definitionen und juristischen Fachwissens nicht vernachlässigt werden. Da diese Leistung jedoch die meisten Studierenden erbringen können, wird damit beim Prüfer nur einen besonderen Eindruck hinterlassen, wer über außergewöhnliche (und zugleich relevante) Kenntnisse verfügt bzw. die abstrakte Rechtslage äußerst anschaulich und verständlich schildern kann.

Sein Wissen aber auf den konkreten Sachverhalt anzuwenden, bleibt die eigentliche Kunst des Gutachtens. Schließlich sind auch die beeindruckendsten juristischen Kenntnisse wertlos, wenn nicht mit ihrer Hilfe der konkrete Einzelfall gelöst werden kann. Zudem stellt die Subsumtion die größte Eigenleistung der Studierenden dar, durch die sie sich besonders auszeichnen können. Während nämlich Definitionen und allgemeine Rechtskenntnisse gelernt werden können und sich daher von Klausur zu Klausur häufig nicht unterscheiden, ist dies bei der Subsumtion wegen ihrer Vielgestaltigkeit im jeweiligen Einzelfall kaum möglich, so dass sie den Studierenden Raum zur Individualität und persönlichen Argumentation bietet.

Die Bewertung eines Gutachtens wird sich daher im Wesentlichen nach der Qualität seiner Untersätze bemessen. Insbesondere an Schlüsselstellen der Klausur, die sich auf die weiteren Prüfungsschritte auswirken, sowie an Schwerpunkten sollte der Bearbeiter daher entsprechend sorgfältig arbeiten und umfassend sowie überzeugend argumentieren. Je nach Schriftgröße kann sich der Untersatz zu einem einzigen Untergutachten auf eine, zwei oder sogar mehrere Seiten erstrecken.

4. Abschließende Beispiele

Um zu verdeutlichen, wie wichtig eine verständliche Schreibweise und eine ausführliche Subsumtion für den Wert eines Gutachtens sind, soll an dieser Stelle der Spieß einmal umgedreht werden. Es liegt nun nicht an Ihnen, ein rechtliches Problem einem juristischen Laien plausibel zu erklären. Begeben Sie sich dagegen in die Rolle des Lesers bzw. der Leserin eines Gutachtens aus Gebieten außerhalb der Rechtswissenschaft, namentlich des Handwerks und des Sports – in der Hoffnung, dass Sie sich in zumindest einem der beiden Bereiche nur wenig auskennen und die Beispiele daher ihren gewünschten Effekt nicht verfehlen.

Lediglich klarstellend sei bemerkt, dass die Bezeichnung der einzelnen Schritte in eckigen Klammern als Obersatz, Definition, Subsumtion und Schlusssatz der Orientierung und der Verdeutlichung der einzelnen Schritte des Gutachtenstils dient. In einem ausformulierten Gutachten wird diese Strukturierung nicht ausdrücklich festgehalten.

Beispiel 1: Sie fahren mit Ihrem Auto auf einer Landstraße, als der Motor plötzlich abstirbt und sich nicht mehr starten lässt. Ein Blick auf die Tankuhr verrät Ihnen, dass dies zumindest nicht an fehlendem Benzin liegen kann. Die von Ihnen benachrichtigte Werkstatt schickt einen Mitarbeiter vorbei, der sich Ihren Wagen vor Ort anschaut. Als technisch interessierte Person möchten Sie nun – neben den Kosten der fälligen Reparatur – gerne wissen, weswegen Sie stehen geblieben sind.

Die Antwort des Mechanikers könnte lauten: „Die Nockenwelle ist defekt." Sie wollen aber mehr wissen und fragen nach. Der Mechaniker führt in einem Ihnen bekannten Stil aus: „Ihre Nockenwelle könnte defekt sein [Obersatz]. Die Nockenwelle steuert die Ventile eines Verbrennungsmotors [Definition]. Der Motor Ihres Wagens ist auf einmal abgestorben und springt nicht mehr an [Subsumtion]. Daher ist Ihre Nockenwelle defekt [Schlusssatz]."

Wissen Sie nun mehr? Der durch die zweite Antwort gewonnene Informationsgehalt ist gleich Null, obwohl der Mechaniker seine Aussage in den Gutachtenstil eingekleidet hat. Der Gutachtenstil allein vermag also keine Wunder zu bewirken und weder schwer Verständliches zu erklären noch notwendige Begründungen zu ersetzen. Doch Ihr Mechaniker wagt noch einen dritten Anlauf: „Ihre Nockenwelle könnte defekt sein [Obersatz]. Die Nockenwelle steuert die Ventile eines Verbrennungsmotors. Durch die Ventile fließt das Benzin, mit dem der Motor angetrieben wird. Eine defekte Nockenwelle kann dazu führen, dass kein Treibstoff mehr durch die Ventile fließt und auch der Motor nicht mehr arbeiten kann [Definition]. Dass Ihr Motor plötzlich während der Fahrt ausgegangen ist und nicht mehr gestartet werden kann, lässt auf eine Unterversorgung mit Treibstoff schließen. Im Tank befindet sich aber noch ausreichend Benzin. Das Problem liegt daher an der Zufuhr des Benzins vom Tank zum Motor. [Subsumtion]. Folglich ist Ihre Nockenwelle defekt [Schlusssatz]."

Beispiel 2: Sie sitzen mit einem Fußballfan und Pay-TV-Abonnenten auf der Couch und sehen sich mit ihm zusammen ein Spiel der Bundesliga an. Als Spieler A der Gastmannschaft einen tiefen Pass in den Strafraum gibt, spielt die Heimmannschaft auf Abseits mit Ausnahme des geistesabwesenden Verteidigers V, der sich zum Zeitpunkt des Abspiels genau neben dem Stürmer S der Gastmannschaft befindet. S läuft los, erhält den Pass freistehend vor dem Torwart und verwandelt eiskalt. Dunkel erinnern Sie sich daran, dass bei solchen Situationen normalerweise der Mann an der Seitenlinie mit seiner Fahne wedelt und Abseits anzeigt. Doch sowohl ein Winken mit der Fahne als auch ein Pfiff des Schiedsrichters bleiben aus. Der Treffer wird gegeben. Sie wollen nun wissen warum.

Die erste Antwort des Fußballfans: „Klar war das ein reguläres Tor! Gleiche Höhe!" Als Ihr Gegenüber Ihr Stirnrunzeln bemerkt, unternimmt er einen neuen Versuch: „Der Treffer hätte nicht gegeben werden dürfen, wenn S das Tor aus einer Abseitsstellung erzielt hätte [Obersatz]. Ein Spieler befindet sich in einer Abseitsstellung, wenn er der gegnerischen Torlinie näher ist als der Ball und der vorletzte Spieler der gegnerischen Mannschaft [Definition]. Dies war vorliegend offensichtlich nicht der Fall [Subsumtion]. Somit lag keine Abseitsstellung vor und S hat den Treffer regulär erzielt [Schlusssatz]."

Immer noch nicht überzeugt, wollen Sie seine Antwort als gegeben akzeptieren, als er einen letzten Erklärungsversuch wagt: „Der Treffer hätte nicht gegeben werden dürfen, wenn S das Tor aus einer Abseitsstellung erzielt hätte [Obersatz]. Ein Spieler befindet sich gemäß den Regeln des Deutschen Fußballbundes in einer Abseitsstellung, wenn er der gegnerischen Torlinie näher ist als der Ball und der vorletzte Spieler der gegnerischen Mannschaft. Dabei entscheidet der Augenblick der Ballabgabe, nicht der Zeitpunkt der Ballannahme [Definition]. Vorliegend bleibt somit allein der Moment maßgeblich, zu dem A zu S gepasst hat. Zu diesem Zeitpunkt stand V – als vorletzter Spieler neben dem Torwart – genau neben dem S, d.h. auf sogenannter gleicher Höhe. Da S der gegnerischen Torlinie nicht näher war als V, stellt gleiche Höhe kein Abseits dar [Subsumtion]. Somit lag keine Abseitsstellung vor und S hat den Treffer regulär erzielt [Schlusssatz]."

Welche der jeweils drei Antworten fanden Sie am Verständlichsten? Denjenigen Personen, die sich in diesen Bereichen auskennen, genügt bereits die erste kurze und bündige Version. Für Außenstehende wird dagegen selbst die zweite Variante eher Fragen aufwerfen als beantworten. Sie brauchen mehr als eine nur knappe Definition und eine halbherzige Subsumtion. Ähnlich ergeht es Ihrer Zielgruppe, dem rechtlichen Laien, der ein Gutachten von Ihnen erhält und Ihren Ausführungen folgen können soll. Geben Sie ihm, was er benötigt. Präsentieren Sie ihm anschauliche Erklärungen und begründete Subsumtionen.

Das letzte Beispiel der Abseitsregel unterscheidet sich im Übrigen nicht allzu sehr von Ihrer Arbeit. Schließlich bestand auch hier die Aufgabe in der Interpretation von (in diesem Fall: Spiel-)Regeln. Mit diesen Voreindrücken vergleichen Sie nun bitte die folgenden Ausführungen zu der bereits angesprochenen alternativen Kausalität und entscheiden Sie für sich selbst, welche Variante ein rechtlicher Laie für verständlicher erachten würde.

(Sachverhalt:) A und B geben unabhängig voneinander eine jeweils tödliche Menge Gift in den Tee des C. C erfreut sich kurz an der neuen Geschmacksrichtung und stirbt.
(Bearbeitervermerk:) Strafbarkeit des A wegen Totschlags gemäß § 212 Abs. 1 StGB?

Variante 1: „A könnte sich durch das Mischen des Gifts in den Tee des C wegen Totschlags gemäß § 212 Abs. 1 StGB strafbar gemacht haben [Obersatz Gesamtgutachten]. …
Fraglich ist, ob die Handlung des A kausal für den Tod des C war [Obersatz Untergutachten]. Gemäß der „conditio sine qua non"-Formel ist ein Verhalten ursächlich für den tatbestandlichen Erfolg, wenn die Handlung nicht hinweggedacht werden kann, ohne dass der Erfolg in seiner konkreten Gestalt entfiele. In den Fällen der alternativen Kausalität bedarf diese Formel jedoch einer Modifikation. Danach ist von mehreren Bedingungen, die zwar alternativ, nicht aber kumulativ hinweggedacht werden können, ohne dass der Erfolg in seiner konkreten Gestalt entfiele, jede erfolgsursächlich [Definition Untergutachten]. Vorliegend haben A und B eine jeweils tödliche Menge Gift in den Tee des C gegeben [Subsumtion Untergutachten]. Somit ist die Handlung des A kausal für den Tod des C [Schlusssatz Untergutachten]. …
A ist strafbar wegen Totschlags zum Nachteil des C gemäß § 212 Abs. 1 StGB [Schlusssatz Gesamtgutachten]."

Variante 2: „A könnte sich durch das Mischen des Gifts in den Tee des C wegen Totschlags gemäß § 212 Abs. 1 StGB strafbar gemacht haben [Obersatz Gesamtgutachten]. …
Fraglich ist, ob die Handlung des A kausal für den Tod des C war [Obersatz Untergutachten]. Gemäß der „conditio sine qua non"-Formel ist ein Verhalten ursächlich für den tatbestandlichen Erfolg, wenn die Handlung nicht hinweggedacht werden kann, ohne dass der Erfolg in seiner konkreten Gestalt entfiele [Definition 1]. Vorliegend hätte bereits die von B dem Tee beigefügte Giftmenge die tödliche Vergiftung des C herbeigeführt. Hätte A kein Gift in den Tee gegeben, wäre der Tod des C also trotzdem nicht ausgeblieben. Die Handlung des A kann somit hinweggedacht werden, ohne dass der Erfolg in seiner konkreten Gestalt entfiele [Subsumtion 1]. Bei strenger Anwendung der „conditio sine qua non"-Formel wäre somit das Verhalten des A nicht kausal für den Tod des C, so dass eine Strafbarkeit des A ausschiede [Schlusssatz 1].
Mit derselben Argumentation könnte auch B strafrechtlich nicht wegen vollendeter Tat belangt werden. Dies hätte zur Folge, dass in einer derartigen Fallkonstellation, bei der mehrere Bedingungen zeitgleich einen Erfolg hervorrufen, den sie jeweils allein herbeigeführt hätten (sogenannte alternative Kausalität), alle Beteiligten allenfalls wegen Versuchs strafbar wären. Damit wären unabhängig voneinander handelnde Täter nur durch den Zufall privilegiert, was nicht gerechtfertigt erscheint. Um die unbillige Rechtslage zu vermeiden, muss die „conditio sine qua non"-Formel in diesem Fall modifiziert werden. Danach ist von mehreren Bedingungen, die zwar alternativ, nicht aber kumulativ hinweggedacht werden können, ohne dass der Erfolg in seiner konkreten Gestalt entfiele, jede erfolgsursächlich [Definition 2]. Sowohl die Giftmenge des A als auch die Dosis des B waren vorliegend tödlich und konnten jeweils allein den Vergiftungstod des C bewirken. Sie können daher jeweils für sich genommen hinweggedacht werden, ohne dass der Tod des C entfiele. Hätten aber weder A noch B dem Tee des C Gift beigemischt, hätte dieser seinen Tee ohne die Folge einer Vergiftung trinken können. Nach der modifizierten „conditio sine qua non"-

Formel verursacht somit das Verhalten des A (wie auch das des B) den Tod des C [Subsumtion 2]. Daher ist die Handlung des A kausal für den Tod des C [Schlusssatz Untergutachten]. ...

A ist strafbar wegen Totschlags zum Nachteil des C gemäß § 212 Abs. 1 StGB [Schlusssatz Gesamtgutachten]."

IV. Gutachten- und Urteilsstil

1. Schwerpunkte eines Gutachtens

a) Anwendungsbereich des Gutachtenstils

Bislang wurde versucht aufzuzeigen, *warum* und *wie* der Gutachtenstil praktiziert wird und welche seiner Schritte maßgeblich und punkteträchtig sind. Im Folgenden soll erklärt werden, *wann* der Gutachtenstil verwendet wird. Ein Gutachten zu verfassen, bedeutet entgegen erstem Anschein nicht, den Gutachtenstil bei jedem einzelnen Merkmal jeder in Betracht zu ziehenden Norm in derselben Breite anwenden zu müssen. Dadurch würde ein Gutachten zu umfangreich und unübersichtlich geraten.

Wie bereits erwähnt, stellt das Gutachten lediglich die schriftliche Fixierung des Gedankengangs des Bearbeiters dar. Der Bearbeiter wird sich aber nicht jedem Aspekt, der bei der rechtlichen Prüfung eines Sachverhalts anzusprechen ist, mit der gleichen Aufmerksamkeit widmen. Vielmehr wird er sich über einige der aufgeworfenen juristischen Probleme mehr und ausführlichere Gedanken machen, während er unproblematische Merkmale sehr schnell bejahen bzw. verneinen wird. Gleiches gilt für das ausformulierte Gutachten: Anspruchsvolle juristische Schwierigkeiten, die der gestellte Sachverhalt aufwirft, werden umfassend, unproblematische Voraussetzungen dagegen nur kurz behandelt.

b) Schwerpunkte einer Klausur

Welchen Stellenwert Sie den einzelnen Problemen einer Klausur einräumen, müssen Sie in Ihrer Lösung klar zum Ausdruck bringen. Das Ziel eines Gutachtens, die darin aufgezeigten Gedankengänge möglichst verständlich und nachvollziehbar zu vermitteln, gilt somit nicht nur für den Inhalt dieser Gedanken, sondern auch für ihre *Gewichtung*. In Ihrem Gutachten müssen Sie daher Schwerpunkte setzen, um zu verdeutlichen, welche der im Sachverhalt aufgeworfenen juristischen Fragen größere Aufmerksamkeit verlangen und welche dagegen unproblematisch sind.

Schwerpunkte sollten in einem Gutachten dadurch erkennbar sein, dass Sie hier besonderen Wert auf eine verständliche Argumentation und überzeugende Subsumtion legen. Darüber hinaus müssen Ihre Ausführungen einen sauberen Gutachtenstil aufweisen. Schließlich stellen die juristischen Herausforderungen einer Klausur den eigentlichen Anwendungsbereich des Gutachtenstils mit seinen näher beschriebenen drei Schritten dar. Denn die Begleitung eines Gedankengangs von der Frage zur Antwort bietet sich nur bei rechtlichen Problemen an, bei denen das Ergebnis nicht bereits auf der Hand liegt, sondern durch juristische Arbeit erst gefunden werden muss.

Dagegen wirkt bei offensichtlich (nicht) gegebenen Prüfungspunkten eine strikte Anwendung des Gutachtenstils gekünstelt und entspricht außerdem nicht dem Gedankengang des Bearbeiters. Insoweit kann daher auf den Gutachtenstil verzichtet werden. Daraus darf jedoch nicht geschlossen werden, dass Unproblematisches in einer Klausur überhaupt nicht anzusprechen ist. Dies wäre vielmehr fatal, da der Korrektor nicht weiß, ob Sie einen Aspekt nicht erwähnen, weil Ihnen seine rechtliche Behandlung oder sein Vorliegen selbstverständlich erscheint oder weil Sie ihn gar nicht bemerkt haben. Auch problemlose Gesichtspunkte sind in Ihrem Gutachten zu berücksichtigen. Allerdings kann dies kurz im sogenannten Urteilsstil (dazu sogleich IV 2) geschehen.

c) Anzusprechende Prüfungspunkte

Wie der Paradefall eines Bearbeitervermerks „In einem Gutachten ist auf *alle aufgeworfenen Rechtsfragen* einzugehen" verdeutlicht, sind in einem Gutachten sämtliche *nahe liegenden* rechtlichen Aspekte zu erörtern bzw. zumindest zu erwähnen. Nahe liegt ein Prüfungspunkt zumindest dann, wenn er erfüllt ist.

So müssen Sie in einem zivilrechtlichen Gutachten alle Anspruchsgrundlagen nennen, die der Anspruchsteller mit Erfolg geltend machen kann. In einer Grundrechtsprüfung im Öffentlichen Recht sind alle Grundrechte zu erwähnen, in die das staatliche Verhalten eingreift. Im Strafrecht schließlich müssen Sie sämtliche Straftatbestände erörtern, die der Täter durch sein Verhalten verwirklicht.

Darüber hinaus ist jeder Gesichtspunkt anzusprechen, der *nicht* von vornherein als *abwegig* erscheint. Dies gilt selbst dann, wenn sich der jeweilige Aspekt nach seiner rechtlichen Prüfung im Ergebnis als bedeutungslos erweist.

Nicht offensichtlich fern liegende zivilrechtliche Ansprüche sind auch dann zu prüfen, wenn sie nicht gegeben sind. Die Eingriffsqualität staatlichen Handelns in bestimmte Grundrechte ist zu untersuchen, selbst wenn sie letztlich verneint werden muss. In strafrechtlichen Klausuren sind nahe liegende Straftatbestände zu prüfen, obwohl sie bei genauerer Betrachtung bereits an einem Merkmal des objektiven Tatbestandes scheitern.

Solche Punkte in einem Gutachten berücksichtigen zu müssen, verdeutlicht das Beispiel einer strafrechtlichen Klausur, bei der nach aufwendiger Prüfung die Straflosigkeit des Täters festgestellt wird. Gleiches gilt für eine Klausur aus dem Zivilrecht, bei der kein einziger Anspruch durchgreifen sollte. In diesen Fällen ist selbstverständlich, dass der Bearbeiter seine Aufgabe nicht dadurch erfüllt, ein leeres Blatt abzugeben.

Die Suche nach prüfungswürdigen juristischen Fragestellungen darf Sie allerdings nicht dazu veranlassen, sich Problemkreise nach Belieben neu zu eröffnen. So ist bei Klausurteilnehmern häufig das Bestreben zu beobachten, sich auf möglichst verquere Weise, zumeist durch phantasievolle Interpretation des Sachverhalts, neue Problemfelder zu bereiten. Solche Prüflinge dürfen sich zwar einer gewissen Spitzfindigkeit und Schläue rühmen, die ihnen bei der Lösung kniffliger

Rätsel und Knobelaufgaben durchaus behilflich sein könnten. In einer juristischen Klausur handeln sie sich dagegen den Vorwurf ein, sich zu wenig auf die Schwerpunkte zu konzentrieren und stattdessen fern liegende Nebenschauplätze zu erschaffen. Auf die Bewertung der Klausur wirkt sich dies bestenfalls gar nicht, oftmals aber negativ aus.

Auf dünnes Eis begibt sich etwa, wer in Klausur 9 (S. 139) beim Festnahmerecht aus § 127 Abs. 1 S. 1 StPO anprüft, ob S wegen seines Restalkohols eine Trunkenheit im Verkehr gemäß § 316 Abs. 1 StGB begeht. Für eine solche Annahme bietet der Sachverhalt keine Anhaltspunkte. Immerhin müsste die Restalkoholkonzentration eines Fahrradfahrers für diese Straftat bei 1,6 ‰ liegen. Wer sich auf solche verschlungenen Seitenpfade begibt, läuft zudem Gefahr, entscheidende Details zu übersehen und somit weitere Minuspunkte anzusammeln. So könnte vorliegend das Festnahmerecht auf § 316 Abs. 1 StGB bereits deswegen nicht gestützt werden, weil S die Straftat erst dann begehen würde, wenn er sich auf sein Fahrrad schwingt, um loszufahren, nicht dagegen bereits mit Öffnen des Schlosses.

2. Urteilsstil

Es gibt einen großen Gegenspieler des Gutachtenstils: den Urteilsstil. Vereinfacht ausgedrückt, ist der Urteilsstil das *Spiegelbild des Gutachtenstils*. Während der Gutachtenstil den Gedankengang des Bearbeiters von der aufgeworfenen Frage bis hin zu ihrer Beantwortung begleitet, wird beim Urteilsstil zunächst das rechtliche Ergebnis genannt und anschließend erst begründet. Das Ergebnis wird also nicht allmählich aus der Frage heraus entwickelt, sondern vorweg bekannt gegeben.

Die nachfolgende Begründung der bereits verratenen Antwort ist gleichwohl von Bedeutung und sollte in der Kürze des Urteilsstils nicht völlig untergehen. Dass Sie unproblematische Gesichtspunkte in einer Klausur nur kurz erwähnen müssen, darf Sie nicht zu geringerer Sorgfalt verleiten. Auch offensichtliche Aspekte erfordern eine kurze Begründung oder Subsumtion, wenngleich sie sich jeweils auf einen Neben- oder Halbsatz beschränken dürfen (z.B. „A hat das Tatbestandsmerkmal X verwirklicht, indem er … ").

Der Urteilsstil weist kaum Besonderheiten auf und bereitet bei der konkreten Anwendung nur wenige Schwierigkeiten. Da das (zu begründende) Ergebnis von vornherein feststeht, muss insbesondere nicht wie beim Obersatz des Gutachtenstils auf den Konjunktiv zurückgegriffen werden. Die Ausformulierung des Urteilsstils erfolgt vielmehr im gewohnten *Indikativ*.

Die Unterschiede zwischen Gutachten- und Urteilsstil werden auch in der *Formulierung* deutlich. Für den Gutachtenstil kennzeichnend sind der Obersatz im Konjunktiv oder vergleichbare einführende Worte (z.B. „Fraglich ist, ob … ", „Dazu müsste … ", „Dies wäre der Fall, wenn … "). Der Urteilsstil verkündet dagegen zunächst das Ergebnis und begründet es erst im Anschluss. Charakteristisch sind daher Konjunktionen wie „weil", „indem", „denn" etc.

3. Gutachtenstil vs. Urteilsstil

Für den Bearbeiter einer Klausur stellt sich nun die Frage, wann er den Gutachtenstil verwenden muss und wann dagegen der kürzere und prägnante Urteilsstil ausreicht. Eine Faustregel lautet: Sobald ein Prüfungsschritt problematisch erscheint und näherer Erläuterung bedarf, ist er im Gutachtenstil zu erörtern. Nur *offensichtlich Unproblematisches* darf im *Urteilsstil* behandelt werden.

Leider ist im Einzelfall gerade nicht immer eindeutig, ob ein Gesichtspunkt Schwierigkeiten bereitet oder als unkompliziert angesehen werden kann. In derartigen Fällen bleibt es eine Frage des persönlichen Geschmacks, welcher der beiden Stile als angebracht erscheint. Dies erschwert dem Prüfling, der die Vorlieben seines Korrektors bzw. häufig sogar den Korrektor selbst überhaupt nicht kennt, die Entscheidung, ob er noch den Urteilsstil anwenden darf oder den betreffenden Aspekt bereits im Gutachtenstil zu erörtern hat.

Wer auf Nummer sicher gehen möchte und genügend Zeitreserven hat, sollte *im Zweifel* daher auf den *Gutachtenstil* zurückgreifen. Dadurch entgehen Sie jedenfalls dem Vorwurf, ein Problem nicht erkannt oder – bei vehementen Befürwortern des Gutachtenstils – die Form des Gutachtens nicht eingehalten zu haben. Um sich andererseits nicht die Rüge einzuhandeln, keine Schwerpunkte setzen zu können, sollten Sie solche Zweifelsfälle nur kurz besprechen.

4. Gutachtenstil vs. Urteilsstil vs. Schweigen

Neben den Schwerpunkten und rechtlichen Problemen einer Klausur, die im Gutachtenstil zu erörtern sind, gibt es demnach unproblematische Tatbestandsmerkmale, die lediglich knapp im Urteilsstil erwähnt werden. Darüber hinaus existieren Prüfungspunkte, die überhaupt nicht anzusprechen sind. Der *Dualismus von Gutachten- und Urteilsstil* darf nicht zu der falschen Annahme verleiten, dass die Studierenden in einer Klausur stets das komplette Prüfungsschema nicht nur im Geiste, sondern auch in ihrer schriftlichen Ausarbeitung abhaken müssen. Vielmehr werden einige Prüfungspunkte in einer Klausur gewöhnlich überhaupt nicht genannt, obwohl sie im Einzelfall durchaus entscheidungserheblich sein können.

Auch insoweit fehlt es an verbindlichen und unumstößlichen Richtlinien, wann ein Prüfungspunkt noch im Urteilsstil bemerkt werden sollte bzw. wann er völlig verschwiegen werden darf. In Zweifelsfällen ist den Studierenden bereits zur Gewissensberuhigung zu raten, das jeweilige Merkmal kurz im Urteilsstil zu behandeln. Allerdings dürfen Sie sich nicht angewöhnen, alle erdenklichen Prüfungspunkte in jeweils einem Satz anzusprechen, weil dann die Summe dieser Ausführungen Ihre Schwerpunktsetzung in einem falschen Licht erscheinen lässt.

In zivilrechtlichen Klausuren wird etwa die Geschäftsfähigkeit eines Vertragspartners nur erwähnt, wenn Anhaltspunkte im Sachverhalt insoweit Zweifel begründen. Im Öffentlichen Recht sind bei der Zulässigkeit Ausführungen zur deutschen Gerichtsbarkeit in der Regel nicht angebracht. Einen Paradebeispiel bietet das Strafrecht: An der objektiven Zurechenbarkeit eines Taterfolges kann des Öfteren die Strafbarkeit eines Täters scheitern. Gleichwohl wird die Rechtsfigur nur erörtert, wenn der Sachverhalt ihre Prüfung nahe legt.

5. Abschließendes Beispiel

Ein einfaches Beispiel aus dem Strafrecht soll verdeutlichen, dass eine Klausurbearbeitung in der Regel sowohl Elemente des Gutachten- als auch des Urteilsstils enthält sowie einige Prüfungspunkte völlig verschweigt.

(Sachverhalt:) Als auf einer Party die Meinungen über das Gesangstalent eines im Fernsehen gecasteten Nachwuchskünstlers auseinander gehen, verpasst dessen Anhängerin A der B eine derart schallende Ohrfeige, dass auf der nunmehr geröteten Wange der B noch die Fingerspuren der A zu erkennen sind.
(Bearbeitervermerk:) Strafbarkeit der A?

In der reinen Anwendung von Gutachten- und Urteilsstil ergeben sich folgende Lösungen:

Tabelle 1. Gegenüberstellung von Gutachten- und Urteilsstil

	Gutachtenstil	Urteilsstil
Tatbestand	Durch die Ohrfeige könnte sich A wegen Körperverletzung gemäß § 223 Abs. 1 StGB zum Nachteil der B strafbar gemacht haben.	A ist wegen Körperverletzung gemäß § 223 Abs. 1 StGB zum Nachteil der B strafbar.
	Dazu müsste A eine andere Person körperlich misshandelt oder an der Gesundheit geschädigt haben.	———
	Eine andere Person ist jede natürliche, von dem Täter verschiedene Person. Eine Eigenverletzung ist nicht strafbar. Partygast B ist nicht mit A identisch und somit eine andere Person im Sinne des § 223 Abs. 1 StGB.	B ist eine andere Person im Sinne des § 223 Abs. 1 StGB.
	Eine körperliche Misshandlung (Var. 1) ist jede üble, unangemessene Behandlung, die das körperliche Wohlbefinden oder die körperliche Unversehrtheit nicht unerheblich beeinträchtigt. Eine schallende Ohrfeige ist ein vom Opfer nicht hinzunehmendes Verhalten, welches das körperliche Wohlbefinden in Mitleidenschaft zieht. Die Ohrfeige war von einer solchen Wucht, dass sich die Wange der B rötete und die Fingerspuren der A sichtbar zurückblieben. Die Erheblichkeitsschwelle war damit überschritten. A hat durch ihre Ohrfeige die B körperlich misshandelt.	A hat die B körperlich misshandelt (Var. 1), d.h. übel und unangemessen behandelt und dadurch das körperliche Wohlbefinden und die körperliche Unversehrtheit der B nicht unerheblich beeinträchtigt, indem sie ihr eine schallende Ohrfeige von einer solchen Wucht gab, dass sich die Wange der B rötete und die Fingerspuren der A sichtbar zurückblieben.
	[… Gesundheitsschädigung und subjektiver Tatbestand …]	

Tabelle 1. (Fortsetzung)

Rechtswidr.	Des Weiteren müsste A rechtswidrig gehandelt haben. Zu ihren Gunsten dürfen somit keine Rechtfertigungsgründe eingreifen. Solche sind nicht ersichtlich. A handelte rechtswidrig.	A handelte rechtswidrig …
Schuld	Schließlich müsste A schuldhaft gehandelt haben, d.h. ihr muss ein persönlicher Vorwurf für ihre Tat gemacht werden können. Vorliegend kommen insbesondere keine Entschuldigungs- oder Schuldausschließungsgründe in Betracht. A handelte somit schuldhaft.	… und schuldhaft.
	A hat eine Körperverletzung gemäß § 223 Abs. 1 StGB zum Nachteil der B begangen.	———

Nun leuchtet ein, dass weder die linke noch die rechte Spalte für sich als Lösung des Sachverhalts geeignet sind. Seltsam mutet auch der Hinweis an, es handele sich bei der B um eine „andere Person". Indes stellt dies ein Tatbestandsmerkmal des § 223 Abs. 1 StGB dar, das in besonderen Konstellationen (z.B. bei der Teilnahme an eigenverantwortlichen Selbstschädigungen bzw. -gefährdungen) durchaus Bedeutung erlangen kann, da die Verletzung des eigenen Körpers von vornherein nicht den Tatbestand des § 223 Abs. 1 StGB verwirklicht. In der Regel ist der Gesichtspunkt dagegen irrelevant und derart offensichtlich erfüllt, weswegen er in einem Gutachten überhaupt nicht angesprochen wird.

Eine vorzugswürdige Lösung des Beispiels besteht somit aus einer Mischung aus Gutachtenstil, Urteilsstil und Verschweigen. Von den dargestellten Lösungswegen finden sich daher in einer ausformulierten Klausur nur die *grau schraffierten Flächen* wieder.

Tabelle 2. Kombination von Gutachten- und Urteilsstil in der Klausur

	Gutachtenstil	Urteilsstil
Tatbestand	Durch die Ohrfeige könnte sich A wegen Körperverletzung gemäß § 223 Abs. 1 StGB zum Nachteil der B strafbar gemacht haben.	A ist wegen Körperverletzung gemäß § 223 Abs. 1 StGB zum Nachteil der B strafbar.
	Dazu müsste A eine andere Person körperlich misshandelt oder an der Gesundheit geschädigt haben.	———
	Eine andere Person ist jede natürliche, von dem Täter verschiedene Person. Eine Eigenverletzung ist nicht strafbar. Partygast B ist nicht mit A identisch und somit eine andere Person im Sinne des § 223 Abs. 1 StGB.	B ist eine andere Person im Sinne des § 223 Abs. 1 StGB.

Tabelle 2. (Fortsetzung)

Tatbestand	Eine körperliche Misshandlung (Var. 1) ist jede üble, unangemessene Behandlung, die das körperliche Wohlbefinden oder die körperliche Unversehrtheit nicht unerheblich beeinträchtigt. Eine schallende Ohrfeige ist ein vom Opfer nicht hinzunehmendes Verhalten, welches das körperliche Wohlbefinden in Mitleidenschaft zieht. Die Ohrfeige war von einer solchen Wucht, dass sich die Wange der B rötete und die Fingerspuren der A sichtbar zurückblieben. Die Erheblichkeitsschwelle war damit überschritten. A hat durch ihre Ohrfeige die B körperlich misshandelt.	A hat die B körperlich misshandelt (Var. 1), d.h. übel und unangemessen behandelt und dadurch das körperliche Wohlbefinden und die körperliche Unversehrtheit der B nicht unerheblich beeinträchtigt, indem sie ihr eine schallende Ohrfeige von einer solchen Wucht gab, dass sich die Wange der B rötete und die Fingerspuren der A sichtbar zurückblieben.
	[… Gesundheitsschädigung und subjektiver Tatbestand …]	
Rechtswidr.	Des Weiteren müsste A rechtswidrig gehandelt haben. Zu ihren Gunsten dürfen somit keine Rechtfertigungsgründe eingreifen. Solche sind nicht ersichtlich. A handelte rechtswidrig.	A handelte rechtswidrig …
Schuld	Schließlich müsste A schuldhaft gehandelt haben, d.h. ihr muss ein persönlicher Vorwurf für ihre Tat gemacht werden können. Vorliegend kommen insbesondere keine Entschuldigungs- oder Schuldausschließungsgründe in Betracht. A handelte somit schuldhaft.	… und schuldhaft.
	A hat eine Körperverletzung gemäß § 223 Abs. 1 StGB zum Nachteil der B begangen.	

V. Darlegung von Meinungsstreiten

1. Aufbau

Die Juristerei ist eine Geisteswissenschaft, in der Meinungsstreite an der Tagesordnung sind. Auch Klausuren enthalten regelmäßig Probleme, über deren Lösung Uneinigkeit besteht. Die Studierenden sehen sich daher vor die Aufgabe gestellt, im Rahmen ihres Gutachtens Meinungsstreite anzusprechen und sich für eine der verschiedenen Auffassungen zu entscheiden.

Der grundsätzliche Aufbau eines Meinungsstreits folgt den *drei Schritten eines Gutachtens*. Zunächst wird in einem Obersatz präzisiert, was überhaupt umstritten erscheint. Im anschließenden Untersatz werden zunächst die einzelnen Ansichten dargelegt (entspricht der Definition) sowie der Sachverhalt danach bewertet (Subsumtion). Das Ergebnis der Erörterung wird letztlich in einem Schlusssatz festgehalten.

Auch wenn dieses Grundschema unstreitig sein dürfte, existieren verschiedene Vorschläge für die Behandlung von Meinungsstreiten in einem Gutachten. Einen goldenen Weg, der sich in jeder Konstellation empfiehlt, gibt es nicht. Bei der Vorstellung der einzelnen Auffassungen sollten sich die Studierenden aber wiederum von dem Gebot verständlicher Darlegung leiten lassen.

Vor allem bietet sich der nahe liegende Weg der schlichten Aneinanderreihung sämtlicher Ansichten – Meinung für Meinung wird kurz vorgestellt, begründet, gegebenenfalls wird der Sachverhalt darunter subsumiert, bevor sich der Bearbeiter mit einem Schlussargument für eine der Auffassungen entscheidet – in der Regel nicht an. Dieser einfachste Aufbau eines Meinungsstreits klingt zu sehr nach einer Aufzählung oder nach dem Abspulen auswendig gelernten, aber nicht verinnerlichten Wissens. Außerdem empfiehlt sich für den Prüfling, die überzeugendste Begründung für die im Gutachten vertretene Meinung als Schlussargument zu verwenden. Ansonsten erscheint es dem Korrektor weniger verständlich und nachvollziehbar, warum das Gutachten der einen und nicht der anderen Ansicht folgt.

Regelmäßig ist dem Bearbeiter daher zu raten, nach dem einführenden *Obersatz* zuerst diejenige Meinung zu präsentieren, der er sich nicht anschließen möchte. Die Thesen dieser ersten Ansicht werden vorgestellt und begründet (*Definition Meinung 1*), sodann wird der Sachverhalt darunter subsumiert, damit der Korrektor sieht, zu welchem Ergebnis die Auffassung gelangte (*Subsumtion Meinung 1*).

Als geschickte und flüssige Überleitung zur zweiten Meinung eignet sich daraufhin, die Kritikpunkte gegen die erste Auffassung zu benennen. Dadurch wird zugleich erläutert, weswegen das Gutachten der ersten Ansicht nicht folgt und sich stattdessen mit einer weiteren Auffassung auseinandersetzt (*Überleitung Meinung 1/2*). Auch die anschließende Diskussion besteht wiederum aus der begründeten Darlegung der zweiten Meinung (*Definition Meinung 2*) sowie der Subsumtion des Sachverhalts (*Subsumtion Meinung 2*).

Sollten mehr als zwei Ansichten darstellungswürdig sein, wiederholt sich der Aufbau, d.h. es wird unter Hinweis auf die Kritikpunkte an Meinung 2 zur Meinung 3 übergeleitet (Überleitung Meinung 2/3). Meinung 3 wird sodann zunächst argumentativ erläutert (Definition Meinung 3), bevor der Sachverhalt darunter subsumiert wird (Subsumtion Meinung 3). Gleiches gilt für die Meinungen 4 bis n.

Nach der Darstellung der letzten Ansicht – d.h. nach dem hier vorgeschlagenen Aufbau diejenige Auffassung, die der Bearbeiter selbst in seinem Gutachten vertritt – ist wie gewohnt das Ergebnis der Erörterungen in einem kurzen und präzisen *Schlusssatz* festzuhalten.

2. Anwendungsbereich

Bei der Fülle von juristischen Meinungsstreiten und den damit verbundenen argumentativen Auseinandersetzungen ist fraglich, *wann* und *in welchem Umfang* ein Meinungsstreit in einem Gutachten angesprochen werden soll. Es wird Sie nicht mehr überraschen, dass es auch hierauf keine eindeutige und unumstrittene Antwort gibt. Lediglich die beiden Extreme dürften sich einer allgemein anerkannten Behandlung erfreuen.

Einerseits bleibt die ausführliche Erörterung eines Meinungsstreits unerlässlich, wenn er *entscheidungserheblich* ist und sich auf den Fortgang der Klausur auswirkt. Gleiches gilt, wenn *Hinweise im Sachverhalt* darauf hindeuten, dass der Klausurersteller einen Meinungsstreit in der Bearbeitung aufgegriffen haben möchte. Anzeichen hierfür sind beispielsweise Kernargumente der konkurrierenden Theorien, die im Sachverhalt von den Beteiligten vorgetragen werden (z.B. „A wendet dagegen ein, dass … ").

Andererseits darf der Bearbeiter nicht auf Meinungsstreite eingehen, die für den weiteren Ablauf der Klausur keinerlei Bedeutung haben oder überhaupt keinen Bezug zum Sachverhalt aufweisen. Wer etwa im Strafrecht bei einem klassischen *Erlaubnis*irrtum auf die einzelnen Theorien zum *Erlaubnistatbestands*irrtum eingeht, darf nicht auf allzu viel Gegenliebe des Korrektors hoffen. Auch hier zeichnet sich der weise Prüfling dadurch aus, ungefragtes Wissen nicht bei der nächstbesten Gelegenheit niederzuschreiben, sondern seine Kenntnisse bei den wirklichen Problemen der Klausur unter Beweis zu stellen.

In Zweifelsfällen sollte – ähnlich wie bei der Frage nach der Notwendigkeit des Gutachtenstils – der Meinungsstreit zur Sicherheit erwähnt werden. Um nicht den Vorwurf falscher Schwerpunktsetzung zu riskieren, sollte dies aber entsprechend knapp geschehen und sich auf einen bis maximal zwei Sätze beschränken. Dies gilt vornehmlich bei fehlender Entscheidungserheblichkeit, beispielsweise wenn zwar die Auslegung einer Anspruchsvoraussetzung umstritten ist, aber nach dem Sachverhalt die Voraussetzungen aller Auffassungen erfüllt sind. In diesem Fall genügt es, die Aussagen der einzelnen Meinungen kurz gegenüberzustellen, den Sachverhalt jeweils darunter zu subsumieren und festzuhalten, dass sämtliche Ansichten zu demselben Ergebnis führen und der Streit daher nicht entschieden werden muss.

3. Begründung

Für einen entscheidungsrelevanten Meinungsstreit gilt dasselbe wie für das restliche Gutachten. Ihre Bearbeitung gewinnt an Wert, wenn Sie die widerstreitenden Ansichten nicht nur zutreffend, sondern auch *verständlich* erläutern können. Daher sollten Sie sich um eine Begründung der vorgetragenen Auffassungen bemühen und ihre jeweiligen Auswirkungen auf den konkreten Sachverhalt aufzeigen. Wer lediglich deren Ergebnisse benennt und sich dann mit einem einzigen Argument einer der Meinungen anschließt, vermag dagegen kaum zu überzeugen.

Je nach Bedeutung des Meinungsstreits für die Klausur sollten Sie daher zumindest in einem Nebensatz auf das Hauptargument der jeweiligen Ansicht eingehen. Dies gilt selbst dann, wenn Sie sich ihr nicht anschließen wollen. *Kein* Argument für eine Auffassung ist übrigens, dass sie die herrschende Meinung darstellt. Eine solche Aussage beinhaltet lediglich eine Feststellung, kann aber die notwendige Begründung nicht ersetzen.

Was ist überhaupt die *herrschende Meinung*? Eine allgemein gültige Definition existiert nicht. Wie sollte sie auch aussehen? Kann eine Meinung dann als herrschend bezeichnet werden, wenn sie von fünf beliebigen Professoren vertreten wird oder müssen diese allesamt anerkannte Koryphäen auf ihrem Gebiet sein? Und wie sind die Entscheidungen der Gerichte in diesem Zusammenhang zu bewerten? Zählt ein Urteil des Bundesgerichtshofs als dem obersten Fachgericht in Straf- und Zivilsachen so viel wie die Auffassung von sieben Universitätsprofessoren, so dass ab der achten kritischen Stimme aus der Wissenschaft die Ansicht des Bundesgerichtshofs als Mindermeinung tituliert werden darf?

Die Bezeichnung einer Meinung als herrschend ist mangels objektiver Kriterien äußerst subjektiv. Trotzdem bleibt anzuraten, insofern auf die Angaben Ihrer Lernmaterialien oder Ihrer Dozenten zu vertrauen. Etwas Vorsicht erscheint allerdings geboten. So sollten Sie sich bei der Auswahl Ihrer juristischen Nachtlektüre etwa vergewissern, dass der jeweilige Verfasser in seinem Werk nicht nur schlicht behauptet, eine Meinung sei herrschend, sondern dies auch durch Fundstellen zu belegen weiß. Wenig nützlich wäre dagegen ein Buch, in dem der Autor seine eigene Meinung bis ins Detail vorstellt, ohne dabei mit einer einzigen Silbe zu erwähnen, dass Rechtsprechung und die meisten Stimmen im Schrifttum das Problem seit Jahrzehnten anders lösen.

Um die Verbreitung einer Meinung zu beschreiben, wird auf Titulierungen wie „vereinzelt", „beachtlich", „im Vordringen befindlich", „überwiegend" oder schließlich auch „herrschend" zurückgegriffen. Mit diesen Bezeichnungen ist jedoch keinerlei Wertung verbunden. Die herrschende Meinung stellt also bei weitem nicht die einzig wahre Ansicht dar, nur weil sie von den meisten Gerichten und Professoren vertreten wird. Um dies mit einem Zitat von *Johann Wolfgang von Goethe* zu unterstreichen: „Nichts ist widerwärtiger als die Majorität, denn sie besteht aus wenigen kräftigen Vorgängern, aus Schelmen, die sich akkomodieren, aus Schwachen, die sich assimilieren, und der Masse, die nachtrollt, ohne nur im Mindesten zu wissen, was sie will."

Allein die Berufung auf *Goethe* bedeutet freilich ebenso wenig ein Argument gegen die herrschende Meinung. Dass sich eine Auffassung durchgesetzt und viele Anhänger gefunden hat, rechtfertigt also noch keinen Grund zur Skepsis.

Für den Wert und die Benotung Ihrer Klausur gibt ohnehin weniger Ihr Ergebnis als vielmehr Ihre Begründung den Ausschlag. Dies liegt nicht zuletzt daran, dass sich die Rechtswissenschaft stetig weiterentwickelt. Gesetzesänderungen, neue Gerichtsentscheidungen sowie aktuelle Veröffentlichungen des Schrifttums gehören zum Alltag des Juristen und können herrschende Meinungen im Laufe der Zeit ändern. Die einzelnen Begründungsansätze für oder gegen eine bestimmte Auffassung sind dagegen wesentlich langlebiger. Auf einen Nenner gebracht: *Ergebnisse vergehen, Begründungen bleiben.*

In einer Klausur genügt es daher nicht, nur die Behandlung einer bestimmten Konstellation durch die (vermeintlich) herrschende Meinung festzuhalten, ohne dies argumentativ zu stützen. Ohne Begründung erscheint ihre Lösung nämlich als beliebig und vermag nicht zu überzeugen. Dies gilt vor allem dann, wenn Sie einen Meinungsumschwung verpassen und daher einer überholten Auffassung ohne jegliche Erklärung folgen sollten. Der Korrektor weiß in diesem Fall nicht, ob Sie die neue Entwicklung lediglich verpasst oder ob Sie das Problem überhaupt nicht kennen und einfach geraten haben, so dass Sie regelmäßig mit nicht unerheblichen Punktabzügen rechnen müssen. Können Sie dagegen zumindest ein paar Gründe für die inzwischen nicht mehr vorherrschende Ansicht anführen, ist Ihnen das Wohlwollen des Korrektors bedeutend wahrscheinlicher.

4. Entscheidung für eine bestimmte Meinung

Mit diesen Richtlinien, *wie*, *wann* und *in welchem Umfang* ein Meinungsstreit in einem Gutachten behandelt werden muss, bleibt allerdings noch unbeantwortet, *welcher* der widerstreitenden Ansichten in der Klausur zu folgen ist. Regelmäßig dürfen Sie sich auf der sicheren Seite wähnen, wenn Sie der herrschenden Auffassung folgen. Sind zu einem juristischen Problem zwei oder mehrere Ansichten ähnlich weit verbreitet, z.B. die Rechtsprechung (zumeist gestützt durch einige Stimmen aus dem Schrifttum) auf der einen und die herrschende Lehre auf der anderen Seite, können Sie sich grundsätzlich nach Belieben für eine der Meinungen entscheiden.

Selbstverständlich steht Ihnen frei, bei entsprechender Begründung auch Mindermeinungen zu vertreten. Allerdings dürfen Sie sich nicht über Fragezeichen am Rande Ihrer Klausur wundern, wenn Sie einer derart wenig verbreiteten Auffassung folgen, die nicht einmal in der Lösungsskizze der Klausur erwähnt wird. Zudem bleibt zu bedenken, dass ein Gutachten über die Rechtslage informieren sollte, die aber maßgeblich durch die herrschende Meinung geprägt wird. Ihren Mandanten wird es etwa kaum erfreuen, wenn Sie ihn in der Überzeugung der einzig wahren, aber leider nur wenig vertretenen Auffassung vor die Zivilgerichte hetzen, die dann sämtliche in der Klageschrift geltend gemachten Ansprüche mit einem lapidaren Hinweis auf die herrschende Meinung verneinen.

Als Entscheidungshilfe bei Meinungsstreiten wird oftmals auch geraten, sich derjenigen Auffassung anzuschließen, die den Weg zu weiteren juristischen Problemen eröffnet. Den Hinweis sollten Sie jedoch allenfalls dann beherzigen, wenn Sie dabei (einer) der herrschenden Ansicht(en) folgen können. In diesem Fall können Sie klausurtaktisch denken und überlegen, ob der Korrektor auch etwas zu denjenigen Problemen lesen möchte, die lediglich durch eine der verschiedenen Auffassungen aufgeworfen werden. Hingegen sollten Sie keine ausgewiesene Einzelmeinung vertreten, die in Lehrbüchern höchstens in Fußnoten oder im Kleindruck genannt wird, um sich dadurch mit Gewalt einen weiteren Problemkreis zu erschließen.

Ebenso wenig dürfen Sie in einer Klausur einer Mindermeinung nur deswegen folgen, um sämtlichen weiteren Problemen aus dem Weg zu gehen. Dies scheint zwar auf den ersten Blick ein cleverer Schachzug zu sein, durch den Sie sich aber schnell selbst matt stellen können. Auch ein noch so verständiger Korrektor kann Ihnen in diesem Fall auf die fehlenden Erörterungen keine Punkte geben, da ein Gutachten *umfassend* die im Sachverhalt aufgeworfenen Rechtsprobleme erörtern soll. Diesem Anspruch wird Ihr Gutachten nicht gerecht, wenn Sie sich durch einen solchen Trick aus der Affäre ziehen und Erörterungen zu Folgeproblemen, zu denen „lediglich" die herrschende Meinung gelangt, verweigern.

5. Abschließendes Beispiel

Ein abschließendes Beispiel soll aufzeigen, wie ein gängiger Meinungsstreit in einer Klausur dargestellt werden kann. Die Wahl fällt dabei auf die zivilrechtliche Problematik des vorzeitigen unabsichtlichen Abbruchs eines Telefonats. Dabei ist umstritten, ob der Gesprächspartner an seinen Antrag gebunden bleibt, den er vor der unfreiwilligen Unterbrechung unterbreitet hat.

(Sachverhalt:) A und B verhandeln telefonisch über den Verkauf eines gebrauchten Pkw. A bietet dem B seinen Pkw für 5 000 EUR an. Bevor B antworten kann, wird das Telefongespräch infolge einer technischen Störung vorzeitig unterbrochen. B ruft darauf sogleich den A wieder an und nimmt sein Angebot an. A hat es sich zwischenzeitlich jedoch anders überlegt und will nicht mehr zu diesem Preis verkaufen.
(Bearbeitervermerk:) Wie ist die Rechtslage?

Gutachten (Auszug): „ ... Fraglich ist, ob A noch an seinen Antrag an B gebunden war [Obersatz Einzelgutachten]. Gemäß § 147 Abs. 1 S. 2 BGB ist ein über Fernsprecher unterbreiteter Antrag als Antrag unter Anwesenden zu werten. Demnach kann er nur sofort, d.h. in demselben Telefongespräch angenommen werden. Ansonsten erlischt die Bindung des Antragenden [Definition Einzelgutachten = Einleitung Meinungsstreit].
Problematisch erscheint, ob dieser Grundsatz auch dann gilt, wenn das betreffende Telefonat unabsichtlich unterbrochen wird [Obersatz Meinungsstreit]. Nach einer Auffassung wirkt sich in dieser Situation gerade aus, dass die Gesprächspartner entgegen der Fiktion des § 147 Abs. 1 S. 2 BGB keine Anwesenden sind. Daher könnte eine Verlängerung der Bindungsfrist gerechtfertigt sein, etwa um diejenige Zeitspanne, die der Empfänger des Antrags benötigt, um seine Annahmeerklärung auf anderem Wege unverzüglich zu übermitteln [Definition Meinung 1]. Vorliegend hat B sogleich nach der technisch bedingten Unterbrechung des Telefonats den A angerufen und seinen Antrag auf Verkauf seines gebrauchten Pkw für einen Betrag von 5 000 EUR angenommen. Wegen der unverzüglichen Kontaktaufnahme wäre A noch an seinen Antrag gebunden, durch dessen Annahme B einen wirksamen Kaufvertrag hätte begründen können [Subsumtion Meinung 1].
Dagegen spricht jedoch, dass der Antragende bei Bindung an seinen Antrag die damit einhergehenden Nachteile tragen müsste, für die er in der Regel keine Gegenleistung erhält. Zudem ist für ihn nicht ersichtlich, ob die Unterbrechung des Telefonats auf äußeren technischen Umständen beruht oder auf einem bewussten Auflegen seines Gesprächspartners [Kritik an Meinung 1/Überleitung]. Die für ihn unsichere Rechtslage eines verbindlichen Antrags ist ihm daher nicht zuzumuten, weswegen es in dieser Konstellation bei der Grundregel des § 147 Abs. 1 S. 1 BGB verbleibt. Der Antrag kann daher nur sofort angenommen werden, so dass bei einer Unterbrechung des Telefongesprächs vor einer Annahmeerklärung der Antrag erlischt. Der Antragsempfänger trägt somit das Risiko des technischen Funktionierens der Verbindung [Definition Meinung 2]. B konnte den telefonischen Antrag des A nur im Rahmen ihres Telefongesprächs annehmen. Infolge der vorzeitigen Unterbrechung des Telefonats war er nicht in der Lage, seine Annahme rechtzeitig zu erklären [Subsumtion Meinung 2]. A war somit nicht mehr an seinen Antrag gebunden [Schlusssatz Meinungsstreit und Einzelgutachten]. ... "

VI. Apropos Stil: Falle „Juristendeutsch"

1. Verständlichkeit ist Trumpf

Juristische Kenntnisse in einer schriftlichen Prüfungsarbeit überzeugend darzustellen, ist nicht nur eine Frage des Gutachten- oder des Urteilsstils. Auch Ihr persönlicher Schreibstil wird eine wesentliche Rolle spielen, wie anschaulich Sie Ihr Wissen vermitteln können. Gelungene Formulierungen und eine gefällige Ausdrucksweise werden beim Korrektor auf Gegenliebe stoßen und können sich – ggf. nur unterbewusst – positiv auf seine Bereitschaft auswirken, eine höhere Punktzahl zu vergeben. Sie sollten daher nicht nur darauf Acht geben, *was* Sie in einer Klausur oder in einer Hausarbeit schreiben. Vielmehr könnten sich einige Gedanken darüber lohnen, *wie* Sie die Inhalte Ihres Gutachtens zu Papier bringen.

Dem äußeren Erscheinungsbild Ihrer Arbeit kommt also nicht nur im späteren Berufsleben, sondern bereits während Ihrer Ausbildung an der Universität und im Referendariat eine gewisse Bedeutung zu. Natürlich wird nach wie vor die juristische und nicht die sprachliche Qualität Ihrer Ausführungen wesentlich für die Bewertung Ihrer Arbeit sein; schließlich sind Ihre Korrektoren Juristen und keine Literaturkritiker. Dementsprechend besteht Ihr Ziel während einer unter Zeitdruck geschriebenen Klausur nicht darin, ein literarisch hochwertiges Werk anzufertigen. Zudem lässt sich nicht objektiv messen, was einen guten Stil auszeichnet. Ob jemandem ein bestimmter Schreibstil zusagt, bleibt vielmehr eine sehr subjektive Entscheidung, was den Korrektoren auch bewusst ist.

Einigkeit besteht aber darüber, dass sich fachliche Arbeiten um *Verständlichkeit* bemühen sollen. Durch eine *einfache* (im Sinne von klare, nicht aber einfältige) *Sprache* in Ihren Klausuren und Hausarbeiten erweisen Sie zum einem Ihrem Korrektor einen Gefallen. Seine juristischen Kenntnisse vermögen ihm dabei zu helfen, Ihren Erörterungen auch in undeutlichen Fällen entnehmen zu können, worauf Sie ggf. hinaus wollen; vor sprachlichen Barrieren ist aber auch er nicht gefeit. Es kann ihm daher durchaus schwer fallen, einem Satz, der sich über mehrere Zeilen erstreckt, sich zudem – vielleicht hier und dort angereichert um kleinere oder größere Einschübe weiterer Gedanken – noch dadurch auszeichnet, mehrere Nebensätze höherer – also etwa zweiter, dritter oder vierter – Ordnung zu beinhalten, die unschöne Erinnerungen an bestimmte Poeten aus dem Lateinunterricht aufleben lassen, an die man nur ungern denkt, und infolge seiner Länge und seiner Verschachtelung nur noch als *Wortungetüm* bezeichnet werden kann, zu folgen, wie nunmehr hoffentlich bewiesen werden konnte.

Ein verständlicher und einfacher Schreibstil kommt zum anderen auch Ihnen selbst zugute. Dies gilt zunächst, wenn Sie während einer Klausur ins Stocken geraten und nicht wissen, wie Sie Ihre Gedanken in Worte fassen sollen. In einer solchen Situation darf es nicht Ihr Anliegen sein, sich möglichst gehoben und gebildet auszudrücken. Bevor Sie also ein bis zwei Minuten mit der Suche nach einer schöngeistigen Wendung verbringen, begnügen Sie sich getrost mit schlichten, gegebenenfalls auch ins Umgangssprachliche abgleitenden Formulierungen. In der dadurch eingesparten Zeit können Sie sich stattdessen auf die Darlegung Ihres fachlichen Wissens konzentrieren.

Verständlichkeit, zumeist gepaart mit Einfachheit, ist also Trumpf. Einerseits gewinnen Sie dadurch Zeit beim Schreiben der Klausur (bzw. Platz beim Verfassen einer Hausarbeit). Andererseits hebt sich auch die Stimmung Ihres Korrektors, wenn er nicht über unnötig umständliche Passagen und verschachtelte Satzkonstruktionen stolpert und die Klausur ohne Probleme durchlesen kann. Dadurch kann er sich ausgiebig den Inhalten Ihrer Klausur widmen, die letztlich den größten Einfluss auf die Bewertung haben.

2. Verbreitete Unarten im juristischen Sprachgebrauch

Gerade unter Juristen scheint ein einfacher und verständlicher Schreibstil indes nicht weit verbreitet zu sein. Dies liegt weniger an den Personen, die sich mit dem Recht beschäftigen, als an dem Recht selbst und seiner Aufgabe, das friedliche Zusammenleben zwischen den Menschen zu gewährleisten. Nun zeichnet sich das Leben aber unter anderem durch seine Vielfalt aus, welche die Rechtsordnung in ihren sämtlichen Einzelheiten und Unterschieden regeln muss. Die Folge sind entweder umfangreiche Gesetze oder, sofern das geschriebene Recht selbst nicht hinreichend ins Detail geht, umfangreiche Begriffsbestimmungen durch Rechtsprechung und Schrifttum.

Ein bekanntes Beispiel aus dem Formulierungsdschungel der Juristerei ist die Definition der *Eisenbahn* durch ein Urteil des Reichsgerichts vom 17. März 1879. Bei dem Bau einer Eisenbahnstrecke entgleiste auf einem provisorisch errichteten Teilstück ein Arbeitszug, wobei sich der mitfahrende Kläger verletzte. Strittig war, ob der Kläger wegen des Unfalls das Eisenbahnbauunternehmen gemäß § 1 des Reichshaftpflichtgesetzes in Anspruch nehmen konnte oder ob sich die Vorschrift nur auf Schäden beschränkte, die bei dem Betrieb einer Eisenbahn auf fertig gestellten und für den allgemeinen Verkehr freigegebenen Strecken entstehen. Das Reichsgericht entschied zugunsten des Klägers und definierte Eisenbahn als

„ein Unternehmen, gerichtet auf wiederholte Fortbewegung von Personen oder Sachen über nicht ganz unbedeutende Raumstrecken auf metallener Grundlage, welche durch ihre Konsistenz, Konstruktion und Glätte den Transport großer Gewichtmassen, beziehungsweise die Erzielung einer verhältnismäßig bedeutenden Schnelligkeit der Transportbewegung zu ermöglichen bestimmt ist, und durch diese Eigenart in Verbindung mit den außerdem zur Erzeugung der Transportbewegung benutzten Naturkräften (Dampf, Elektricität, thierischer oder menschlicher Muskelthätigkeit, bei geneigter Ebene der Bahn auch schon der eigenen Schwere der Transportgefäße und deren Ladung, u.s.w.) bei dem Betriebe des Unternehmens auf derselben eine verhältnismäßig gewaltige (je nach den Umständen nur in bezweckter Weise nützliche, oder auch Menschenleben vernichtende und die menschliche Gesundheit verletzende) Wirkung zu erzeugen fähig ist" (RGZ 1, 247 [252]).

Jenseits solcher, selbst für das Recht außergewöhnlichen Erscheinungen sind aber gerade bei juristischen Dokumenten einige sprachliche Unarten zu bemerken, die sich nicht mit der schwierigen Gratwanderung zwischen verständlicher Sprache und exakter rechtlicher Bezeichnung erklären lassen. Die Studierenden müssen sich gleichwohl mit diesen Veröffentlichungen auseinandersetzen, seien es Normen des Gesetzgebers, Entscheidungen der Rechtsprechung oder Beiträge aus der Fachliteratur. Ihre aufmerksame Lektüre führt dazu, dass auch in Klausuren und Hausarbeiten einige stilistische Besonderheiten zu beobachten sind, die keine Paradebeispiele für eine einfache und verständliche Ausdrucksweise abgeben.

Damit Sie sich das typische „Juristendeutsch" nicht angewöhnen, empfiehlt es sich, zur Abwechslung vom studentischen Alltag auf Bücher zurückzugreifen, die sich nicht durch rechtliche Inhalte, sondern durch einen schönen Schreibstil auszeichnen. Wer in seiner Freizeit seinem Studium nicht völlig untreu werden möchte: Viele frühere und aktuelle Romane und Erzählungen handeln oder stammen sogar von Juristen. Lesen Sie diese Werke mit einem offenen Auge für gelungene Formulierungen und anschauliche Sätze.

Einige sprachliche Eigenarten, die sich unter Juristen großer Beliebtheit erfreu-
en, werden im Folgenden dargestellt. Die Auswahl ist aber alles andere als abschließend. Vielmehr existieren Aufsätze und sogar Bücher, die sich allein mit
Stilfragen beschäftigen (siehe etwa die Nachweise auf S. 215 f.). Diese Publika-
tionen seien jedem ans Herz gelegt, der seinen Schreibstil verbessern möchte. Die
nachstehenden Überlegungen sollen an einem Obersatz verdeutlicht werden, der in
dieser oder ähnlicher Weise in vielen schriftlichen Prüfungsarbeiten gelesen werden kann und daher den meisten als völlig unverfänglich erscheinen dürfte.

*Es stellt sich die Frage, ob von A die Anfechtung seiner Annahmeerklärung geäußert
wurde.*

Bei kritischer Analyse des Satzes fällt zunächst auf, dass der Nebensatz im Passiv steht. Solche *Passivkonstruktionen* sind zwar unter den Juristen gebräuchlich,
aber in der Regel unnötig. Sie können – wie etwa in diesem Satz – vor allem verwendet werden, um keine Person benennen bzw. um nicht auf das unbestimmte
Pronomen „man" zurückgreifen zu müssen. Ansonsten trägt das Passiv nur dazu
bei, einen Satz zu verlängern und seine Verständlichkeit zu erschweren. Eine erste
Verbesserung besteht somit darin, den Nebensatz im Aktiv zu formulieren.

Es stellt sich die Frage, ob A die Anfechtung seiner Annahmeerklärung geäußert hat.

Eine weitere verbreitete Unsitte stellt die *Substantivierung* von Verben dar.
Auch dieses Mittel der Amtssprache dient dem Zweck, den beschriebenen Sachverhalt unpersönlicher und neutraler erscheinen zu lassen, indem die durch das
Verb zum Ausdruck gebrachte Tätigkeit nicht mehr unmittelbar dem Subjekt des
Satzes zugeordnet wird. Kehrseite der (vermeintlich) gewonnenen Objektivität ist
allerdings, dass sich die Endungen -ung, -heit und -keit im Text häufen und dessen
Lesbarkeit erschweren. In schriftlichen Prüfungsarbeiten während des Jurastudiums erscheint ein ausgeprägter Nominalstil zudem deswegen nicht angebracht,
weil hier gerade das Verhalten der im Sachverhalt genannten Personen rechtlich
bewertet werden soll, das Gutachten also durchaus personalisiert werden kann.
Unser Ausgangssatz gewinnt durch einen Verzicht auf überflüssige Substantiv-
konstruktionen weiter an Kürze.

Fraglich ist, ob A seine Annahmeerklärung angefochten hat.

Ein letzter, gerade für juristische Prüfungsarbeiten bedeutender Hinweis bezieht
sich auf die beliebte Angewohnheit, Ober- und sonstige Einleitungssätze mit einem kurzen Hauptsatz zu beginnen, vorliegend: „Fraglich ist, ob … ". Ein solcher
Vorspann ist zwar nicht generell als verwerflich anzusehen und kann vielmehr
dem Korrektor verdeutlichen, dass sich der Verfasser nunmehr einem neuen und
gegebenenfalls umfangreichen Schwerpunkt widmet. Der übermäßige Rückgriff
auf derartige Einleitungen bewirkt indes das Gegenteil und lässt das Gutachten als
unruhig und abgehackt erscheinen. Daher sollten Formulierungen wie „fraglich
ist, ob", „ist erforderlich, dass" oder „setzt voraus, dass" zumeist vermieden werden. Es genügt stattdessen ein einfaches „könnte" oder „müsste", was unseren
Beispielsatz nochmals verkürzt.

A könnte seine Annahmeerklärung angefochten haben.

Allein der Verzicht auf die vorstehenden stilistischen Unarten lässt den Ausgangssatz von vierzehn auf sechs Wörter bzw. von 76 auf 45 Zeichen schrumpfen. Werden die Leerzeichen mitgezählt, die bei Platzproblemen in der Hausarbeit ebenso eine Rolle spielen, ist das Resultat eine Kürzung von 89 auf 50 Zeichen. Wer bei juristischen Prüfungsarbeiten auf solche sprachlichen Kleinigkeiten achtet und auf eine einfache und verständliche Ausdrucksweise Wert legt, kann also Zeit und Raum gewinnen, die er verwenden kann, um die eigentlichen, juristischen Herausforderungen des Sachverhalts zu meistern.

VII. Tipps und Hinweise

1. Einführung

Neben den vorstehenden grundlegenden Ausführungen zum Gutachtenstil gibt es viele kleinere Tipps, die Sie im Laufe Ihres Studiums von verschiedener Seite erfahren werden. Einige von ihnen werden im Folgenden kurz vorgestellt. Sicherlich fällt es zu Beginn nicht leicht, alle Hinweise bei der Abfassung eines Gutachtens zu beherzigen. Um Ihnen bei der nicht geringen Anzahl an Ratschlägen die Orientierung zu erleichtern, wird ihre Bedeutung bewertet. Die Skala reicht dabei von einem Stern (für einen beachtlichen Tipp) bis hin zu drei Sternen (für einen äußerst bedeutsamen Hinweis).

Eine solche Bewertung ist äußerst subjektiv und kann keinen Anspruch auf Verbindlichkeit erheben. Die Sternvergabe versucht sich daran zu orientieren, wie ausgeprägt die Mehrheit der Prüfer den jeweiligen Gesichtspunkt beachten wird. Wenn ein Tipp also nur einen Stern erhält, wird er für viele Prüfer in der Regel nur eine moderate Bedeutung besitzen. Im Einzelfall kann dies natürlich durchaus anders sein und kann ein Korrektor auf einen bestimmten Gesichtspunkt mehr Wert legen als ein anderer.

Nicht nur deswegen sollten Sie in Erwägung ziehen, möglichst viele der nachstehenden Ratschläge mit der Zeit umzusetzen. Auch wenn sich ein Hinweis nur mit einem Stern zufrieden geben muss, ist es durchaus angebracht, ihn zu befolgen. Schließlich können sämtliche Tipps den Wert Ihres Gutachtens steigern, zu einem größeren Wohlwollen des Korrektors führen und Ihnen so den einen oder anderen zusätzlichen Punkt bescheren.

2. Zum Gebrauch des Gutachtenstils

Tipp Nr. 1: Legen Sie Wert auf Begründungen!   ☆☆☆

Wie bereits mehrmals erwähnt, sind Begründungsdichte und -qualität eines Gutachtens von entscheidender Bedeutung für seine Bewertung. Bemühen Sie sich vor allem bei Schwerpunkten der Klausur um eine ausführliche, möglichst auf mehreren Argumenten ruhende und nachvollziehbare Erläuterung. Sie können eigentlich kaum zu viel schreiben, Sie können sich allenfalls wiederholen.

Sparen Sie auch ansonsten nicht an der Begründung. Soweit Sie einen Prüfungspunkt in der Klausur für erwähnenswert erachten, muss er näher ausgeführt werden. Dies kann zwar in einem Nebensatz geschehen, wenn das betreffende Merkmal offensichtlich (nicht) vorliegt. Aber es sollte jedenfalls geschehen.

Tipp Nr. 2: Legen Sie Wert auf Subsumtionen!   ☆☆☆

Was für Ihre Begründung gilt, sollten Sie ebenso für Ihre Subsumtion beherzigen. Allein durch Ihre Ausführungen müssen Sie dem Korrektor zeigen, dass Sie Ihre abstrakten Rechtskenntnisse auf den konkreten Fall anwenden können.

Enthält etwa die Beschreibung des tatsächlichen Geschehens im Sachverhalt sowohl Argumente für als auch gegen das Vorliegen eines Prüfungspunktes, müssen Sie eine ausführliche und nachvollziehbare Subsumtion zu Papier bringen. Aber selbst in eindeutig subsumierbaren Fällen kann Ihr Gutachten auf eine (wenngleich kurze) Subsumtion nicht verzichten.

Tipp Nr. 3: Arbeiten Sie an und mit dem Sachverhalt!   ☆☆☆

Erste Materialquelle für Ihre Begründungen und Subsumtionen ist der Sachverhalt. Versuchen Sie daher, alle darin erwähnten Umstände zu verwerten. Wenn Sie im Aufgabentext sämtliche Angaben durchstreichen, die Sie in Ihr Gutachten aufgenommen haben, dürfen nur unbedeutende Nebensächlichkeiten zu lesen sein.

Arbeiten Sie zudem möglichst nahe am Sachverhalt. Sie dürfen die relevanten Stellen getrost eins zu eins abschreiben. Selbst Anführungszeichen sind unnötig, weil Sie niemanden zitieren, sondern Ihre Arbeitsgrundlage benutzen. Verschwenden Sie also keine Zeit damit, die Angaben umzuformulieren. Dies kann allenfalls dazu führen, dass der Korrektor den Sachverhalt nicht wieder erkennt.

Tipp Nr. 4: Schreiben Sie verständlich!   ☆☆

Versuchen Sie, sich möglichst klar und verständlich auszudrücken. Weder ein hoher Anteil von Fremdwörtern (selbst bei ihrem richtigen Gebrauch) noch Sätze ciceronischen Ausmaßes sind Indizien für einen guten Juristen. Bedenken Sie die Freude Ihres unter Zeitdruck stehenden Korrektors, wenn er Ihren Satz auch beim dritten Durchlesen noch nicht versteht.

Vernachlässigen Sie Ihren Schreibstil auch dann nicht, wenn Sie ein rechtliches Problem der Klausur schildern. Selbst wenn Sie davon ausgehen können, dass der Korrektor das Problem kennt und um seine Lösung weiß: Von Ihnen kann der Korrektor dies nur behaupten, wenn Sie ihm Ihre Kenntnisse vermitteln können.

Tipp Nr. 5: Vermeiden Sie nichtssagende Formulierungen!   ☆☆

Zwar ist ein oberstes Gebot, an Begründung und Subsumtion nicht zu sparen und selbst bei (vermeintlich) offensichtlichen Tatbestandsmerkmalen in einem Nebensatz einen Begründungs- und Subsumtionsansatz zu liefern. Dabei dürfen Sie aber nicht auf „Scheinbegründungen" zurückgreifen. Zum Argument gereichen weder

die lapidare Feststellung „Diese Voraussetzung ist erfüllt" noch ähnliche nichts-
sagende Formulierungen.

Vermeiden Sie des Weiteren, bei Ihren Ausführungen auf „Kraftworte" zurückzugreifen. Die Feststellung „Das ist *unstreitig* gegeben" ist dem Prüfling ebenso
wenig anzuraten wie der Gebrauch der Worte „offensichtlich", „auf jeden Fall",
„unproblematisch", „zweifellos" etc. Solche Wendungen werden zumeist als Zeichen der Unsicherheit gedeutet und sind für den Korrektor eher ein Anlass, die
betreffende Passage Ihres Gutachtens genauer unter die Lupe zu nehmen.

Tipp Nr. 6: Seien Sie vorsichtig im Gebrauch von Verweisungen!   ☆

Im Laufe eines Gutachtens sind häufig einzelne Prüfungspunkte wiederholt anzusprechen. In diesen Fällen müssen Sie Definitionen oder Meinungsstreite nicht
mehrmals niederschreiben. Um *insoweit* Zeit und Arbeit zu sparen, dürfen Sie
nach oben verweisen. Verweisungen nach unten sind dagegen zu vermeiden, weil
sie den Lesefluss beeinträchtigen.

„Insoweit" bedeutet, dass die Verweisung sich nur auf Aspekte beziehen darf,
die wirklich identisch sind. So dürfen Sie stets auf eine bereits zu Papier gebrachte
Definition verweisen, nur selten dagegen auf die an anderer Stelle vorgetragene
Subsumtion, die in der Regel unterschiedlich ausfällt.

Beispiel aus dem Zivilrecht: Ist fraglich, ob A während einer Versteigerung ein Gebot
abgegeben hat, weil er zunächst einem Freund zugewinkt und später vor Müdigkeit seinen
Arm gestreckt hat, dürfen Sie in Bezug auf die rechtlichen Ausführungen zur Willenserklärung und die Darstellung des Meinungsstreits zum Erklärungsbewusstsein nach oben verweisen. Wie die beiden Handlungen des A zu bewerten sind, müssen Sie dagegen in einer
jeweils eigenen Subsumtion untersuchen.

3. Juristischer Touch

Tipp Nr. 7: Üben Sie den juristischen Sprachgebrauch!   ☆☆☆

Die juristische Sprache ist sehr exakt. Nicht wenige Korrektoren ahnden daher,
selbst wenn die Erstsemester Nachsicht verlangen dürfen, spätestens im Examen
oder in der Übung für Fortgeschrittene einen falschen oder ungenauen Wortgebrauch mit Punktabzug. Dies gilt vor allem, wenn die Klausur auch sonst nicht
zu überzeugen weiß und gegebenenfalls das Bestehen auf dem Spiel steht.

Seien Sie ebenso vorsichtig bei der Verwendung von Synonymen. Der literari-
sche Wert eines Gutachtens ist von Natur aus nicht hoch und Wortwiederholungen
bei juristischen Fachbegriffen sind kaum vermeidbar. Versuchen Sie gleichwohl
nicht, solche Wiederholungen um jeden Preis zu verhindern. Ihre Ausführungen
erhalten leicht eine andere Bedeutung oder werden ungenau und missverständlich.

Beispiele aus dem Öffentlichen Recht: Eine Verfassungsbeschwerde ist *begründet*, nicht
dagegen *gerechtfertigt*. Bei einem Eingriff in ein Grundrecht wird dessen Schutzbereich
zunächst lediglich *berührt*. *Beeinträchtigt* wird er dagegen nur dann, wenn der Eingriff
verfassungsrechtlich nicht gerechtfertigt werden kann.

Beispiele aus dem Strafrecht: Eine Straftat ist *vollendet*, ein Versuch dagegen *beendet*. Der Täter macht sich *des* Totschlags *schuldig*, ist aber *wegen* Totschlags *strafbar*. Der Täter handelt rechtswidrig und *schuldhaft*, nicht dagegen rechtswidrig und *schuldig*. Zur besonderen Bedeutung des Grundsatzes im Zivilrecht siehe Tipp Nr. B3 (S. 59 f.).

Tipp Nr. 8: Zitieren Sie das Gesetz!   ☆☆☆

Das Handwerkszeug eines Juristen ist das Gesetz. Machen Sie sich daher mit ihm vertraut und arbeiten Sie damit. So kann bei Ihrer Vorbereitung das Gesetz eine wahre Hilfe und Stütze sein. In der Regel stehen die Voraussetzungen einer Anspruchsgrundlage oder die Merkmale eines Straftatbestandes im Gesetz. Sie müssen sie also nicht mühsam auswendig lernen, sondern lediglich wissen, welche Vorschrift Sie aufzuschlagen haben.

Sobald sich rechtliche Ausführungen in Ihrer Klausur aus dem Gesetz ergeben, müssen Sie die jeweilige Norm zitieren. Viele Korrektoren nehmen es Ihnen übel, wenn Sie seitenlange Erörterungen zur Rechtslage vornehmen, sie aber mangels Benennung auch nur einer einzigen Vorschrift nicht auf das Gesetz als Grundlage jeglicher juristischen Tätigkeit stützen.

Beispiel: Vor allem das BGB enthält ein äußerst detailliertes Regelungsgeflecht, auf das Sie durch Bezeichnung der jeweils einschlägigen Norm zurückgreifen sollten. Benennen Sie auch Vorschriften, die Ihnen selbstverständlich erscheinen: Wenn Sie etwa einen Anspruch des Käufers aus Kaufvertrag auf Übereignung und Übergabe der Kaufsache prüfen, müssen Sie die Anspruchsgrundlage des § 433 Abs. 1 S. 1 BGB erwähnen.

Tipp Nr. 9: Verwenden Sie die zutreffende Normbezeichnung!   ☆☆☆

Bei Normzitaten gehört zum zutreffenden juristischen Sprachgebrauch, auf die korrekte Normbezeichnung („Art." oder „§") Acht zu geben. Im Bürgerlichen Recht und im Strafrecht sind Sie zwar zumeist nur von Paragraphen im eigentlichen Sinne umgeben, so dass Sie kaum einer Verwechslung unterliegen können. Jedenfalls im Öffentlichen Recht werden Sie aber auch Artikel kennen lernen.

Dies gilt insbesondere für die Normen des Grundgesetzes. So richtet sich die Zulässigkeit einer abstrakten Normenkontrolle nach *Art.* 93 Abs. 1 Nr. 2 GG, *§§* 13 Nr. 6, 76 ff. BVerfGG. Wer dagegen in einer staatsrechtlichen Klausur von § 19 Abs. 4 GG spricht, aber *Art.* 13 BVerfGG zitiert, wird regelmäßig mit Punktabzügen rechnen müssen. Im späteren Verlauf Ihres Studiums werden Sie weiteren Gesetzen begegnen, bei denen auf die zutreffende Normbezeichnung Wert zu legen ist, beispielsweise im Europarecht und – je nach Bundesland Ihres Studienortes – auch im Landesrecht.

Tipp Nr. 10: Geben Sie Acht auf genaue Normzitate!   ☆☆

Wenn Sie eine Norm in Ihrem Gutachten anführen, sollten Sie Wert auf ein möglichst genaues Zitat legen. Dies erfordert gegebenenfalls, eine Vorschrift exakt bis auf den betreffenden Halbsatz bzw. die jeweilige Alternative, Variante oder Nummer zu benennen.

Beispiele: Im Zivilrecht ist zwischen dem Inhaltsirrtum nach § 119 Abs. 1 *1. Alt.* BGB und dem Erklärungsirrtum nach § 119 Abs. 1 *2. Alt.* BGB zu unterscheiden. Im Öffentlichen Recht hat die Meinungsäußerungs- und -verbreitungsfreiheit ihre Grundlage nicht in Art. 5 Abs. 1 GG, sondern in Art. 5 Abs. 1 *S. 1 1. Alt.* GG. Ähnlich richtet sich der Rücktritt des Alleintäters vom unbeendeten Versuch im Strafrecht nicht nach § 24 Abs. 1 StGB, sondern nach § 24 Abs. 1 *S. 1 1. Alt.* StGB.

Wichtig ist eine exakte Normangabe nicht zuletzt bei strafrechtlichen Klausuren. Wenn Sie einen bestimmten Straftatbestand prüfen, muss bereits aus der Überschrift nicht nur die jeweilige Strafvorschrift hervorgehen, sondern auch die Form, in welcher der Täter sie verwirklicht haben soll (z.B. in welcher Beteiligungsform, als Versuch oder durch Unterlassen). So wird ein versuchter Totschlag mit §§ 212 Abs. 1, *22, 23 Abs. 1* StGB gekennzeichnet. Wer lediglich § 212 Abs. 1 StGB schreibt, kündigt dagegen die Prüfung eines vollendeten Totschlags an.

4. Sprachliche Feinheiten

Tipp Nr. 11: Gebrauchen Sie Schlagworte!   ☆☆☆

In der Regel müssen Sie davon ausgehen, dass noch weitere Klausuren auf dem Schreibtisch des Korrektors auf ihre Bewertung warten. Er wird sich daher kaum jedes Wort Ihres Gutachtens auf der Zunge zergehen lassen. Dies mag für Sie durchaus unbefriedigend sein. Schließlich haben Sie sich auf die Prüfung entsprechend vorbereitet, sich in der Klausur Mühe gegeben und nun wird Ihre Ausarbeitung in einer unangemessen kurzen Zeit durchgelesen oder vielleicht nur überflogen.

Versuchen Sie aber trotzdem, dem Korrektor seine Arbeit zu erleichtern. Nicht um seinet-, sondern um Ihretwillen. Servieren Sie ihm diejenigen Schlagworte und Rechtsbegriffe, nach denen er sucht. Wenn Sie etwa die Problemlage bei der alternativen Kausalität beschreiben, sollte der Begriff „alternative Kausalität" auch irgendwann einmal genannt werden. Dann macht der Korrektor erfreut seinen Haken und Sie erhalten leichter Ihre Punkte.

Tipp Nr. 12: Verwenden Sie keine Abkürzungen!   ☆☆

In einem Gutachten sind, wie in jeder anderen wissenschaftlichen Arbeit, nur Abkürzungen zulässig, die im Schriftdeutsch gebräuchlich sind, etwa „d.h." oder „u.a.". Speziell im juristischen Bereich treten Normbezeichnungen (z.B. „Abs.", „S.", „Nr.") und Gesetzesabkürzungen („BGB", „GG", „StGB" etc.) hinzu.

Ansonsten ist mit Abkürzungen vorsichtig zu verfahren, da sie den Lesefluss stören und die Verständlichkeit des Gutachtens verringern. Dies gilt selbst bei Fachbegriffen, für die sich eine allgemein gebräuchliche Abkürzung entwickelt hat, etwa „c.i.c." für culpa in contrahendo. Auf keinen Fall dürfen Sie selbst Abkürzungen kreieren, um sie zur Zeitersparnis zu verwenden. Wer etwa in einer BGB-Klausur durchgehend statt „Willenserklärung" nur „WE" schreibt, mag sich zwar einen kleinen Zeitvorteil verschaffen. Auf die Bewertung seines Gutachtens wird sich dies aber in der Regel nachteilig auswirken.

Tipp Nr. 13: Achten Sie auf Ihre Rechtschreibung!   ☆

Es mag merkwürdig erscheinen, gesondert auf die Rechtschreibung hinzuweisen. Leider ist es im Alltag eines Korrektors keine Seltenheit, in juristischen Arbeiten mit innovativen orthographischen Kreationen konfrontiert zu werden, die selbst nach der letzten Rechtschreibreform unzulässig sind. Peinlich und auffällig sind vor allem Rechtschreibfehler bei Fremdwörtern und juristischen Fachbegriffen.

In strafrechtlichen Prüfungen bereitet das Ableben von Personen häufig auch orthographische Schwierigkeiten. Nicht nur in Klausuren der ersten Semester offenbaren sich Probleme bei der zutreffenden Schreibweise der Wortfamilie „tot" und „Tod". Korrekt heißt es etwa: Wer einen anderen Menschen mittels einer *tödlichen* Handlung *tötet*, ist für die Herbeiführung seines *Todes* wegen *Totschlags* strafbar. Als nachteilig erweist sich vor allem, den Straftatbestand des Totschlags falsch zu schreiben, da dann die amtliche Überschrift des § 212 StGB fehlerhaft wiedergegeben wird.

Sicherlich kann der eine oder andere Rechtschreibfehler im Eifer des Gefechts unterlaufen und wird sich nicht negativ auf die Bewertung auswirken. Häufen sich diese Fehler in einer Klausur jedoch, kann dies den Korrektor vom eigentlichen Inhalt Ihrer Klausur ablenken. Wenn Sie Pech haben, versäumt er dann gerade diejenige Argumentation, die Ihnen besonders gut gelungen ist.

Gegebenenfalls kann der Prüfer Ihre orthographische Schwäche sogar zum Anlass für einen Punktabzug nehmen, da die Überzeugungskraft Ihres Gutachtens bei zu vielen Rechtschreibfehlern schwindet. Um dies zu verdeutlichen, stellen Sie sich etwa vor, ein elektronisches Gerät erworben zu haben, dessen deutsche Bedienungsanleitung schlicht unverständlich ist. Welchen ersten Eindruck erhalten Sie dann von dem Gerät?

Tipp Nr. 14: Verraten Sie nicht Ihre Unsicherheit!   ☆

Oftmals enthält der Sachverhalt zu einem bestimmten Prüfungspunkt nur unzureichende Angaben, die eine abschließende Stellungnahme nicht möglich erscheinen lassen. Häufig ist ein Sachverhalt auch bewusst so gestellt, dass ein bestimmtes Tatbestandsmerkmal mit guten Gründen bejaht und ebenso verneint werden kann. Selbst dann müssen Sie in Ihrem Gutachten eine eindeutige Entscheidung treffen.

Tun Sie dies, ohne etwaige Zweifel hinsichtlich des gefundenen Ergebnisses zu offenbaren. Vermeiden Sie daher Worte wie „wohl", „wahrscheinlich", „ist anzunehmen" etc. Der Klausurersteller erwartet von Ihnen, den Sachverhalt rechtlich zu bewerten und zu Ihrer Bewertung zu stehen. Die Vertretbarkeit anderer Auffassungen wird bereits dadurch deutlich, dass Sie im Rahmen Ihrer ausführlichen Begründung auch die Gegenargumente würdigen und berücksichtigen.

Negativbeispiel: „Daher *wird wohl* eine Körperverletzung *vorliegen*." Schreiben Sie dagegen: „Daher liegt eine Körperverletzung vor."

Tipp Nr. 15: Meiden Sie die Ich-Form!   ☆

Dieser Ratschlag ist in seiner Daseinsberechtigung äußerst umstritten. Jeder Sachverhalt wird von jedem Juristen unterschiedlich gelöst und Ihr Gutachten stellt selbst bei größtmöglicher Bemühung um Objektivität nichts anderes als Ihre persönliche Meinung dar. Was soll also dagegen sprechen, Ihre Meinung in der Klausur durch Verwendung der ersten Person entsprechend zu kennzeichnen?

Gleichwohl sehen einige Korrektoren die Ich-Form nicht besonders gerne. Dahinter mag die Überlegung stecken, dass ein Gutachten einen Sachverhalt objektiv bewerten soll und kein Forum für persönliche Ansichten bietet. Bedenken Sie jedenfalls Folgendes: Selbst wenn Sie auf einen Korrektor treffen, der die Verwendung der ersten Person in einem Gutachten begrüßt, werden Sie von ihm dafür keine Sympathiepunkte erhalten. Dagegen ist durchaus denkbar, dass ein Korrektor ein „ich" oder „meines Erachtens" bemängelt, wenn er dies in einem Gutachten nicht gerne liest.

§ 3 Der Ernstfall: Lösung einer Klausur

I. Grundlagen

Sie kennen nun die groben Grundzüge, um ein verständliches Gutachten anzufertigen. Vor das Gutachten hat der Prüfer aber zunächst den *Aufgabentext* gestellt. Bis Sie in einer Klausur zur Anfertigung des Gutachtens gelangen, haben Sie daher mit ein paar anderen Problemen und Herausforderungen zu kämpfen, die jedoch mit etwas Übung ohne Weiteres zu überwinden sind.

Versetzen Sie sich dazu in den Ernstfall einer Klausur: Sie sitzen mit ungefähr einhundert weiteren Studierenden im Prüfungsraum, die Klausuraufsicht teilt die Aufgabentexte aus und gibt das Ende der Bearbeitungszeit bekannt. Was tun Sie? Stürzen Sie sich auf die Klausur und beginnen nach kurzem Überfliegen des Sachverhalts sogleich mit der Anfertigung Ihres Gutachtens? Oder lesen Sie in aller Ruhe den Sachverhalt durch, nehmen bereits eine nebensächliche Streitigkeit im ersten Absatz der Klausur zum Anlass, Ausführungen epischer Breite zu Papier zu bringen, um eine halbe Stunde vor Ende der Bearbeitungszeit festzustellen, Ihr Gutachten nicht mehr vollenden zu können?

Es kann also hilfreich sein, mit einem gewissen Konzept in Ihre Prüfung zu gehen. Ähnlich ist es auch bei einem Fußball- oder Basketballspiel zumeist besser, nicht einfach drauf los zu spielen und sich überraschen zu lassen, was passiert, sondern sich eine *Taktik* zurechtzulegen. Im Folgenden wird kurz erläutert, wie eine solche Taktik für juristische Klausuren aussehen könnte. Allerdings existiert nicht der einzig wahre Weg, der allein von Erfolg gekrönt wäre. Wie es beim Fußball oder Basketball unterschiedliche Spielertypen gibt, die jeweils andere Taktiken am besten umsetzen können, so müssen Sie selbst für sich herausfinden, welche der folgenden Hinweise Ihnen im Einzelnen zusagen.

II. Stationen einer Klausur

1. Bearbeitervermerk

Der erste Blick des Prüfungsteilnehmers sollte dem Bearbeitervermerk, d.h. der *konkreten Aufgabenstellung* der Klausur gelten. Bereits vor dem ersten Lesen des Sachverhalts sollten Sie wissen und sich vergegenwärtigen, was von Ihnen verlangt wird. Warum? Führen Sie sich den Leser eines Kriminalromans vor Augen, der in alter Angewohnheit stets die letzte Seite zuerst liest, um bereits zu Beginn zu erfahren, wer der Mörder ist. Die Spannung mag ihm dadurch vielleicht genommen sein. Er hat aber den Vorteil, bei der Lektüre des Buches die Hinweise, die der Schriftsteller zur Identifizierung des Mörders gestreut hat, leichter erkennen und richtig einordnen zu können. Dagegen läuft er weniger Gefahr, auf eine falsche Fährte gelockt zu werden.

Ähnlich kann es Ihnen in einer Klausur ergehen. Zwar werden nur die gemeinsten unter den Klausurerstellern falsche Fährten legen. Jedoch kann passieren, dass Sie sich von Angaben im Sachverhalt in eine Richtung lenken lassen, auf die es in der Klausur überhaupt nicht ankommt. Ihnen kann dadurch der Blick für das Wesentliche genommen oder vernebelt werden. Studieren Sie daher zuerst den Bearbeitervermerk. Dadurch sind Sie für die grobe Richtung, die Sie in der Klausur einschlagen müssen, bereits sensibilisiert. Ihr Problembewusstsein wird sich auf die richtigen Aspekte konzentrieren und Sie können verstärkt auf die Hinweise des Klausurerstellers achten.

Beginnen Sie daher Ihre Klausur mit einem Blick auf den *Bearbeitervermerk*. Lesen Sie ihn bitte zunächst gründlich durch und vergewissern Sie sich, was der Klausurersteller genau von Ihnen verlangt. So unwahrscheinlich es klingen mag, passiert es doch regelmäßig (und zwar sogar im Examen), dass ein Prüfling den Bearbeitervermerk missversteht und beispielsweise zivilrechtliche Ansprüche der falschen Person oder die Strafbarkeit eines falschen Beteiligten anspricht.

Beachten Sie bei der Lektüre des Bearbeitervermerks auch etwaige *Zusatzanmerkungen und Leitlinien* für die Klausurbearbeitung. Vor allem in den ersten Semestern werden regelmäßig bestimmte Punkte von der Prüfung ausgeschlossen. So kann etwa im Strafrecht nur nach der Strafbarkeit wegen bestimmter Delikte gefragt sein, im Zivilrecht nur nach bestimmten Arten von Ansprüchen (z.B. vertragliche oder Schadensersatzansprüche) oder im Öffentlichen Recht lediglich nach der Begründetheit der Klage. Sollten Sie gleichwohl die ausgeklammerten Punkte in Ihrer Klausur erörtern, werden Sie dafür selbst bei zutreffenden Ausführungen keine Pluspunkte erhalten. Je nach Verständnis und Laune des Korrektors reicht die Würdigung Ihrer unnötigen Mehrarbeit von einem milden Kopfschütteln bis hin zu einem dicken Strich durch Ihre Zeilen und dem mit Ausrufezeichen geschmückten Randvermerk „überflüssig". Schlimmstenfalls liest der Korrektor Ihre Zeilen sogar durch; allerdings nur, um etwaige Fehler als Anlass für einen Punktabzug zu nehmen.

Wenn in einer Klausur nach einem bestimmten Aspekt nicht gefragt ist, prüfen Sie ihn also bitte auch nicht. Es mag zwar schade sein, wenn gerade diejenigen Prüfungspunkte ausgeklammert sind, die Sie wunderbar beherrschen. Ersparen Sie sich aber trotzdem die Arbeit, diese anzusprechen, und konzentrieren Sie sich in der dadurch gewonnenen (oder genauer: nicht verlorenen) Zeit auf die wirklichen Probleme der Klausur.

2. Sachverhalt

a) Erfassen des Sachverhalts

Unter dem noch frischen Eindruck des Bearbeitervermerks und dem dadurch fokussierten Blickwinkel können Sie sich nun an den Sachverhalt wagen. Auch wenn die Zeit in einer Klausur zumeist knapp ist: Lesen Sie ihn gründlich und zumindest zweimal durch. Das erste Mal empfiehlt es sich, den Sachverhalt am Stück zu lesen, um ihn in seinem *tatsächlichen* Gesamtzusammenhang verstehen und nachvollziehen zu können. Beim zweiten oder dritten Durchlesen können Sie Ihr Augenmerk auf die *rechtlichen* Aspekte legen und mit Ihren Notizen zur Lösung beginnen.

Gehen Sie bei den einzelnen Durchgängen äußerst sorgfältig vor. Schließlich können Sie rechtlich nur zutreffend bewerten, was Sie in der tatsächlichen Dimension richtig erfasst haben. Sie müssen beispielsweise nachvollziehen können, wer wann auf wen zuerst geschossen oder wer sich gegenüber wem wann in welcher Weise geäußert hat. In der Regel wird dies unproblematisch sein und muss nicht zu einer eigenen Wissenschaft erhoben werden. Sobald ein Sachverhalt sich jedoch etwas komplizierter gestaltet und beispielsweise mehrere Personen oder viele Zeit- und Datumsangaben enthält, kann er Verwirrung stiften und bedarf eines genauen Hinsehens. Wenn es Ihnen hilft, können Sie sich in solchen Fällen die beteiligten Personen und Ihre Verhältnisse in einem Diagramm auf Ihrem Konzeptpapier verdeutlichen oder den zeitlichen Ablauf in einer Tabelle festhalten.

b) Erkennen wichtiger Angaben im Sachverhalt

Nur wenige Angaben im Sachverhalt haben für den konkreten Fall keine Bedeutung und können von Ihnen bedenkenlos ignoriert werden. Zwar bemühen sich die Klausurersteller gelegentlich, den Sachverhalt mit unterschwelligem Humor und farbigen Beschreibungen etwas aufzuheitern. Doch in der Regel erschöpfen sich die Versuche in einer wortspielerischen Namensfindung der Beteiligten und einer leichten Ausschmückung des jeweiligen Szenarios. Dagegen wird ein Sachverhalt nur selten mehrere Sätze hintereinander aufweisen, die überhaupt nicht in der Lösungsskizze berücksichtigt werden. Die meisten der im Sachverhalt mitgeteilten Informationen müssen Sie daher in Ihrem Gutachten aufgreifen und verarbeiten.

Es gilt daher, die Angaben im Sachverhalt auf ihre jeweilige Relevanz für die Lösung der Klausur zu untersuchen. Sie müssen jeden Satz des Aufgabentextes kritisch würdigen und herausfinden, welches Problem der Klausurersteller damit ansprechen wollte. Dies zu erkennen, setzt zunächst freilich gewisse juristische Kenntnisse des Prüflings voraus. Auch hier befindet sich im Vorteil, wer sich nicht darauf beschränkt, Wissen lediglich anzuhäufen, sondern darüber hinaus auf ein verständiges bzw. *problemorientiertes Lernen* setzt. Wer sich etwa beim Studium eines Meinungsstreits nur auf dessen Ergebnisse konzentriert, ohne sich zu vergegenwärtigen, welches Problem die Diskussion erst ausgelöst hat, wird in einem Sachverhalt, der typischerweise nur das Problem und nicht das Ergebnis schildert, kaum bemerken, auf den Meinungsstreit eingehen zu müssen.

Ein geschärftes *Problembewusstsein* ist somit eine notwendige Voraussetzung, um dem Aufgabentext seine rechtlichen Schwierigkeiten entnehmen zu können. Bei der Suche nach den Schwerpunkten und juristischen Fragen einer Klausur kann aber auch der Sachverhalt selbst eine wertvolle Hilfe darstellen. So können bestimmte Angaben ein Indiz dafür sein, dass der Klausurersteller ein bestimmtes Problem aufwerfen wollte.

– Generell weist jede *ausführliche und detaillierte Beschreibung* eines Geschehensablaufs darauf hin, dass die Schilderung Informationen enthält, die aus juristischer Sicht bedeutsam sind. Sobald der Sachverhalt an einer bestimmten Stelle etwas an Schwung zu verlieren scheint, sollten Sie ihn daher aufmerksam lesen und besonders gründlich auf rechtliche Probleme untersuchen.
– Ein deutlicher Hinweis darauf, dass der Klausurersteller gewisse Punkte in Ihrem Gutachten lesen möchte, sind *Rechtsmeinungen* der Beteiligten. Vertritt einer der im Sachverhalt auftretenden Personen zu einem bestimmten Punkt eine bestimmte Auffassung, müssen Sie sich damit in Ihrer Bearbeitung auseinandersetzen. Ebenso gebieten wörtliche Zitate regelmäßig, die jeweilige Aussage näher zu betrachten.

Dies gilt vornehmlich bei Willenserklärungen im Zivilrecht. Wenn jemand sagt: „Wegen Ihrer Täuschung löse ich mich von unserem Vertrag.", müssen Sie die Äußerung in Ihrem Gutachten auslegen und klarstellen, dass die darin liegende Anfechtung wegen arglistiger Täuschung gemäß § 123 Abs. 1 1. Alt. BGB auch ohne ausdrücklichen Gebrauch des Wortes „anfechten" wirksam erklärt werden kann.

– Auch *Datumsangaben* im Sachverhalt sind regelmäßig von Bedeutung und erfordern eine rechtliche Bewertung in Ihrem Gutachten. Oftmals weisen solche Daten auf die Berechnung einer Frist hin, die im Zivilrecht sowie vor allem im Öffentlichen Recht gerne als Füllmaterial in einer Klausur verwendet wird.

Enthält der Sachverhalt mehrere Angaben zu einem juristischen Problem, so können einige Informationen für die rechtliche Bewertung im Ergebnis ohne Bedeutung sein. Da das Gutachten aber umfassend auf alle aufgeworfenen Rechtsfragen einzugehen hat, müssen Sie auch an sich überflüssige Angaben in Ihrer Ausarbeitung berücksichtigen. Sie dürfen den betreffenden Punkt also nicht als irrelevant verschweigen, sondern müssen dem Korrektor zeigen, dass Sie ihn registriert haben und um seine juristische Bedeutungslosigkeit wissen. Einer solchen Prüfungssituation können Sie im Übrigen in Ihrem späteren Berufsleben wieder begegnen. Mandanten werden Ihnen oftmals einen Fall schildern und dabei Gesichtspunkte erwähnen, die sie selbst für entscheidend halten, in Wirklichkeit aber rechtlich belanglos sind. Um Ihrem Mandanten die Rechtslage nachvollziehbar zu erklären, müssen Sie auch auf solche Aspekte eingehen und ihm aufzeigen, warum sie für seinen konkreten Fall gerade nicht relevant sind.

Beispiel: Ein zivilrechtlicher Sachverhalt enthält sowohl das Datum der Abgabe als auch das Datum des Zugangs einer Willenserklärung. Ob der dazwischen erfolgte Widerruf noch rechtzeitig zugeht, richtet sich allein nach dem Datum des *Zugangs* der ersten, widerrufenen Willenserklärung. Wann die Willenserklärung dagegen *abgegeben* wird, bleibt unerheblich. Auch wenn Ihnen dies offensichtlich erscheint, sollten Sie den Gesichtspunkt ausdrücklich erwähnen und entsprechend begründen. Denn der Korrektor weiß ansonsten nicht, ob Sie bewusst auf das Datum des Zugangs abgestellt haben, ob Sie nur geraten oder gegebenenfalls das Datum der Abgabe überlesen haben.

c) Fehlende Angaben im Sachverhalt

Gelegentlich stolpern Sie in einer Klausur nicht über zusätzliche, sondern über vermeintlich fehlende Angaben. Der Sachverhalt schweigt zu einem bestimmten Prüfungspunkt und Sie sind sich daher nicht sicher, ob der Punkt als gegeben oder als nicht gegeben betrachtet werden darf. Anders als in der Praxis, in der es zumeist gilt, zunächst das tatsächliche Geschehen zu ergründen und eigene Nachforschungen zu betreiben, bleibt Ihnen in der Klausursituation diese Möglichkeit verwehrt. Sie müssen vielmehr den Sachverhalt so nehmen wie er ist.

Dies bedeutet vor allem, sich um seine viel zitierte *lebensnahe Auslegung* bemühen zu müssen. Was unter einer „lebensnahen Auslegung" zu verstehen ist, kann leider nicht exakt beschrieben werden. Ansonsten würden Anleitungen zum Gutachtenstil nicht diesen wenig aussagekräftigen Ausdruck verwenden. Es gibt jedoch einige Faustregeln, an denen Sie sich in der Klausur orientieren können.

– Wenn eine Angabe zu einem bestimmten Prüfungspunkt völlig fehlt, können Sie ihn als gegeben annehmen, wenn dies dem *Regelfall* entspricht.

   Beispiele: Dies gilt vor allem bei formellen Voraussetzungen wie Form- und Fristerfordernissen einer Klage im Öffentlichen Recht. Es wäre mehr als seltsam, wenn Sie mangels Datumsangaben im Sachverhalt davon ausgehen, dass der Beschwerdeführer oder Kläger die Frist versäumt habe, und Ihr Gutachten daher schon in der Zulässigkeit abbrechen, ohne auf die zahlreichen Probleme der Begründetheit einzugehen.
   Enthält eine strafrechtliche Klausur keine Angaben zum subjektiven Tatbestand, müssen Sie – wie die Strafgerichte in der Praxis – aus dem objektiven Geschehen auf die subjektive Seite des Täters schließen. Dies wird in der Regel dazu führen, seinen Vorsatz zu bejahen, sofern der Sachverhalt nicht auf etwas anderes hinweist.

– Umgekehrt dürfen Sie Tatbestandsvoraussetzungen und andere Gesichtspunkte, welche die Rechtswissenschaft oder das Gesetz als *Ausnahmefall* behandeln, bei einem Schweigen des Sachverhalts nicht als gegeben erachten.

   Beispiele: Das Strafgesetzbuch stellt keine expliziten Voraussetzungen für Rechtswidrigkeit oder Schuld auf. Angeführt werden stets nur Konstellationen, in denen diese beiden Prüfungsstufen (ausnahmsweise) ausgeschlossen sind (z.B. Notwehr in § 32 StGB, Schuldunfähigkeit in §§ 19 ff. StGB). Enthält eine strafrechtliche Klausur keine Anhaltspunkte für einen Rechtfertigungsgrund oder ein Nichtvorliegen der Schuld des Täters, können Sie deshalb unterstellen, dass das Verhalten des Täters rechtswidrig und schuldhaft war.
   Ähnlich verhält es sich im Bürgerlichen Recht beim Verschulden im Anwendungsbereich des § 280 Abs. 1 S. 2 BGB. Durch dessen Formulierung „Dies gilt nicht, wenn … " wird zum Ausdruck gebracht, dass der derart eingeleitete Prüfungspunkt des Verschuldens im Regelfall als gegeben vermutet wird. Ebenso können Sie in einer zivilrechtlichen Klausur von dem Fehlen von Einwendungen und Einreden der Beteiligten ausgehen, wenn der Sachverhalt keine entsprechenden Angaben aufweist.

Sie dürfen das Schweigen des Sachverhalts jedoch nur zum Anlass nehmen, *rechtliche* Prüfungspunkte als gegeben oder nicht gegeben zu unterstellen. Dagegen müssen Sie äußerst vorsichtig sein, wenn Sie in lebensnaher Auslegung des Sachverhalts weitere *Tatsachen* als geschehen unterstellen wollen. Jedenfalls dürfen Sie einen Sachverhalt nicht mit Gewalt verbiegen, um sich neue und vom Klausurersteller ungewollte Prüfungspunkte zu eröffnen. Zum einen sind diese Kniffe den Korrektoren (allesamt frühere Klausurenteilnehmer) bekannt. Zum anderen sind Klausuren in der Regel so gestaltet, dass die zur Verfügung stehende Bearbeitungszeit bis an Ihre Grenzen ausgereizt und komplett für die Anfertigung des Lösungsgutachtens benötigt wird. Wenn Sie sich ungefragten Problemfeldern widmen, vergeuden Sie damit Zeit, die Ihnen bei den eigentlichen juristischen Herausforderungen der Klausur fehlt.

Beispiel: Vor Ihnen liegt eine Strafrechtsklausur zur kumulativen Kausalität. Nach dem Sachverhalt haben die Schüsse zweier unabhängig voneinander handelnder Täter zeitgleich zum Tod des Opfers geführt. Fehlen weitere Angaben, müssen Sie sich mit der Vorgabe abfinden, dass zwei Kausalketten zeitgleich den tatbestandlichen Erfolg bewirkt haben. Sie dürfen dagegen den Sachverhalt nicht lebensnah dergestalt interpretieren, dass – wie in der Praxis häufig – nicht abschließend geklärt werden könne, welche der Kausalketten letztlich den tatbestandlichen Erfolg herbeigeführt habe. Den dadurch zusätzlich eröffneten Prüfungspunkt „in dubio pro reo" dürfen Sie vielmehr nur dann ansprechen, wenn der Sachverhalt ausdrücklich darauf hinweist (z.B. durch die Formulierung „es kann nicht mehr geklärt werden, ob … ").

Ähnlich im Zivilrecht: Selbst wenn einer Vertragspartei nach der geschilderten Sachlage ein Anfechtungsrecht zusteht, können Sie dessen nahe liegende Ausübung nicht postulieren, wenn der Sachverhalt insoweit keine Angaben enthält.

Zum Abschluss ein rechtsgebietsübergreifendes Beispiel: Verlässt einer der Beteiligten nachts eine Kneipe, hat dies ohne weitere Informationen im Sachverhalt weder die zivilrechtliche Geschäftsunfähigkeit noch die strafrechtliche Schuldunfähigkeit wegen Volltrunkenheit zur Folge.

d) Der „unpassende" Sachverhalt

Die vorgestellten Grundsätze für den unvollständigen Sachverhalt gelten ebenso für den „unpassenden" Sachverhalt. Sofern Ihnen die Angaben widersprüchlich erscheinen, müssen Sie versuchen, durch eine lebensnahe Auslegung Licht in das Dunkel zu bringen. Auch hier haben Sie jedoch den Aufgabentext als gegeben zu akzeptieren. Sie dürfen also nicht durch weitere Aufklärungsarbeit oder phantasiereiche Interpretation zusätzliche Tatsachen erfinden, um das geschilderte Geschehen vermeintlich stimmiger zu gestalten. Dann laufen Sie Gefahr, eine sogenannte *Sachverhaltsquetsche* vorzunehmen, d.h. Sie lesen in den Sachverhalt Tatsachen hinein, die er überhaupt nicht enthält. Ein solcher Versuch wird vom Korrektor nicht nur ungern gesehen, Sie können dadurch außerdem den Weg der Musterlösung verlassen. Der Sachverhalt mag zwar nicht unfehlbar sein, er ist jedoch unumstößlich.

(Scheinbare) Widersprüche im Sachverhalt lassen sich zumeist leicht beheben. Dabei ist hilfreich, sich in die Lage des Klausurerstellers zu versetzen. Er verfasst einen Sachverhalt und keinen Kriminalroman mit überraschenden Wendungen, bei denen hinter jedem Wort ein versteckter Hinweis vermutet werden kann. Der Klausurersteller wird daher deutlich zum Ausdruck bringen, was er im Gutachten lesen möchte. Denken Sie also bei der Auslegung des Sachverhalts nicht zu kompliziert und halten Sie sich mit gewagten Interpretationen zurück. Bemühen Sie sich dagegen um eine nahe liegende Auslegung der verwirrenden Angaben. Um Ihre Verständnisschwierigkeiten zu erklären, können Sie dem Korrektor gegebenenfalls den vermeintlichen Widerspruch im Sachverhalt dezent aufzeigen, etwa mit folgendem Formulierungsgerüst: „Vorliegend hat … . Obwohl zudem … , liegt insgesamt … ".

3. Lösungsskizze

Vor der Reinschrift des Gutachtens empfiehlt sich, eine Lösungsskizze oder vergleichbare Notizen anzufertigen, die bei der Ausformulierung der Klausur behilflich sind. Dieser Tipp ist allerdings nicht verbindlich. Einige Studierende beginnen in den ersten Semestern sogleich mit der Reinschrift und können trotzdem oder vielleicht gerade deswegen gute Ergebnisse erzielen. Spätestens zum Examen mit seinen in der Regel fünfstündigen Klausuren wird ein solcher Weg jedoch kaum zu beschreiten sein.

Wenn Sie ohne eine Skizze oder sonstige Notizen auskommen wollen, darf allerdings Ihr Gutachten die fehlenden Vorbereitungen nicht ersetzen. Sind Ihre Klausuren stets mit durchgestrichenen Passagen, kleingeschriebenen Einschüben und Verweisungen auf die letzte Seite durchzogen, sollten Sie sich ernsthaft Gedanken machen, ob Sie nicht doch Ihr Glück mit ein paar Bemerkungen vor der Reinschrift versuchen wollen. Bedenken Sie, dass es keinen guten Eindruck beim Korrektor hinterlässt, wenn Ihre Klausur äußerliche Ähnlichkeiten mit einem Schmierzettel aufweist. Zumindest unterbewusst wird eine solche Arbeit schlechter bewertet als ein vergleichbares Gutachten mit *ansprechender äußerer Optik*.

Ihre Lösungsskizze muss nicht unbedingt sehr ausführlich sein. Ausreichend ist eine Gliederung mit den einzelnen Prüfungspunkten im Plus-Minus-Format, in der Sie die in der Klausur anzusprechenden Probleme bereits an der richtigen Stelle einordnen und sich gegebenenfalls die entscheidenden Pro- und Contra-Argumente (etwa im Rahmen eines Meinungsstreites oder einer im Ergebnis offenen Subsumtion) stichwortartig notieren. Neigen Sie dazu, in der Hektik einer Klausur Definitionen oder Ähnliches zu vergessen, können Sie auch diese sicherheitshalber niederschreiben.

Die Vorteile einer solchen Vorgehensweise liegen darin, sich bereits zu Beginn ein *ausführliches Bild* über Ihr gesamtes Gutachten machen zu können, d.h. über sämtliche rechtlichen Aspekte, die Sie ansprechen wollen, über den Ablauf und die Gliederung Ihrer ausformulierten Lösung. Sie werden dann nur noch selten einen Punkt in der Klausur völlig vergessen oder mit einem missglückten oder holprigen Aufbau aus der Prüfung herausgehen. Hinzu kommen die positiven Auswirkungen auf das Erscheinungsbild Ihrer Klausur, die weniger Einfügungen und Streichungen aufweisen wird.

Als hilfreich erweist sich eine Lösungsskizze vor allem, wenn Sie während einer Klausur in Zeitnot geraten. Dann gewähren Ihre Notizen Ihnen einen besseren Überblick, welche Probleme Sie (gegebenenfalls auch nur im Urteilsstil) noch ansprechen müssen. Sie laufen daher weniger Gefahr, Ihr Gutachten innerhalb der Bearbeitungszeit nicht vollenden zu können. Dies ist nicht unwesentlich, da eine der goldenen Regeln besagt, die Klausur zu Ende zu schreiben. Es hinterlässt nämlich einen schlechten Eindruck, wenn Ihr Gutachten mitten im Satz oder mitten im letzten Abschnitt abrupt endet und Sie nur eine unfertige Arbeit abgeben können.

Der scheinbare Nachteil einer Lösungsskizze ist der Faktor *Zeit*. Doch die Zeit, die Sie für deren Anfertigung benötigen, gewinnen Sie im Regelfall wieder dadurch, dass Sie bei der Niederschrift der Klausur nicht mehr über Ihren Aufbau oder Ihre Argumentationslinie nachdenken müssen und stattdessen zügig durchschreiben können. In der Phase der Reinschrift sollte Ihr Stift daher allenfalls ruhen, um über eine konkrete Formulierung nachzudenken, nicht dagegen um über Ihren Lösungsweg selbst zu sinnieren.

4. Reinschrift

Mit dem Element Zeit ist ein wesentlicher Faktor für die Reinschrift bereits angesprochen. Wie bereits erwähnt, schöpfen juristische Klausuren in der Regel die Bearbeitungszeit voll aus, so dass Sie sich längere Kaffeepausen kaum erlauben können. Die knapp bemessene Zeit darf Sie aber nicht dazu verleiten, überstürzt und verfrüht mit der Reinschrift zu beginnen. Nicht selten werden Hektik und Stress noch größer, wenn Sie ein Problem erst während der Ausformulierung Ihres Gutachtens überhaupt bzw. in seiner wahren Dimension erkennen. Nehmen Sie sich also Zeit, Ihre Gedanken zu ordnen, bevor Sie sie schriftlich in Ihrer Klausur festhalten.

Es gibt keine verbindlichen Regeln, wann Sie mit der Reinschrift beginnen sollten. Für die Bestimmung des optimalen Zeitpunkts sind vielmehr zahlreiche Faktoren maßgebend, z.B. der Umfang und der Schwierigkeitsgrad der Klausur. So kann in einer schwierigen Klausur ratsam sein, sich einige Minuten länger vorzubereiten, um den Sachverhalt genau zu verstehen und um die eigenen Gedanken und somit den Aufbau des Lösungsgutachtens erst einmal zu gliedern. In einer leichten Klausur dagegen empfiehlt sich unter Umständen, früher mit der Reinschrift zu beginnen und dafür größeres Augenmerk auf die Ausformulierung und die Überzeugungskraft Ihrer Begründung und Subsumtion zu legen. Denn dadurch können Sie in einer einfachen Klausur, in der die meisten Prüflinge die rechtlichen Probleme erkennen und zutreffend lösen, häufig ein paar Punkte mehr erzielen. In einer schwierigen Klausur dagegen können Sie bereits dadurch in höhere Punkteregionen gelangen, indem Sie ein verstecktes Problem überhaupt sehen und vertretbar behandeln.

Weitere Umstände für die Bestimmung des idealen Zeitpunkts liegen in Ihnen selbst begründet. Bei Ihrer Entscheidung, wann Sie Ihre Klausur ins Reine schreiben, müssen Sie etwa Ihre eigene Schreibgeschwindigkeit und Fähigkeit berücksichtigen, Gedanken schnell und verständlich auszuformulieren und zu Papier zu bringen. Allenfalls als Richtlinie ist daher anzuraten, bei einer zweistündigen Klausur nach etwa einer halben Stunde mit der Reinschrift zu beginnen. Generell sollten das Lesen des Sachverhalts und die Anfertigung der Lösungsskizze ungefähr ein *Viertel bis* ein *Drittel der Gesamtbearbeitungszeit* einnehmen.

5. Abschließendes Beispiel

Anhand einer Klausur aus dem Bürgerlichen Recht soll abschließend eine mögliche Herangehensweise an eine zweistündige Klausur illustriert werden. Dazu wurde die Klausur 1 (S. 61 ff.) unter realen Bedingungen gestellt und notiert, zu welchem Zeitpunkt der Prüfling sich bei welcher Station der Klausur (Studium des Bearbeitervermerks bzw. des Sachverhalts, Anfertigung der Lösungsskizze, Ausarbeitung der Reinschrift) befand (siehe Tabelle 3). Um zugleich ein Beispiel für eine denkbare Vorbereitung auf die Reinschrift des Lösungsgutachtens zu geben, werden auch der Sachverhalt samt Randnotizen (Abbildung 1) und die Lösungsskizze (Abbildung 2–4) abgedruckt, die innerhalb der Bearbeitungszeit angefertigt wurden.

Sowohl der Zeitplan als auch der exemplarisch aufgezeigte Umgang mit dem Sachverhalt sowie die Lösungsskizze sind in keiner Weise als verbindlich oder unumstößlich anzusehen. Die folgenden Abbildungen präsentieren lediglich einen möglichen Weg, eine zweistündige Klausur im Zeitlimit zu absolvieren, und können gegebenenfalls die nötige Bestätigung geben, in einer Klausur nicht sogleich mit der Reinschrift beginnen zu müssen, um sie innerhalb der Bearbeitungszeit zu vollenden. Ob die dargestellte Herangehensweise an eine Klausur auch die Ihrige sein kann oder ob Sie lieber früher oder sogar später mit der Reinschrift beginnen, müssen Sie selbst für sich entscheiden.

Tabelle 3. Möglicher Zeitplan für die Bearbeitung einer Klausur (am Beispiel Klausur 1)

Zeit (in h)	Stationen der Klausur
0:00–0:01	Ausgabe der Klausur; *Bearbeitervermerk* gelesen
0:01–0:09	*Sachverhalt*
0:03	– zum ersten Mal gelesen
0:07	– Grundfall zum zweiten Mal gelesen; Notizen am Rand
0:09	– Abwandlung zum zweiten Mal gelesen; Notizen am Rand
0:09–0:32	*Lösungsskizze*
0:24	– Grundfall abgeschlossen
0:32	– Abwandlung abgeschlossen
0:32–1:59	*Reinschrift*
1:05	– Grundfall einschließlich I 3 geschrieben (Antrag des V)
1:34	– Grundfall abgeschlossen
1:45	– Abwandlung einschließlich A bearbeitet (Wirksamkeit des Kaufvertrags)
1:59	– Abwandlung abgeschlossen
1:59–2:00	Seiten sortieren und durchnummerieren; Abgabe der Klausur

Grundfall: Der frisch vermählte V will sich von seinem wilden Leben verabschieden und sein Motorrad der Marke Harley Davidson verkaufen. Daher setzt er in seiner lokalen Tageszeitung eine Annonce folgenden Inhalts auf:

Verkaufe Harley Davidson Sportster XL 1200, EZ 10/95, 38 tkm, ... [nähere Angaben]. *VB 4.500 EUR. Tel. 555-0001.*

(handschriftliche Randnotiz: Annonce als invitatio ad offerendum?)

Auf das Inserat meldet sich der Harley Davidson-Liebhaber K, der sich auf steter Suche nach weiteren Exemplaren für seine Sammlung befindet. Nachdem er sich über den Zustand der Maschine informiert hat, erklärt V gegenüber, auf Verhandlungen zu verzichten und die Harley für den angebotenen Preis von 4.500 EUR erwerben zu wollen. V ist verwundert und teilt dem K wahrheitsgemäß mit, dass der Zeitung ein Druckfehler unterlaufen sein müsse, da er als Verhandlungsbasis (VB) 5.400 EUR in seinen Anzeigenauftrag geschrieben habe. Da er aber wisse, dass sein Motorrad bei K als Sammler in guten Händen sei, würde er es ihm für 5.000 EUR verkaufen. K ist über die neue Entwicklung irritiert und verfällt in grüblerisches Schweigen. Bevor er etwas auf die neue Situation entgegnen kann, wird die Verbindung unterbrochen. K vergaß, die Akkubatterien seines schnurlosen Telefons aufzuladen, was zum vorzeitigen Abbruch des Gespräches führte.

(handschriftliche Randnotiz: keine Einigung; § 150 II: neues Angebot; Schweigen ≠ WE)

K greift sogleich zu seinem Mobiltelefon, muss aber feststellen, dass der Anschluss des V besetzt ist. Bei einem zweiten Versuch wenige Minuten später erreicht er den V und nimmt sein Angebot zum Erwerb der Harley Davidson zum Preis von 5.000 EUR an. V muss dem K aber mitteilen, nun zu spät zu kommen, da er zwischenzeitlich das Motorrad an einen anderen Interessenten verkauft habe. K ist empört. Schließlich habe ihm V ein verbindliches Angebot unterbreitet, dem er nicht widersprochen und das er spätestens jetzt angenommen habe. Ohnehin sei ihm zumindest eine geringe Bedenkzeit von wenigen Minuten zuzugestehen, zumal die Unterbrechung ihres Telefonats unabsichtlich herbeigeführt wurde. K pocht daher auf Einhaltung des geschlossenen Kaufvertrags und verlangt von V die Übergabe und Übereignung der Maschine.

(handschriftliche Randnotiz: Annahme sofort § 147 I 1 → § 150 I; zu Lasten des Erklärungsempfängers?)

Bearbeitervermerk: Kann K von V die Übergabe und Übereignung der Harley Davidson verlangen?

Abwandlung: Anders als im Ausgangsfall erklärt K beim (ersten und einzigen) Telefonat lediglich, die Harley Davidson zum Betrag der in der Annonce angegebenen Verhandlungsbasis erwerben zu wollen. V nimmt den Antrag an, weil er davon ausgeht, dass das Inserat gemäß seines Anzeigenauftrags eine VB in Höhe von 5.400 EUR enthält anstelle der tatsächlich abgedruckten 4.500 EUR.

(handschriftliche Randnotiz: Einigung?)

Bearbeitervermerk: Ist ein wirksamer Kaufvertrag zustande gekommen? Wie kann sich V gegebenenfalls von diesem wieder lösen?

(handschriftliche Randnotiz: Anfechtung)

Abbildung 1. Bearbeiteter Sachverhalt der Klausur 1

Grundfall

Ap aus § 433 I 1 BGB

Vss: wirksamer Kaufvertrag

I. Angebot (= empf. WE, inhaltl. so bestimmt, dass Annahme durch einfaches Ja erfolgen kann)
   1. Zeitungsannonce als Angebot (–)
     → *invitatio ad offerendum*
       (+) *sonst mehrfache Verkaufsverpflichtung,*
        obwohl nur eine Harley

Abbildung 2. Lösungsskizze zur Klausur 1 (Teil 1 von 3)

2. Erklärung d. k für 4.500€ erw. zu wollen
   ◦ keine Annahme (s.o)
   ◦ Angebot → aber keine Annahme des V
     ⇒ erklärt, Druckfehler unterlaufen

3. Angebot d. V i.H.v. 5000€ (+)
   ◦ § 150 II BGB : Abänderung (5.000€ statt 4.500€)
     = neues Angebot
   → WE (+)

II. Annahme

1. Schweigen ≠ WE → kein Erklärungswert

2. Annahme bei Rückruf ?
   einschränkungslose Annahme gilds (+)
   aber

   (P) rechtzeitige Annahme ?, sonst § 150 I BGB
       GS: sofortige Annahme (§ 147 I 1)
           d.h. selbst schuldloses zögern schadet
       ◦ Schweigen : lässt Sofortigkeit nicht entfallen
       ◦ Rückruf : zu lang

   A: Unterbrechung des Telefongesprächs?
   Wer trägt Risiko?
   → k muss tragen
       (+) sein Akku leer
       (+) V nicht länger an Angebot binden
           als nötig
   ⇒ Annahme verspätet, d.h. neues Angebot (v.V. nicht
   ⇒ keine Einigung, kein kV → kein Ap   angenommen)

Abwandlung

I. Kaufvertrag

1. Angebot
   a) Zeitungsannonce (-) s.o.
   b) Antrag des k (+)

Abbildung 3. Lösungsskizze zur Klausur 1 (Teil 2 von 3)

2. Annahme (§...) (+)
   versteckter Dissens (§...) (-)
   → ~~keine Vereinbarung über Kaufpreis~~
   ↳ Annahme unter Bedingungen wie Annonce
   = eindeutig
   ⇒ §433 (+)

II. Anfechtung
   1. Anfechtungsgrund
   • §119 I 2. Alt : Erklärungsirrtum = Versprechen etc. (-)
   • §119 I 2. Alt : Inhaltsirrtum „wie in Zeitungsannonce" (+)
        → versch. Bedeutungen für Erklärende
   • §120 (-): Annonce ≠ WE i.S.e. Angebots

   2. Anfechtungserklärung, §143
   3. kein Ausschluss, §144, §124 beachten!

   bei Annonce verschrieben,
   diese aber nicht WE, die
   zur Bindung geführt hat
   ⇒ bei Annahme am
   Telefon kein
   Versprechen

Abbildung 4. Lösungsskizze zur Klausur 1 (Teil 3 von 3)

III. Tipps und Hinweise

Tipp Nr. 16: Legen Sie Wert auf das äußere Erscheinungsbild Ihrer Klausur! ☆☆

Oftmals enthält bereits der Bearbeitervermerk Gestaltungshinweise, z.B. einen Korrekturrand zu lassen, Ihre einzelnen Blätter durchzunummerieren oder auf jeder Seite Ihren Namen zu notieren. Befolgen Sie unbedingt diese Vorgaben und versuchen Sie darüber hinaus, generell eine bereits äußerlich ansprechende Arbeit anzufertigen. Beschreiben Sie etwa Ihre Blätter nur einseitig und lassen Sie bei der Verwendung karierten Papiers zwischen den einzelnen Zeilen eine Zeile frei. Denken Sie an die regelmäßig älteren und schwächeren Augen des Korrektors, der Ihre Arbeit auch ohne Lupe und sonstige Sehhilfe entziffern können soll.

Zwar wird Ihnen kaum ein Korrektor bewusst Punkte abziehen, wenn Sie diese Hinweise nicht beherzigen. Aber glauben Sie wirklich, dass ein Korrektor unbefangen an seine zweiundzwanzigste Arbeit an ein und demselben Tag herangeht, wenn sie äußerlich dem Kleingedruckten eines Versicherungsvertrags ähnelt oder ihn an die ersten Schreib- und Malversuche seiner kleinen Tochter erinnert? Das Auge liest also mit. Geben Sie daher Acht auf das Layout und somit den ersten Eindruck Ihrer Klausur. Es kostet Sie keine zusätzliche Zeit, beschert Ihnen aber einen wohlgesinnten Korrektor.

Tipp Nr. 17: Schreiben Sie leserlich! ☆☆

Versuchen Sie zugleich, Ihr Gutachten möglichst leserlich zu schreiben. Leserlich bedeutet nicht schön. Sie müssen also weder Ihre markante und charakteristische Handschrift aufgeben noch einen Kalligraphiekurs besuchen. Der Korrektor muss lediglich Ihre Ausführungen ohne größere Anstrengungen entziffern können. Denken Sie auch hier daran, dass Ihre Klausur nicht die einzige ist, die auf dem Schreibtisch des Prüfers auf ihre Bewertung wartet, und es seine Laune nicht unbedingt hebt, wenn er keinen Ihrer Gedanken am Stück lesen kann, ohne bei dem einen oder anderen Wort hängen zu bleiben.

Streng genommen gilt sogar: Was nicht entziffert werden kann, kann nicht bewertet werden. Vor allem bei den Schwerpunkten der Klausur sollte in Ihrem eigenen Interesse Ihre Schrift also nicht unbedingt dem Elektrokardiogramm eines Tachykardie-Patienten gleichen. Sicherlich werden bei der stets knapp bemessenen Bearbeitungszeit die meisten Korrektoren Nachsicht mit einem schlechter werdenden Schriftbild üben. Dies setzt aber voraus, dass Sie sich zumindest zu Beginn einer Klausur erkennbar um eine leserliche Schrift bemüht haben.

Tipp Nr. 18: Gliedern Sie Ihre Arbeit! ☆☆

Zu einem ansprechenden Äußeren gehört des Weiteren die übersichtliche Gliederung Ihrer Arbeit durch Überschriften. Auch damit wird letztlich lediglich das Ziel verfolgt, Ihre Klausur übersichtlicher zu gestalten und den Korrektor wohlgesinnt zu stimmen. Überschriften empfehlen sich zum einen bei den obersten Gliederungsebenen und zum anderen zur Unterteilung längerer Ausführungen bei Schwerpunkten einer Klausur.

Beispiele: Im Zivilrecht bietet sich an, zumindest die Anspruchsgrundlagen in einer eigenen Überschrift zu benennen. Im Strafrecht gilt dies für die Tatkomplexe und Straftatbestände, bei umfassend erörterten Vorschriften zudem für die Ebenen (objektiver und subjektiver) Tatbestand, Rechtswidrigkeit und Schuld. Im Öffentlichen Recht schließlich sollten Sie die einzelnen Prüfungspunkte im Rahmen der Zulässigkeit und der Begründetheit benennen, bei letzterer wiederum bereits in der Überschrift zwischen formeller und materieller Rechtmäßigkeit unterscheiden.

Bedenken Sie bei der Nummerierung Ihrer Überschriften: Wenn auf einer Gliederungsebene keine zweite Überschrift mehr folgt, etwa weil nur *ein* zivilrechtlicher Anspruch geprüft oder nur *ein* strafrechtlicher Tatbestand angesprochen wird, dürfen Sie die einsame Überschrift nicht mit „A.", „I.", „1." oder dergleichen versehen. Wer A sagt, muss auch B sagen. Lassen Sie in einem solchen Fall die Nummerierung bitte weg.

Tipp Nr. 19: Fügen Sie Absätze ein! ☆☆

Absätze dienen demselben Zweck wie Überschriften. Ein mit Absätzen versehener Text lässt sich leichter lesen als eine Arbeit, die von der ersten bis zur letzten Seite durchgeschrieben ist. Absätze sind gewissermaßen Ruheoasen, auf die sich das Auge des Korrektors bei der spannenden Lektüre einer juristischen Klausur besonders freut. Damit die Absätze ihre Funktion erfüllen, kennzeichnen Sie sie deutlich, etwa indem Sie zwischen den einzelnen Absätzen eine Leerzeile lassen.

Setzen Sie Absätze andererseits nicht willkürlich. In einem Gutachten sollte vielmehr ein Gedanke einem eigenen Absatz entsprechen. Wenn Sie etwa ein Tatbestandsmerkmal im Gutachtenstil durchprüfen, kann dies in einem Absatz geschehen. Gleiches gilt für einen Meinungsstreit bzw. bei dessen umfassender Erörterung für jede der widerstreitenden Auffassungen. Reißen Sie Ihre Gedanken also nicht mit Gewalt auseinander. Es wirkt befremdlich, wenn Ihr Korrektor glaubt, eine geistige Pause einlegen zu können, Ihre Ausführungen aber über das Absatzende noch hinausgehen.

Tipp Nr. 20: Schreiben Sie Ihre Klausur mit Füllfederhalter!   ☆

Zum Abschluss ein etwas seltsam anmutender Tipp. Allerdings scheinen einige Korrektoren – wie früher manche Lehrer in der Schule – darauf Wert zu legen, dass eine Klausur mit Tinte und nicht mit einem Kugelschreiber mit seinen obligatorischen Verschmierungen geschrieben wird.

Ansonsten sollten Sie Ihr Schreibgerät danach auswählen, wie bequem Sie damit eine oder in den letzten Semesterwochen auch mehrere Klausuren hintereinander innerhalb kurzer Zeit bewältigen können. Vermeiden Sie jedenfalls den Einsatz eines Schreibwerkzeugs, das bevorzugt von Korrektoren eingesetzt wird oder sich als farbliche Extravaganz erweist. Greifen Sie also nicht ohne Not auf einen Bleistift, einen roten bzw. grünen Filzstift oder rosa Tinte zurück.

IV. Theorie und Praxis

Den ersten Teil des Buches mit seiner theoretischen Einführung in den Gutachtenstil und in die Arbeit mit einem Klausursachverhalt haben Sie nun absolviert. Selbst wenn es gelungen sein sollte, Ihnen die wesentlichen Grundzüge zu vermitteln und den Umgang mit Gutachtenstil und Prüfungsklausuren zu erleichtern, war alles bisher nur *reine Theorie*. Es gilt nun, Ihre theoretischen Kenntnisse in die Praxis umzusetzen.

Zu diesem Zweck enthält der zweite Teil des Buches *jeweils fünf Klausuren* aus den Rechtsgebieten der ersten Semester, namentlich dem Allgemeinen Teil des BGB (§ 4), dem Allgemeinen Teil des StGB (§ 5) sowie dem Staatsrecht (§ 6). Die Klausuren weisen allesamt einen mittleren bis gehobenen Schwierigkeitsgrad auf, deren Bearbeitungszeit auf zwei Stunden veranschlagt werden sollte. Grundsätzlich könnten sie Ihnen daher in vergleichbarer Gestalt als Klausur in Ihrer Arbeitsgemeinschaft oder sogar als Abschlussklausur begegnen.

Jede Klausur ist zunächst mit einer *Lösungsskizze* versehen. Sie gewährt einen kurzen Überblick über den Aufbau und die Problemfelder der Klausur und dient zugleich als grobes Beispiel für etwaige Notizen, die Sie im Ernstfall einer Prüfungssituation vor der Reinschrift Ihres Gutachtens anfertigen könnten (vgl. § 3 II 3, S. 47).

Im Anschluss daran finden Sie jeweils eine *ausformulierte Lösung*, anhand derer Sie ersehen können, wie sich der Gutachtenstil in der Praxis umsetzen lässt. Natürlich besteht der ideale Umgang mit den Klausuren nicht darin, sich die Lösungen lediglich durchzulesen. Am besten wäre es, wenn Sie die Klausuren – etwa begleitend zu Ihren Vorlesungen – zunächst eigenständig lösen und anschließend die hier abgedruckten Gutachten kritisch heranziehen, um aus dem Vergleich Erkenntnisse für Ihre eigene Klausurpraxis zu gewinnen. Sollten Sie sich zu dem einen oder anderen Problembereich detaillierter informieren wollen, können Sie den Angaben in den Fußnoten folgen, die auf einige Standardlehrbücher und -kommentare verweisen.

Beachten Sie bei der Arbeit mit den hier abgedruckten Gutachten bitte, dass die Lösungsvorschläge unverbindlich sind. Ihr Ziel darf somit nicht sein, eine hundertprozentige (stilistische und inhaltliche) Übereinstimmung mit den ausformulierten Lösungen zu erreichen. Vielmehr sollten Sie Wert darauf legen, die einzelnen Problempunkte der Klausur erkannt, richtig gewichtet und hinreichend begründet zu haben.

Zur effektiven Selbstüberprüfung sind die wesentlichen *Schlagworte* jedes Gutachtens (vgl. Tipp Nr. 11, S. 38) kursiv hervorgehoben. Als weitere Orientierungshilfe sollen Ihnen die abschließenden Hinweise zum „*Erwartungshorizont*" behilflich sein, welche die jeweiligen Schwerpunkte der Klausur auflisten, zu denen der Korrektor regelmäßig umfassende Ausführungen erwartet. Je nach Wichtigkeit (und somit Erörterungsbedarf) wird zwischen (größeren) Schwerpunkten 1. Ordnung und (kleineren) Schwerpunkten 2. Ordnung unterschieden. Außerdem enthalten Klausuren oftmals kleinere Selbstverständlichkeiten und Feinheiten, die zwar keine größere juristische Herausforderung darstellen, zur Abrundung der Lösung aber kurz anzusprechen sind.

Letztlich können Sie *praktische Erfahrung* jedoch nur dadurch sammeln, dass Sie sich selbst in die Klausursituation begeben und unter Prüfungsbedingungen ein vollständiges Gutachten ausformulieren. Nutzen Sie vor allem die Ihnen in Konversatorien und Arbeitsgemeinschaften angebotenen Klausuren, um sich mit der Prüfungsweise im Jurastudium vertraut zu machen. Betrachten Sie sie als eine Art Training für die großen Spiele, die am Ende des Semesters auf Sie warten: die Abschlussklausuren.

§ 4 Fünf Klausuren aus dem Bürgerlichen Recht

I. Einführende Hinweise

1. Zu den Klausuren

Die ersten fünf Klausuren beschäftigen sich mit dem Bürgerlichen Recht. Gegenstand ist der *Allgemeine Teil des BGB*, der gewöhnlich im ersten Semester gelehrt wird. Selbst wenn sich eine Klausur auf Probleme aus dem Allgemeinen Teil konzentriert, dessen Grundsätze für das gesamte betreffende Rechtsgebiet gelten, sind nicht jegliche Vorkenntnisse aus dem Besonderen Teil entbehrlich. So knüpfen Klausuren zum Allgemeinen Teil des BGB regelmäßig an spezielle Vertragstypen aus dem Schuldrecht an, vor allem an den Kaufvertrag. Insoweit genügt aber zumeist, die gegenseitigen (Haupt-)Pflichten zu kennen, d.h. vor allem die Pflicht des Verkäufers, die Kaufsache dem Käufer zu übergeben und zu übereignen (§ 433 Abs. 1 S. 1 BGB), sowie die Pflicht des Käufers, den Kaufpreis zu entrichten (§ 433 Abs. 2 BGB).

2. Erste Hinweise zum Aufbau

Die Fülle von Anspruchsgrundlagen im Zivilrecht erschwert es, feste und unumstößliche Prüfungsschemata mit auf den Weg zu geben, auf die in jedem denkbaren Fall zurückgegriffen werden kann. Das Sammelsurium an Aufbaumöglichkeiten ist – anders als im Strafrecht und im Öffentlichen Recht – kaum überschaubar. Dementsprechend erschöpfen sich die wenigen folgenden, gleichwohl nicht minder bedeutsamen Hinweise in allgemeinen Ratschlägen. Nicht nur wegen dieses Wesenszuges kann das Zivilrecht für den Examensprüfling von morgen als Königsdisziplin des Studiums bezeichnet werden. Um in Klausuren aus dem Bürgerlichen Recht erfolgreich zu sein, müssen Sie sich bei Ihrer Vorbereitung daher umso mehr darauf konzentrieren, das materielle Wissen nicht nur zu lernen, sondern auch zu verstehen.

– In einer zivilrechtlichen Klausur werden Sie sich in der Regel mit Ansprüchen (vgl. dazu die Legaldefinition in § 194 Abs. 1 BGB) einer oder mehrerer Personen beschäftigen. Um die zutreffenden Anspruchsgrundlagen herauszufiltern und bei der Prüfung kein wesentliches Detail zu vergessen, sollten Sie sich stets folgende Frage stellen: *„Wer will was von wem woraus?"* Dies umfasst im Einzelnen die Suche nach dem Inhaber eines Anspruchs (Gläubiger; wer?), dem

Anspruchsgegner (Schuldner; von wem?), dem Anspruchsziel (z.B. Übergabe und Übereignung der Kaufsache; was?) und der Anspruchsgrundlage (z.B. § 433 Abs. 1 S. 1 BGB; woraus?).

– Die Verwirklichung der Voraussetzungen einer Anspruchsgrundlage hat nicht zwingend zur Folge, dass dem Gläubiger auch ein Anspruch zusteht. Vielmehr kann der Anspruch durch Einwendungen und Einreden ausgeschlossen sein. In einer Klausur müssen Sie darauf jedoch nur bei entsprechenden Hinweisen im Sachverhalt eingehen, und zwar in nachstehender Reihenfolge:

» *Voraussetzungen der Anspruchsgrundlage* erfüllt;

» keine *rechtshindernden Einwendungen*, die den Anspruch von vornherein nicht entstehen lassen (z.B. fehlende Geschäftsfähigkeit eines Minderjährigen gemäß §§ 104 ff. BGB);

» keine *rechtsvernichtenden Einwendungen*, die zum Untergang eines bereits entstandenen Anspruchs führen (z.B. Anfechtung nach §§ 119 ff. BGB; str.);

» keine *Einreden*, die einen Anspruch zwar bestehen lassen, ihm aber seine Durchsetzbarkeit nehmen (z.B. Verjährung eines Anspruchs nach den §§ 194 ff. BGB).

– Ebenso ist bei der Prüfung mehrerer Ansprüche eine bestimmte Reihenfolge einzuhalten. So sind zunächst Ansprüche zu erörtern, die auf einem zwischen den Parteien geschlossenen Vertrag beruhen (*vertragliche Ansprüche*). Denn der Vertrag kann sich auf sonstige Ansprüche auswirken, die allein durch die Verwirklichung gesetzlich normierter Voraussetzungen entstehen (*gesetzliche Ansprüche*). Im Einzelnen ergibt sich daraus folgendes Prüfungsschema:

» *vertragliche Ansprüche* (z.B. aus Kaufvertrag) vor

» Ansprüchen aus *Geschäftsführung ohne Auftrag* (§§ 677 ff. BGB) vor

» *dinglichen Ansprüchen* (z.B. § 985 BGB) vor

» *deliktischen Ansprüchen* (z.B. § 823 Abs. 1 BGB) vor

» *Ansprüchen aus Bereicherungsrecht* (z.B. § 812 Abs. 1 S. 1 1. Alt. BGB).

3. Tipps zum Bürgerlichen Recht

Tipp Nr. B1: Lesen Sie die Fallfrage besonders aufmerksam!   ☆☆

Mit der Vielfalt von Anspruchsarten und -grundlagen im Zivilrecht geht ein breites Spektrum an möglichen Bearbeitervermerken einher. Daher empfiehlt es sich, der Fallfrage besonderes Augenmerk zu schenken. So ist eine Erörterung von Schadensersatzansprüchen nicht angebracht, wenn lediglich nach Ansprüchen auf Herausgabe gefragt wird. Durch solche überflüssigen Ausführungen verschenken Sie wertvolle Zeit und zumeist auch wichtige Punkte.

Im ersten Semester werden Ihnen überwiegend drei Fallfragen begegnen:

– Zum Teil wird von Ihnen ein Gutachten zu *bestimmten* einzelnen oder Gruppen von *Ansprüchen* gefordert, etwa zu einem Anspruch auf Übergabe und Übereignung der Kaufsache oder allgemein zu Herausgabeansprüchen.

– In ähnlicher Weise kann Ihnen eine *konkrete Fallfrage* gestellt werden, z.B. nach der Wirksamkeit eines Vertrags. Bei diesen beiden Varianten hat sich Ihre Klausurlösung streng auf die geforderten Ausführungen zu beschränken.

– Beliebt ist des Weiteren die allgemeine Fallfrage: „*Wie ist die Rechtslage?*" Hier bleibt Ihnen nicht erspart, sämtliche in Betracht zu ziehenden Ansprüche aller im Sachverhalt genannten Personen zu prüfen.

Tipp Nr. B2: Verschaffen Sie sich einen sorgfältigen Überblick über die beteiligten Personen und Geschehnisse!   ☆☆

Häufig sind in einer zivilrechtlichen Klausur mehr als zwei *Personen* beteiligt, was bei zu raschem Studium des Sachverhalts zu Verwechslungen führen kann (vgl. z.B. Klausur 2, S. 71 ff.). Hinzu kommt, dass der Verkäufer einer Sache nicht zwangsläufig V heißt, ebenso wenig der Käufer stets die Abkürzung K trägt. Zudem kann ein Sachverhalt verschiedene *Erklärungen* der Parteien enthalten, die entwirrt und gesondert auf ihre rechtliche Bedeutung untersucht werden müssen. Des Öfteren werden Sie auch auf mehrere *Datumsangaben* treffen, was auf Fristenprobleme hindeuten könnte (vgl. Klausur 4, S. 87 ff.). In solchen Situationen sollten Sie den Sachverhalt besonders gründlich lesen und sich einen klaren Überblick über die Geschehnisse verschaffen.

Zu diesem Zweck gibt es verschiedene Hilfsmittel. Das Spektrum der angepriesenen Erfolgsrezepte beginnt bei andersfarbigen Markierungen der wesentlichen Daten im Text und reicht über Skizzen und Zeittabellen bis hin zu ausgefeilten Diagrammen. *Wie* Sie im Einzelnen vorgehen, bleibt allein Ihnen überlassen und wird im Wesentlichen von Ihrer eigenen Herangehensweise an eine Klausur abhängen. Wesentlich ist nur, *dass* Sie sich den notwendigen Überblick verschaffen und dadurch Verwechslungen vermeiden, die Sie an der Musterlösung des Korrektors vorbeischreiben lassen.

Tipp Nr. B3: Geben Sie Acht auf die juristische Terminologie!   ☆☆☆

Dass die Rechtswissenschaft eine detailgetreue Geisteswissenschaft ist (vgl. bereits Tipp Nr. 7, S. 36 f.), deren Betreiber sich des Öfteren als spitzfindig, haarspalterisch oder pedantisch bezeichnen lassen müssen, gilt nicht zuletzt für das Zivilrecht. Daher sollten Sie sich so früh wie möglich den exakten Gebrauch juristischer Fachbegriffe aneignen.

Beispiele: Für die Rechtzeitigkeit eines Widerrufs ist nicht seine *Erklärung*, sondern der *Zugang der Erklärung* entscheidend. Es erlischt nicht die *Leistung*, sondern der *Anspruch auf eine Leistung*.

Gegenbeispiel: Üblicherweise wird von Angebot und Annahme gesprochen, auch wenn es in den §§ 145 ff. BGB jeweils „Antrag" heißt und der Begriff „Angebot" nur in den §§ 294 ff. BGB verwendet wird.

Sorgfalt müssen Sie auch beim Umgang mit den zahlreichen Differenzierungen und Unterteilungen walten lassen, durch die sich das Zivilrecht auszeichnet. Nehmen Sie als Beispiel einen gewöhnlichen Kaufvertrag. Dabei handelt es sich um ein zweiseitiges *Rechtsgeschäft*, das zu seinem Zustandekommen zweier übereinstimmender Willenserklärungen bedarf. Bei *Willenserklärungen* können wiederum Unterscheidungen notwendig sein in Bezug auf Abgabe und Zugang oder ihre Erklärung unter Anwesenden bzw. Abwesenden. Eine Willenserklärung selbst lässt sich in einen äußeren und einen inneren *Erklärungstatbestand* unterteilen, die schließlich mit *Handlungswille, Rechtsbindungswille* (bzw. Erklärungsbewusstsein) und *Geschäftswille* aus drei weiteren Elementen bestehen. Auch insoweit sollten Sie sich darum bemühen, stets den richtigen Anknüpfungspunkt und den zutreffenden juristischen Begriff zu wählen.

Beispiel: Wird jemand durch arglistige Täuschung zur Annahme eines Antrags auf Abschluss eines Kaufvertrags bewogen, so kann er gemäß § 123 Abs. 1 1. Alt. BGB nicht den Kaufvertrag selbst anfechten, sondern nur seine Annahmeerklärung.

Tipp Nr. B4: Verletzen Sie niemals das Abstraktionsprinzip!   ☆☆☆☆

Auf die zivilrechtlichen Feinheiten gesteigerten Wert zu legen, gilt nicht zuletzt für den richtigen Gebrauch des Trennungs- und Abstraktionsprinzips. Nach dem *Trennungsprinzip* muss zwischen Verpflichtungs- und Verfügungsgeschäften unterschieden werden. Dies hat zur Folge, dass z.B. der herkömmliche Kauf einer CD aus drei Rechtsgeschäften besteht: dem zugrunde liegenden Verpflichtungsgeschäft (Kaufvertrag) und den beiden Verfügungsgeschäften (Übereignung der CD und Übereignung des Geldes). Das *Abstraktionsprinzip* geht über diese Differenzierung noch hinaus, indem Verfügungen auch in ihrer Wirksamkeit von der Wirksamkeit des zugrunde liegenden Verpflichtungsgeschäfts unabhängig sind.

Kleiner Hinweis zum üblichen Wortgebrauch: Wenn laut Sachverhalt A an B eine Kaufsache *veräußert*, bedeutet dies den Abschluss des Kaufvertrags einschließlich der Übereignung der Kaufsache an den Käufer. Hat A dagegen einen Gegenstand an B *verkauft*, beinhaltet dies lediglich den Abschluss des Kaufvertrags.

Trennungs- und Abstraktionsprinzip dürfen Sie niemals missachten. Es wäre zwar übertrieben, von (alsdann ehemaligen) Kollegen zu berichten, deren letzte juristische Tat eine Verletzung dieser beiden Prinzipien war. Ihre Bedeutung ist jedoch schlicht überragend und ein solcher Fehler allein kann eine Klausur durchaus unter den Strich senken. Die vier Sterne, die dieser Hinweis erhalten hat, sind also kein Druckfehler, sondern Ausdruck für das *oberste Gebot des Zivilrechts*.

Beispiele: Schreiben Sie in einer Klausur niemals, dass das Eigentum an der Kaufsache durch den Kaufvertrag übergegangen ist (Verletzung des Trennungsprinzips). Ebenso wenig können Sie einen Anspruch aus § 985 BGB auf Herausgabe der bereits übereigneten Kaufsache damit begründen, dass der Verkäufer dadurch wieder Eigentümer geworden sei, indem er seine Annahmeerklärung zum zugrunde liegenden Kaufvertrag angefochten habe (Verletzung des Abstraktionsprinzips).

II. Klausur 1: Schwere Verhandlungen

Sachverhalt

Grundfall: Der frisch vermählte V will sich von seinem wilden Leben verabschieden und sein Motorrad der Marke Harley Davidson verkaufen. Daher setzt er in seiner lokalen Tageszeitung eine Annonce folgenden Inhalts auf:

> *Verkaufe Harley Davidson Sportster XL 1200, EZ 10/95, 38 tkm, ... [nähere Angaben], VB 4 500 EUR, Tel. 555-0001.*

Auf das Inserat meldet sich der Harley Davidson-Liebhaber K, der sich auf steter Suche nach weiteren Exemplaren für seine Sammlung befindet. Nachdem er sich über den Zustand der Maschine informiert hat, erklärt er V gegenüber, auf Verhandlungen zu verzichten und die Harley für den angebotenen Preis von 4 500 EUR erwerben zu wollen. V ist verwundert und teilt dem K wahrheitsgemäß mit, dass der Zeitung ein Druckfehler unterlaufen sein müsse, da er als Verhandlungsbasis (VB) 5 400 EUR in seinen Anzeigenauftrag geschrieben habe. Da er aber wisse, dass sein Motorrad bei K als Sammler in guten Händen sei, würde er es ihm für 5 000 EUR verkaufen. K ist über die neue Entwicklung irritiert und verfällt in grüblerisches Schweigen. Bevor er etwas auf die neue Situation entgegnen kann, wird die Verbindung unterbrochen. K vergaß, die Akkubatterien seines schnurlosen Telefons aufzuladen, was zum vorzeitigen Abbruch des Gespräches führte.

K greift sogleich zu seinem Mobiltelefon, muss aber feststellen, dass der Anschluss des V besetzt ist. Bei einem zweiten Versuch wenige Minuten später erreicht er den V und nimmt sein Angebot zum Erwerb der Harley Davidson zum Preis von 5 000 EUR an. V muss dem K aber mitteilen, nun zu spät zu kommen, da er zwischenzeitlich das Motorrad an einen anderen Interessenten verkauft habe. K ist empört. Schließlich habe ihm V ein verbindliches Angebot unterbreitet, dem er nicht widersprochen und das er spätestens jetzt angenommen habe. Ohnehin sei ihm zumindest eine geringe Bedenkzeit von wenigen Minuten zuzugestehen, zumal die Unterbrechung ihres Telefonats unabsichtlich herbeigeführt wurde. K pocht daher auf Einhaltung des geschlossenen Kaufvertrags und verlangt von V die Übergabe und Übereignung der Maschine.

Bearbeitervermerk: Kann K von V die Übergabe und Übereignung der Harley Davidson verlangen?

Abwandlung: Anders als im Ausgangsfall erklärt K beim (ersten und einzigen) Telefonat lediglich, die Harley Davidson zum Betrag der in der Annonce angegebenen Verhandlungsbasis erwerben zu wollen. V nimmt den Antrag an, weil er davon ausgeht, dass das Inserat gemäß seines Anzeigenauftrags eine VB in Höhe von 5 400 EUR enthält anstelle der tatsächlich abgedruckten 4 500 EUR.

Bearbeitervermerk: Ist ein wirksamer Kaufvertrag zustande gekommen? Wie kann sich V gegebenenfalls von diesem wieder lösen?

Lösungsskizze

Grundfall

Anspruch des K gegen V aus § 433 Abs. 1 S. 1 BGB
Wirksamer Vertragsschluss
1. Inserat des V in der Zeitung als Antrag (–)
   Rechtsbindungswille
   essentialia negotii
2. Antrag des K beim ersten Telefonat (+)
3. Modifizierte Annahme des V beim ersten Telefonat
   Annahme (–); neuer Antrag (+)
4. Schweigen des K beim ersten Telefonat als Annahme (–)
5. Annahme des K beim zweiten Telefonat (–)
   Problem: vorzeitiger Abbruch eines Telefongesprächs

Abwandlung

A. Wirksamkeit des Kaufvertrags
I. Antrag des K (+)
    Empfängerhorizont/normative Auslegung
II. Annahme des V (+)

B. Lösungsmöglichkeiten des V
I.   Anfechtung nach § 119 Abs. 1 2. Alt. BGB (–)
II. Anfechtung nach § 119 Abs. 1 1. Alt. BGB (+)
     Abgrenzung Erklärungs-/Inhaltsirrtum
III. Anfechtung nach § 120 BGB (–)

Lösung

Grundfall

Anspruch des K gegen V aus § 433 Abs. 1 S. 1 BGB

K könnte aus Kaufvertrag einen Anspruch gegen V auf Übergabe und Übereignung der Harley Davidson gemäß § 433 Abs. 1 S. 1 BGB haben.

I. Wirksamer Vertragsschluss

Dazu müssten K und V einen wirksamen Kaufvertrag geschlossen haben. Dies setzt zwei inhaltlich übereinstimmende, mit Bezug aufeinander abgegebene Willenserklärungen voraus, die auf den Abschluss des Vertrags gerichtet sind.[1]

1. Inserat des V in der Zeitung als Antrag

Zunächst könnte das Zeitungsinserat des V einen Antrag auf Abschluss eines Kaufvertrags darstellen.

Dazu muss sich der Verkäufer bereits durch die Annonce rechtlich derart binden wollen, dass der Kaufvertrag mit der bloßen Annahme des Antrags durch einen beliebigen Interessenten zustande käme. Gegen einen solchen *Rechtsbindungswillen* spricht zum einen, dass sich mehrere Interessenten bei dem Verkäufer melden und seinen Antrag annehmen könnten. Dies hätte für den Verkäufer zur Folge, mehrere wirksame Kaufverträge zu schließen, von denen er aber nur einen einzigen erfüllen kann. Ihm drohten daher ggf. Schadensersatzansprüche seiner anderen Vertragspartner.[2] Zudem ist bei der Auslegung des Zeitungsinserats zu bedenken, dass der Verkäufer nicht nur einen in seiner Zahl, sondern auch in seiner Zusammensetzung unbestimmten Personenkreis anspricht. Wenn seine Annonce bereits als verbindlicher Antrag gewertet würde, könnte er den Vertragsschluss nicht mehr von weiteren Faktoren abhängig machen und sich vor allem nicht mehr frei über die Person seines Vertragspartners entscheiden. Daran besteht aber ein berechtigtes Interesse des möglichen Verkäufers, der sich vor allem über die Zahlungsfähigkeit seines Vertragspartners informieren möchte.[3] In Anbetracht der Nachteile einer frühzeitigen Bindung ist dem V bei Aufgabe der Annonce in der Zeitung ein Rechtsbindungswille abzusprechen. Bei dem Inserat handelt es sich vielmehr um eine bloße *invitatio ad offerendum*, die selbst keinen Antrag darstellt, sondern lediglich andere Personen dazu auffordert, ihrerseits einen Antrag auf den Abschluss eines Vertrags zu unterbreiten.[4]

Ohnehin muss ein Antrag inhaltlich derart bestimmt sein, dass seine Annahme durch die bloße Zustimmung des Antragsempfängers erfolgen kann. Dazu muss der Antrag alle für den Vertragsschluss erforderlichen Informationen (sog. *essen-*

---

[1] *Brox/Walker*, Rdn. 77.
[2] *Brox/Walker*, Rdn. 165a; *Musielak*, Rdn. 112.
[3] *Larenz/Wolf*, § 29 Rdn. 20; *Medicus*, AT, Rdn. 359.
[4] Vgl. *Brox/Walker*, Rdn. 165a; *Medicus*, AT, Rdn. 358.

tialia negotii) beinhalten.[5] Bei einem Kaufvertrag erfordert dies die Angabe der Kaufsache und des Kaufpreises. V hat in seinem Inserat lediglich den Kaufgegenstand spezifiziert, den endgültigen Kaufpreis dagegen durch den Vermerk „VB" (Verhandlungsbasis) ausdrücklich offen gelassen. Über den Kaufpreis sollte also erst in Verhandlungen eine Einigung erzielt werden. Auch aus diesem Grund ist in dem Inserat des V kein rechtlich verbindlicher Antrag, sondern lediglich eine invitatio ad offerendum zu erblicken.

2. Antrag des K beim ersten Telefonat

Ein Antrag zum Abschluss des Kaufvertrags über die Harley Davidson könnte in der telefonischen Erklärung des K liegen, auf weitere Preisverhandlungen zu verzichten und das Motorrad für 4 500 EUR erwerben zu wollen. Um wirksam zu sein, muss ein Antrag so bestimmt sein, dass mit seiner uneingeschränkten Annahme eine Einigung zustande kommt. K hat mit der „Harley" sowohl den Kaufgegenstand als auch mit der genannten Summe von 4 500 EUR den Kaufpreis festgelegt. Seine Äußerung enthält somit die essentialia negotii und stellt einen wirksamen Antrag auf Abschluss des Kaufvertrags über das Motorrad dar.

3. Modifizierte Annahme des V beim ersten Telefonat

Damit der Kaufvertrag (über die Summe von 4 500 EUR) zustande kommt, müsste V den Antrag des K uneingeschränkt angenommen haben. V hat zwar erklärt, dem K das Motorrad verkaufen zu wollen, jedoch unter Verweis auf den Druckfehler im Inserat einen Kaufpreis von 5 000 EUR vorgeschlagen. Er hat den Antrag des K somit nicht uneingeschränkt, sondern lediglich unter Veränderung des Kaufpreises angenommen. Eine solche *modifizierte Annahmeerklärung* gilt gemäß § 150 Abs. 2 BGB als Ablehnung des ursprünglichen Antrags, verbunden mit einem neuen Antrag, der seinerseits der Annahme bedarf.

4. Schweigen des K beim ersten Telefonat als Annahme

Den neuen Antrag des V könnte K noch während des ersten Telefonats angenommen haben. Denkbar ist, bereits das Schweigen des K und den somit fehlenden Widerspruch gegenüber dem Antrag des V als uneingeschränkte Annahmeerklärung zu deuten. Aus einem Schweigen kann aber nicht auf einen bestimmten Geschäftswillen geschlossen werden, so dass Schweigen grds. keine Willenserklärung darstellt.[6] Im vorliegenden Fall hat K geschwiegen, weil er mit einem höheren Preis als der Verhandlungsbasis nicht gerechnet hat und daher die neue Entwicklung überdenken musste. Nach den Umständen der Gesprächspause, die auf den neuen und unerwarteten Antrag des V folgte, lässt sich das Schweigen weder als Annahmeerklärung noch überhaupt als irgendeine Willenserklärung auslegen.

---

[5]   *Brox/Walker*, Rdn. 167; *Köhler*, § 8 Rdn. 8; *Larenz/Wolf*, § 29 Rdn. 17.
[6]   Zur rechtlichen Bedeutung des Schweigens als Annahmeerklärung *Larenz/Wolf*, § 29 Rdn. 62 ff.; *Medicus*, AT, Rdn. 345 ff., 387 ff.; *Musielak*, Rdn. 106 ff.

5. Annahme des K beim zweiten Telefonat

K könnte den Antrag des V jedoch bei seinem zweiten Anruf vom Mobiltelefon aus angenommen haben. Seine Erklärung, den Antrag des V anzunehmen und die Harley Davidson zum angebotenen Preis von 5 000 EUR zu erwerben, erfüllt die Voraussetzungen einer Annahmeerklärung.

Im Zeitpunkt der Annahmeerklärung müsste V aber noch an seinen Antrag *gebunden* gewesen sein. Gemäß § 146 2. Alt. BGB erlischt ein Antrag, wenn er nicht rechtzeitig angenommen wird. Der Erklärung des V kann weder eine ausdrückliche noch konkludente Bestimmung einer Bindungsfrist entnommen werden. Die Bindungsfrist richtet sich daher nach § 147 BGB, nach dessen Absatz 1 Satz 1 der einem *Anwesenden* gemachte Antrag nur sofort angenommen werden kann. Gegen die Charakterisierung von Teilnehmern an einem Telefongespräch als Anwesende in diesem Sinne spricht zwar, dass Gesprächspartner beim Telefonat in aller Regel örtlich voneinander getrennt sind. Allerdings ermöglicht ihnen die telefonische Verbindung eine sofortige Entscheidung über Antrag und Annahme, so dass sie sich in einer vergleichbaren Situation wie Anwesende in ein und demselben Raum befinden.[7] Einer gesonderten Bedenkzeit, wie sie etwa § 147 Abs. 2 BGB beim Antrag unter Abwesenden vorsieht, bedarf es daher nicht. Dementsprechend sieht *§ 147 Abs. 1 S. 2 BGB* vor, dass auch ein über Fernsprecher unterbreiteter Antrag als Antrag unter Anwesenden zu werten ist und daher nur sofort angenommen werden kann.

Dazu muss die Annahmeerklärung grds. dem Antrag zeitlich unmittelbar nachfolgen und zumindest in demselben Telefongespräch abgegeben werden. Fraglich ist jedoch, ob dies auch dann gilt, wenn das betreffende *Telefonat unabsichtlich unterbrochen* wird. Nach einer Auffassung wirkt sich in dieser Situation gerade aus, dass die Gesprächspartner entgegen der Fiktion des § 147 Abs. 1 S. 2 BGB keine Anwesenden sind. Daher könnte eine Verlängerung der Bindungsfrist gerechtfertigt sein, etwa um die Zeitspanne, die der Empfänger des Antrags benötigt, um seine Annahmeerklärung auf anderem Wege unverzüglich zu übermitteln. Vorliegend wäre die wenige Minuten später erfolgte Annahme durch K, der sogleich den V vom Mobiltelefon angerufen hat, rechtzeitig erfolgt.

Dagegen spricht jedoch, dass der Antragende an seinen Antrag gebunden wäre und die damit einhergehenden Nachteile tragen müsste, ohne hierfür in der Regel eine Gegenleistung zu erhalten. Zudem kann er nicht ersehen, ob die Unterbrechung des Telefonats auf äußeren technischen Umständen beruht oder auf einem bewussten Auflegen seines Gesprächspartners. Die für ihn unsichere Rechtslage eines verbindlichen Antrags ist ihm daher nicht zuzumuten, weswegen es bei der Grundregel des § 147 Abs. 1 S. 1 BGB verbleibt. Der Antrag kann demnach nur sofort angenommen werden, so dass bei einer Unterbrechung des Telefongesprächs vor einer Annahmeerklärung der Antrag erlischt. Der Antragsempfänger trägt somit das *Risiko des technischen Funktionierens der Verbindung.*[8]

---

[7] *Eckert*, BeckOK-BGB, § 147 Rdn. 4; *Medicus*, AT, Rdn. 288.

[8] Erman/*Armbrüster*, § 147 Rdn. 17; *Medicus*, AT, Rdn. 371; a.A. *Eckert*, BeckOK-BGB, § 147 Rdn. 7.

Dies erscheint insbesondere dann gerechtfertigt, wenn die Unterbrechung des Telefonats mittelbar auf ein Verhalten des Antragsempfängers zurückzuführen ist. Vorliegend hat K vergessen, die Akkus seines schnurlosen Telefons aufzuladen, so dass die Ursache für den Abbruch des Telefongesprächs seiner Sphäre entstammte. Seine Annahmeerklärung beim zweiten Telefonat ist somit verfristet und lässt keinen Kaufvertrag zustande kommen. Sie gilt vielmehr gemäß § 150 Abs. 1 BGB als neuer Antrag, welcher der Annahme bedarf.

II. Ergebnis

V hat den letztlich verbleibenden Antrag des K nicht angenommen, so dass kein Kaufvertrag zwischen V und K über das Motorrad zustande kam. K hat daher keinen Anspruch auf Übergabe und Übereignung des Motorrads gemäß § 433 Abs. 1 S. 1 BGB.

Abwandlung

A. Wirksamkeit des Kaufvertrags

K und V könnten durch ihre Einigung am Telefon einen wirksamen Kaufvertrag geschlossen haben.

I. Antrag des K

Der dazu erforderliche wirksame Antrag könnte in der Erklärung des K liegen, die Harley Davidson zu der in der Zeitung angegebenen Verhandlungsbasis erwerben zu wollen. Diese Erklärung enthält die essentialia negotii eines Kaufvertrags und ist daher inhaltlich derart bestimmt, dass ihre Annahme durch eine bloße Zustimmung des Antragsempfängers erfolgen kann.

Fraglich bleibt jedoch der Inhalt des Antrags in Bezug auf den vorgeschlagenen Kaufpreis. K ging von einer Verhandlungsbasis von 4 500 EUR aus, V dagegen von einem Betrag von 5 400 EUR. Gemäß § 133 BGB muss bei der Auslegung einer Willenserklärung der wirkliche Wille des Erklärenden erforscht werden. Demnach wäre der Antrag des K derart auszulegen, das Motorrad des V für 4 500 EUR erwerben zu wollen. Dabei bliebe allerdings unberücksichtigt, dass der Antrag eine *empfangsbedürftige Willenserklärung* darstellt, und daher aus Gründen des Verkehrsschutzes auch die Interessen des Erklärungsempfängers zu berücksichtigen sind. Zudem steht es allein in der Macht des Antragenden, seine Willenserklärung zweifelsfrei zu formulieren. Bei der Auslegung eines Antrags ist somit gemäß §§ 133, 157 BGB maßgeblich, wie der Empfänger die Erklärung verstehen darf (sog. *Empfängerhorizont*). Etwaige Unklarheiten gehen somit grds. zu Lasten des Erklärenden.[9] K hat zwar ausdrücklich den Kaufgegenstand bezeichnet, aber versäumt, einen konkreten Kaufpreis zu nennen, und sich mit der Bezugnahme auf die Verhandlungsbasis im Inserat des V begnügt. Dies spricht

---

[9]   *Medicus*, AT, Rdn. 323.

dafür, dem Antrag des K den Inhalt beizulegen, das Motorrad des V für 5 400 EUR kaufen zu wollen.

Ausschließlich auf das Verständnis des tatsächlichen Empfängers abzustellen, wäre jedoch dem Antragenden gegenüber unbillig. Dann würde er vor allem auch das Risiko für Fehlinterpretationen des Empfängers tragen, die nicht auf einer unklaren Formulierung des Antrages beruhen. Bei der Auslegung empfangsbedürftiger Willenserklärungen ist daher nicht die Perspektive des tatsächlichen Empfängers entscheidend, sondern die Verständnismöglichkeit eines *objektivierten Empfängers* (sog. *normative Auslegung*).[10] Es muss also ermittelt werden, wie die Erklärung aus der Sicht eines objektiven Dritten in der Rolle des Erklärungsempfängers unter Anwendung der verkehrsüblichen Sorgfalt und unter Berücksichtigung der Umstände des Einzelfalls zu verstehen war. Vorliegend gründete sich das Missverständnis zwischen K und V auf einem Druckfehler der Zeitung, der nicht dem K zuzurechnen ist, sondern vielmehr der Sphäre des Anzeigenstellers V entstammt, der sich allein über die inhaltliche Richtigkeit seiner Annonce hätte informieren können. Ein objektivierter Empfänger hätte den Antrag des K so verstanden, die Harley Davidson zum Betrag der tatsächlich in der Anzeige abgedruckten Verhandlungsbasis kaufen zu wollen. K hat dem V daher den Antrag unterbreitet, die Harley Davidson zu einem Kaufpreis von 4 500 EUR zu erwerben.

II. Annahme des V

Ein Kaufvertrag kommt zustande, wenn die Annahmeerklärung inhaltlich mit dem Antrag übereinstimmt. Vorliegend haben sich V und K zumindest über die Harley Davidson als Kaufgegenstand geeinigt. Fraglich bleibt wegen des dargestellten Missverständnisses die Übereinstimmung über den Kaufpreis. Auch die Erklärung des V ist jedoch aus Sicht des objektivierten Empfängerhorizonts auszulegen. Unter der Bezugnahme auf das Inserat in seiner tatsächlich veröffentlichten Form ergibt sich daher, dass V sein Motorrad für 4 500 EUR verkaufen möchte. Antrag und Annahme stimmen somit überein.

III. Ergebnis

K und V haben am Telefon einen wirksamen Kaufvertrag über die Harley Davidson für einen Kaufpreis von 4 500 EUR geschlossen.

B. Lösungsmöglichkeiten des V

Der unbemerkt gebliebene Druckfehler in dem Zeitungsinserat könnte V zur Anfechtung seiner Annahmeerklärung berechtigen. Dies führte zur rückwirkenden Nichtigkeit des Kaufvertrags (§ 142 Abs. 1 BGB).

---

[10] *Brox/Walker*, Rdn. 135 f.; *Medicus*, AT, Rdn. 324 ff.; *Musielak*, Rdn. 102 f.; *Schwab/Löhnig*, Rdn. 560 ff.

I. Anfechtung nach § 119 Abs. 1 2. Alt. BGB

In Betracht kommt zunächst eine Anfechtung wegen *Erklärungsirrtums* gemäß § 119 Abs. 1 2. Alt. BGB. Dies setzt einen Fehler des Erklärenden bei der Äußerung als solcher voraus.[11] V wollte mit seiner Annahmeerklärung zum Ausdruck bringen, seine Harley Davidson für den Betrag von 5 400 EUR zu verkaufen. Stattdessen hat er unter Berücksichtigung des objektiven Empfängerhorizonts einem Kaufpreis von 4 500 EUR zugestimmt. Diese Auslegung ergibt sich aber nicht infolge eines Versprechers oder ähnlichen Fehlers des V bei der Annahmeerklärung selbst, sondern lediglich unter Bezugnahme auf den Druckfehler im Inserat. Einem Erklärungsirrtum unterlag der V somit nicht.

II. Anfechtung nach § 119 Abs. 1 1. Alt. BGB

Stattdessen könnte ein *Inhaltsirrtum* gemäß § 119 Abs. 1 1. Alt. BGB gegeben sein. Dazu muss sich der Erklärende bereits bei der Entscheidung für die Äußerung einer bestimmten Willenserklärung über ihren Sinn und ihre rechtliche Bedeutung geirrt haben.[12] V wusste zwar, dass sich durch die Bezugnahme seiner Annahmeerklärung auf sein Inserat der Kaufpreis nach der dort angegebenen Verhandlungsbasis bestimmt. Er irrte aber über den tatsächlich abgedruckten Betrag und somit über den für die Auslegung entscheidenden Anknüpfungspunkt. Somit war er sich der genauen rechtlichen Bedeutung seiner auf die Anzeige verweisenden Annahmeerklärung nicht bewusst. V unterlag daher einem Inhaltsirrtum.

Wegen der nicht unerheblichen Differenz zwischen tatsächlich veröffentlichter und beabsichtigter Verhandlungsbasis hätte der V bei Kenntnis des Druckfehlers seine Annahmeerklärung nicht mit diesem Inhalt abgegeben. Bei verständiger Würdigung des Falles (vgl. § 119 Abs. 1 a.E. BGB)[13] ist vielmehr davon auszugehen, dass V auf den Druckfehler hingewiesen und sich um die Vereinbarung eines höheren Kaufpreises bemüht hätte.

Dem V steht somit ein Anfechtungsrecht gemäß § 119 Abs. 1 1. Alt. BGB zu. Er hat die Anfechtung gegenüber seinem Vertragspartner K (§ 143 Abs. 2 1. Alt. BGB) unverzüglich, d.h. ohne schuldhaftes Zögern (§ 121 Abs. 1 S. 1 BGB), zu erklären, nachdem er Kenntnis von seinem Irrtum erlangt.

III. Anfechtung nach § 120 BGB

Des Weiteren könnte der V seine Annahmeerklärung wegen falscher Übermittlung nach § 120 BGB anfechten. Danach hat der Erklärende bei unbewussten Fehlern der von ihm für den Transport seiner Willenserklärung ausgewählten Boten ein Anfechtungsrecht. § 120 BGB ermöglicht bereits seinem Wortlaut nach eine Anfechtung aber nur, wenn sich der *Fehler bei der Übermittlung der Willenserklärung selbst* ereignet.[14] Der Druckfehler der Zeitung geschah im Vorfeld des Tele-

---

[11] *Medicus*, AT, Rdn. 746; *Musielak*, Rdn. 330; *Schwab/Löhnig*, Rdn. 601 f.
[12] *Brox/Walker*, Rdn. 411; *Larenz/Wolf*, § 36 Rdn. 20 ff.; *Musielak*, Rdn. 330.
[13] Vgl. dazu *Brox/Walker*, Rdn. 432; *Larenz/Wolf*, § 36 Rdn. 32.
[14] Vgl. *Brox/Walker*, Rdn. 413.

fongesprächs zwischen K und V und betrifft lediglich die invitatio ad offerendum des V, nicht dagegen seine unmittelbar dem K gegenüber abgegebene Annahmeerklärung. Der Anfechtungsgrund des § 120 BGB scheidet daher aus.

IV. Ergebnis

V kann seine Annahmeerklärung wegen Inhaltsirrtums gemäß § 119 Abs. 1 1. Alt. BGB anfechten. Seine Annahmeerklärung und somit letztlich der dadurch zustande gekommene Kaufvertrag wären daraufhin *rückwirkend* (ex tunc) *nichtig* (§ 142 Abs. 1 BGB).

Erwartungshorizont der Klausur

Schwerpunkte 1. Ordnung
- Zeitungsinserat als invitatio ad offerendum
- Bindung an den Antrag bei Unterbrechung eines Telefongesprächs

Schwerpunkte 2. Ordnung
- essentialia negotii bei Verhandlungsbasis
- Schweigen als Annahmeerklärung
- Auslegung der Erklärungen von K und V
- Abgrenzung Inhalts-/Erklärungsirrtum

Kleinere Probleme
- modifizierte Annahmeerklärung des V
- Formalien der Anfechtung nach § 119 Abs. 1 1. Alt. BGB
- Anfechtung nach § 120 BGB
- Rechtsfolgen der Anfechtung

III. Klausur 2: Korrespondenz mit Hindernissen

Sachverhalt

TV-Junkie V befindet sich in Geldnöten und erwägt den Verkauf seiner wertvollen Sammlung von Originalrequisiten einer US-amerikanischen Fernsehserie aus den 1960ern. Er erinnert sich an eine Unterhaltung mit dem Frührentner K, der ihm auf dem letzten Convent seine Sammlung abkaufen wollte und ihm vorsorglich seine Adresse gab. Schweren Herzens schreibt V einen Brief, worin er dem K seine detailliert beschriebene Sammlung zu einem bestimmen Preis anbietet. Da er das Geld dringend benötigt, setzt er dem K zugleich eine Annahmefrist von zwei Wochen.

Am nächsten Morgen plagen den V Gewissensbisse, seine kostbare und mühevoll zusammengetragene Sammlung aufgeben zu wollen. Er möchte daher Abstand von seinem Angebot nehmen. Nachdem er die Telefonnummer von K nicht ausfindig machen kann, erinnert er sich an seinen Cousin C, der in derselben Stadt wie K wohnt. Um 9.30 Uhr beauftragt V den C, sogleich bei K vorbeizugehen und sein Angebot mündlich zu widerrufen. K müsse aufgrund seines Rentnerdaseins zu Hause anzutreffen sein und unbedingt vor Eintreffen der täglichen Post erreicht werden. C schreibt indes seine morgendlichen E-Mails zu Ende, bevor er sich auf den Weg zu K macht. Währenddessen wirft der Postbote pünktlich wie jeden Morgen gegen 10.00 Uhr das Angebotsschreiben des V in den Briefkasten des K. Um 10.30 Uhr schließlich erreicht C das Haus des K. Da K kurz außer Haus ist, richtet C dessen Ehefrau F den Widerruf des V aus. Als K kurze Zeit später nach Hause kommt, leert er zunächst den Briefkasten, öffnet und liest den Brief des V. Kurz darauf überbringt ihm seine Ehefrau F die Botschaft von dem Widerruf.

K lässt sich davon nicht beirren und antwortet dem V noch an demselben Tag per Einschreiben mit Rückschein, sein Angebot liebend gern anzunehmen. Am Abend des folgenden Tages findet V in seinem Briefkasten einen Benachrichtigungsschein, dass ein Einschreiben für ihn sieben Werktage zur Abholung in seiner Postfiliale bereit läge. Angaben über den Absender bzw. den Inhalt des Einschreibens enthält der Benachrichtigungsschein wie gewöhnlich nicht. Nachdem V mittlerweile von C von der nur verzögerten Überbringung des Widerrufs erfahren hat, beschleicht ihn die düstere und zutreffende Vorahnung, dass es sich dabei nur um die Antwort des K handeln könnte. Er sieht daher davon ab, das Einschreiben abzuholen, weswegen es dem K nach Ablauf der Lagerfrist wieder zurückgesendet wird. K ist daraufhin irritiert und lässt die Angelegenheit zunächst wenige Tage auf sich beruhen, bevor er einen weiteren Versuch unternimmt, den V zu erreichen und ihm in einem einfachen Brief die Annahme seines Angebots erklärt. Sein neues Schreiben wird dem V ein Tag nach Ablauf der Annahmefrist in den Briefkasten geworfen.

Bearbeitervermerk: Besteht ein wirksamer Kaufvertrag zwischen V und K?

Lösungsskizze

Kaufvertrag zwischen V und K
I. Antrag des V
   1. Inhaltliche Bestimmtheit (+)
   2. Wirksamkeit
      a) Zugang des Antrags
          10.00 Uhr: Briefkasten als Empfangsvorrichtung (+)
      b) Kein Widerruf des Antrags
          9.30 Uhr: C als Erklärungsbote (–)
          10.30 Uhr: F als Empfangsbotin (+), aber zu spät
II. Wirksame Annahme des K
   1. Inhaltliche Übereinstimmung (+)
   2. Wirksamkeit
      a) Zugang des Benachrichtigungsscheins
          mangels Inhalts (–)
      b) Zugang des Einschreibens
          durch Abholmöglichkeit in der Postfiliale (±)
      c) Zugang des zweiten Schreibens (+)
   3. Rechtzeitigkeit der Annahme
      a) Wahrung der Annahmefrist (–)
      b) Treu und Glauben
          Sorgfaltsverstoß des V (+): keine Abholung des Einschreibens
          jedoch ebenso des K (+): kein unverzüglich neuer Versuch
          Sonderfall der grundlosen Annahmeverweigerung durch V (–)

Lösung

Kaufvertrag zwischen V und K

Fraglich ist, ob V und K einen wirksamen Kaufvertrag über die Originalrequisiten geschlossen haben. Dies setzt zwei inhaltlich übereinstimmende, mit Bezug aufeinander abgegebene Willenserklärungen voraus, die auf den Abschluss des Vertrags gerichtet sind.[1]

I. Antrag des V

1. Inhaltliche Bestimmtheit

Ein Antrag könnte in dem Schreiben des V an den K liegen. Dazu muss das Schreiben inhaltlich so bestimmt sein, dass durch die uneingeschränkte Zustimmung des Antragsempfängers dessen Annahme erfolgen kann. In dem Schreiben müssen daher alle für den Vertragsschluss notwendigen Angaben (sog. essentialia negotii) enthalten sein.[2] Beim Kaufvertrag setzt dies Informationen zum Kaufgegenstand und zum Kaufpreis voraus. V hat in seinem Brief an K detailliert seine Sammlung an Originalrequisiten beschrieben und einen konkreten Preis genannt. Damit ist der Antrag inhaltlich hinreichend bestimmt.

2. Wirksamkeit

a) Zugang des Antrags

Der Antrag müsste zudem wirksam geworden sein. Wird ein Antrag auf Vertragsschluss als *empfangsbedürftige Willenserklärung* unter Abwesenden abgegeben, bedarf er zu seiner Wirksamkeit des Zugangs (§ 130 Abs. 1 S. 1 BGB). Eine Willenserklärung geht zu, wenn die Erklärung derart in den *Machtbereich des Empfängers* gelangt, dass bei Annahme gewöhnlicher Verhältnisse mit ihrer *Kenntnisnahme zu rechnen* ist.[3] Der Brief wurde in den Briefkasten des K als eine von ihm aufgestellte *Empfangsvorrichtung* geworfen und gelangte somit in seinen Machtbereich.

Fraglich bleibt jedoch, wann mit der Kenntnisnahme des Antrags zu rechnen war. Dies ist bei mit der Post versandten Schreiben regelmäßig zu dem Zeitpunkt der Fall, in dem die Leerung des Briefkastens durch den Empfänger erwartet werden kann.[4] Vorliegend bringt der Briefträger jeden Morgen gegen 10.00 Uhr die tägliche Post am Haus des K vorbei. Da K als Frührentner auch tagsüber zu Hause anzutreffen ist, kann bereits zu dieser Zeit die Leerung seines Briefkastens angenommen werden. Unabhängig von der tatsächlichen Lektüre des Schreibens ging der Antrag des V dem K somit gegen 10.00 Uhr zu.

---

[1]   *Brox/Walker*, Rdn. 77.
[2]   *Brox/Walker*, Rdn. 167; *Köhler*, § 8 Rdn. 8; *Larenz/Wolf*, § 29 Rdn. 17.
[3]   BGHZ 67, 271 (275); *Musielak*, Rdn. 74.
[4]   *Brox/Walker*, Rdn. 149a; *Schwab/Löhnig*, Rdn. 525.

b) Kein Widerruf des Antrags

Der Zugang bewirkt die Wirksamkeit des Antrags jedoch nur, wenn er nicht rechtzeitig widerrufen wurde.

Der Widerruf liegt in der von C im Auftrag des V übermittelten Erklärung, sein Angebot widerrufen zu wollen. Dass die Widerrufserklärung im Gegensatz zu dem schriftlichen Antrag des V nur mündlich ergeht, ist unerheblich, da § 130 Abs. 1 S. 2 BGB für die Widerrufserklärung keine besondere Form vorsieht. Insbesondere muss der Widerruf nicht in derselben Form wie die zu widerrufende Willenserklärung erfolgen.[5]

Allerdings vermag der Widerruf gemäß § 130 Abs. 1 S. 2 BGB das Wirksamwerden einer Erklärung nur dann zu verhindern, wenn er dem Empfänger vor oder zumindest gleichzeitig mit der zu widerrufenden Willenserklärung zugeht. Fraglich ist daher, wann der Zugang des Widerrufs des V bei K bewirkt wurde.

Denkbar ist ein Zugang des Widerrufs um 9.30 Uhr, als V dem C die auszurichtende Willenserklärung übermittelte. Auch bei dem Widerruf als empfangsbedürftige Willenserklärung setzt der Zugang voraus, dass die Erklärung in den Machtbereich des Empfängers gelangt. Der als Bote ausgewählte Cousin C wies zu K jedoch keine Verbindung auf. Er wurde vielmehr als Gehilfe des V tätig und entstammt somit der Sphäre des Absenders der Willenserklärung. Bei solchen *Erklärungsboten* trägt allein der Erklärende das Risiko, dass der von ihm eingeschaltete Bote die zu übermittelnde Willenserklärung zu spät oder ggf. überhaupt nicht überbringt.[6] Gegen 9.30 Uhr befand sich der Widerruf noch nicht in dem Machtbereich des K und ging ihm somit ebenso wenig zu.

In Betracht kommt ein Zugang des Widerrufs um 10.30 Uhr mit seiner Übermittlung an F, die Ehefrau des Empfängers. Auch insoweit ist entscheidend, ob die Willenserklärung den Machtbereich des Empfängers erreicht. Dies setzt voraus, dass diejenige Person, der die Erklärung ausgerichtet wird, vom eigentlichen Empfänger zur Entgegennahme von Erklärungen bestellt oder nach der Verkehrsanschauung als dazu bestellt und geeignet anzusehen ist. Der Ehegatte gehört zum engsten Lebensbereich des Empfängers und gilt daher zumindest bei ohne Weiteres verständlichen Willenserklärungen als empfangsberechtigt.[7] Die Ehefrau F wurde somit als *Empfangsbotin* und personifizierte Empfangseinrichtung des K tätig. Mit ihrer Übermittlung an F gelangte die Widerrufserklärung somit in den unmittelbaren Machtbereich des Empfängers K.

Der Zugang erfordert des Weiteren, dass unter Zugrundelegung gewöhnlicher Umstände mit der Kenntnisnahme durch den Empfänger selbst zu rechnen ist. Bei der Einschaltung von Empfangsboten geschieht dies zu demjenigen Zeitpunkt, zu dem regelmäßig die Weitergabe der ausgerichteten Willenserklärung an den Empfänger erwartet werden darf.[8] Da F und K zusammen wohnen und K als Frührentner auch tagsüber gewöhnlich zu Hause verweilt, ist die Zeitspanne äußerst kurz

---

[5] *Medicus*, AT, Rdn. 299; *Wendtland*, BeckOK-BGB, § 130 Rdn. 30.
[6] *Köhler*, § 6 Rdn. 15; *Medicus*, AT, Rdn. 284.
[7] Erman/*Palm*, § 130 Rdn. 12; *Schwab/Löhnig*, Rdn. 526.
[8] *Brox/Walker*, Rdn. 152; *Musielak*, Rdn. 78; *Schwab/Löhnig*, Rdn. 526.

zu bemessen und kann gegen Null tendieren. Somit konnte mit der unmittelbaren Weitergabe der Widerrufserklärung an K gerechnet und ihr Zugang um 10.30 Uhr angenommen werden. Dass K die Botschaft von dem Widerruf tatsächlich erst später erhielt, bleibt unerheblich.

c) Zwischenergebnis

Das Antragsschreiben des V ging dem K mit Einwurf in den Briefkasten um 10.00 Uhr zu. Der Zugang der Widerrufserklärung erfolgte dagegen frühestens um 10.30 Uhr mit Übermittlung an die Ehefrau F und war daher nicht mehr rechtzeitig. Der Antrag des V ist wirksam.

II. Wirksame Annahme des K

1. Inhaltliche Übereinstimmung

K müsste den Antrag des V angenommen haben. Eine Annahme ist in dem Schreiben des K zu erblicken, in dem er das Angebot des V liebend gern annimmt. Die uneingeschränkte Annahmeerklärung stimmt inhaltlich mit dem Antrag des V überein und kann daher den Vertragsschluss bewirken.

2. Wirksamkeit

Dazu müsste die Annahmeerklärung aber auch wirksam geworden sein. Dies setzt wiederum ihren Zugang voraus.

a) Zugang des Benachrichtigungsscheins

Bei einem Einschreiben mit Rückschein könnte der Zugang bereits an die Zustellung des Benachrichtigungsscheins geknüpft werden. Nach den oben dargelegten Grundsätzen gelangt der Benachrichtigungsschein mit seinem Einwurf in den Briefkasten als Empfangsvorrichtung des Empfängers in dessen Machtbereich, so dass zum Zeitpunkt der zu erwartenden täglichen Leerung des Briefkastens und der damit verbundenen möglichen Kenntnisnahme der Zugang des Benachrichtigungsscheins anzunehmen ist.

Fraglich bleibt jedoch, ob der *Benachrichtigungsschein* selbst inhaltlich *als Annahmeerklärung* gewertet werden kann. Dazu muss er inhaltlich bestimmt genug sein und insbesondere alle für den Vertragsschluss notwendigen Angaben enthalten. Der Benachrichtigungsschein teilt dem Empfänger aber lediglich mit, dass für ihn ein Einschreiben bei seiner Postfiliale zur Abholung bereit liegt. Dagegen enthält er weder einen Hinweis auf den Absender des Einschreibebriefs noch über den Inhalt der Sendung, der auch in einer Ablehnung des Antrags oder der Unterbreitung eines neuen Antrags liegen könnte. Der Benachrichtigungsschein stellt somit keine Willenserklärung dar, die vielmehr nur dem abzuholenden Einschreiben selbst entnommen werden kann.[9] Der Zugang des Benachrichtigungsscheins vermag den Zugang des Einschreibens nicht zu ersetzen.

---

[9]   BGHZ 137, 205 (208) m.w.N.; *Medicus*, AT, Rdn. 280; *Musielak*, Rdn. 75.

b) Zugang des Einschreibens

Das Einschreiben könnte dem V zugegangen sein, indem es in der Postfiliale zur Abholung bereit lag. Dazu muss das Einschreiben bereits dadurch in seinen Machtbereich gelangt sein. Dafür spricht, dass der Empfänger ein an ihn gerichtetes Einschreiben ohne Weiteres in der Postfiliale abholen kann. Bei Zugrundelegung gewöhnlicher Umstände kann mit der Abholung eines Einschreibens durch den Empfänger ein oder zwei Werktage nach Erhalt des Benachrichtigungsscheins gerechnet werden, weswegen zu diesem Zeitpunkt ein Zugang des Einschreibens angenommen werden könnte.[10]

Jedoch gehören die Räume der Postfiliale nicht zum Lebensbereich des V. Anders als bei einem Postfach, zu dem der Inhaber allein und häufig rund um die Uhr frei zugreifen kann, werden Einschreibesendungen im allgemeinen Lager aufbewahrt, zu welchem der Empfänger keinen ungehinderten Zutritt hat. Sie sind zudem nur während der Öffnungszeiten der Filiale abholbar und werden nach sieben Werktagen wieder zurückgesendet.[11] Die bloße Möglichkeit, ein Einschreiben in der Postfiliale entgegenzunehmen, begründet somit keinen Machtbereich des V an dem an ihn adressierten Einschreibebrief. Die Annahmeerklärung des K in dem Einschreiben ging dem V somit nicht zu.

c) Zugang des zweiten Schreibens

Ein Zugang ist vielmehr erst beim zweiten Schreiben gegeben, das dem V in den Briefkasten geworfen wurde. Dadurch gelangte die darin enthaltene Annahmeerklärung des K in den Machtbereich des V und konnte von ihm zur Kenntnis genommen werden. Die Annahmeerklärung des K wurde zu diesem Zeitpunkt wirksam.

3. Rechtzeitigkeit der Annahme

Damit dadurch ein Kaufvertrag zustande kommt, müsste die Annahmeerklärung dem V rechtzeitig zugegangen sein.

a) Wahrung der Annahmefrist

Vorliegend hat V dem K in seinem Antragsschreiben eine Annahmefrist von zwei Wochen gesetzt. Wie sich aus dem Vergleich mit § 149 S. 1 BGB ergibt, ist zur Wahrung der Frist der Zeitpunkt des *Zugangs der Annahmeerklärung* entscheidend.[12] Da dieser ein Tag nach Ablauf der Annahmefrist erfolgte, war der Antrag des V gemäß §§ 146, 148 BGB erloschen. Die verspätete Annahmeerklärung vermag den Kaufvertrag nicht mehr zustande zu bringen und gilt gemäß § 150 Abs. 1 BGB lediglich als neuer Antrag.

---

[10] Palandt/*Heinrichs/Ellenberger*, § 130 Rdn. 18; *Larenz/Wolf*, § 26 Rdn. 28.
[11] *Köhler*, § 6 Rdn. 14.
[12] *Larenz/Wolf*, § 29 Rdn. 50; *Medicus*, AT, Rdn. 373.

b) Treu und Glauben

Im Hinblick auf die willentlich unterlassene Abholung des ersten Einschreibens könnte sich der V aber *treuwidrig verhalten*, wenn er sich auf die Verfristung der Annahmeerklärung beruft. Er könnte daher gemäß § 242 BGB so zu behandeln sein, als ob ihm die Annahmeerklärung rechtzeitig zugegangen wäre.

Wer im Rahmen von Vertragsverhandlungen mit dem Zugang rechtserheblicher Willenserklärungen seines Vertrags- bzw. Verhandlungspartners zu rechnen hat, muss geeignete Vorkehrungen treffen, dass ihn derartige Erklärungen erreichen. Ansonsten verletzt er seine Sorgfaltspflichten, die ihm durch die *Aufnahme von Vertragsverhandlungen* gegenüber seinem Partner erwachsen.[13] V hat dem K einen befristeten Antrag unterbreitet und musste daher damit rechnen, während der Annahmefrist der nächsten zwei Wochen ein Antwortschreiben des K zu erhalten, in dem er seinen Antrag annimmt. Obwohl er vorliegend sogar davon ausging, dass das Einschreiben von K stammte, unterließ er es, das Einschreiben abzuholen, und verhinderte somit den rechtzeitigen Zugang der Annahmeerklärung des K. Dadurch verletzte er seine Sorgfaltspflicht gegenüber K.

Fraglich ist allerdings, ob der Sorgfaltsverstoß des V ausreicht, um ihm die Berufung auf die Verfristung der Annahmeerklärung des K zu verwehren. Dies setzt voraus, dass auch der potentielle Vertragspartner seine Obliegenheiten beachtet und sich nicht sorgfaltswidrig verhalten hat. Der Grundsatz von Treu und Glauben kann somit nur dann zugunsten des Erklärenden eingreifen, wenn er seinerseits *alles Erforderliche und ihm Zumutbare* unternommen hat, um einen rechtzeitigen Zugang der Erklärung beim Adressaten zu bewirken. Dies erfordert in der Regel, nach Kenntnis von dem nicht erfolgten Zugang unverzüglich erneut zu versuchen, den Zugang seiner Erklärung beim Empfänger zu bewirken.[14] K ließ nach Rücksendung seines Einschreibens die Angelegenheit zunächst wenige Tage auf sich beruhen und bemühte sich nicht um einen zweiten Versuch, seine Annahmeerklärung dem V zugehen zu lassen. Dies ist ihm vor allem deswegen vorzuwerfen, weil nach wie vor die zweiwöchige Annahmefrist lief und bei sogleich erfolgter Versendung seines zweiten Schreibens zu erwarten war, dass es den V rechtzeitig erreichte. K unternahm daher nicht alles Erforderliche und ihm Zumutbare, um den rechtzeitigen Zugang seiner Annahmeerklärung zu bewirken. Er kann sich daher grds. nicht auf Treu und Glauben berufen.

Etwas anderes gilt nur, wenn der Empfänger die Annahme einer an ihn gerichteten schriftlichen Mitteilung *grundlos verweigert*, obwohl er mit der Zusendung rechtserheblicher Erklärungen seines Vertrags- bzw. Verhandlungspartners rechnen muss.[15] Vorliegend hat V aber nicht die Annahme des Einschreibens verweigert, sondern lediglich seine Abholung unterlassen. Auch wenn er eine Vorahnung über den Absender des an ihn gerichteten Einschreibebriefs hatte, konnte er wegen des über Absender und Inhalt des Einschreibens schweigenden Benachrichtigungsscheins weder sicher sein, dass das Einschreiben von K stammt, noch dass

---

[13] BGHZ 137, 205 (208 f.) m.w.N.
[14] BGHZ 137, 205 (209) m.w.N. Kritisch Erman/*Palm*, § 130 Rdn. 8.
[15] BGHZ 137, 205 (209 f.).

darin die uneingeschränkte Annahme seines Antrags erklärt wird. Die Verwendung eines eingeschriebenen Briefs war zudem in keiner Weise erforderlich, weswegen der V das Einschreiben nicht zwingend mit der Annahmeerklärung des K in Verbindung bringen musste. V muss sich daher nicht gemäß § 242 BGB so behandeln lassen, als ob ihm die Annahmeerklärung rechtzeitig zugegangen wäre.

III. Ergebnis

Die Annahme des K ging nicht rechtzeitig zu, so dass der Antrag des V erloschen ist (§§ 146, 148 BGB). Den in der verspäteten Annahmeerklärung gemäß § 150 Abs. 1 BGB liegenden neuen Antrag auf Abschluss eines Kaufvertrags hat V nicht angenommen. Somit ist kein Kaufvertrag zwischen V und K zustande gekommen.

Erwartungshorizont der Klausur

Schwerpunkte 1. Ordnung
– Zugang der Annahmeerklärung durch Einschreiben
– Rechtzeitigkeit der Annahme nach Treu und Glauben

Schwerpunkte 2. Ordnung
– Zugang einer Willenserklärung unter Abwesenden
– Zugang bei Einschaltung eines Erklärungs-/Empfangsboten

Kleinere Probleme
– Inhaltliche Bestimmtheit von Antrag und Annahme
– Form des Widerrufs
– verspätete Annahme als neuer Antrag

IV. Klausur 3: Der verschwiegene Unfall

Sachverhalt

Automobilliebhaber A möchte sich einen neuen Sportwagen zulegen und daher sein altes Gefährt verkaufen. Freund F gibt ihm den Tipp, dass seine Bekannte B gerade einen günstigen Gebrauchtwagen sucht. F vermittelt ein Treffen zwischen A und B, zu dem sich B von ihrem Sohn und Hobbymechaniker S bringen lässt. B ist von dem Wagen auf Anhieb begeistert und möchte ihn unbedingt erwerben, wenn S keine Mängel daran feststellen sollte.

Während S das Auto genauer inspiziert, erhält B einen Anruf auf ihrem Mobiltelefon und entschuldigt sich daher bei A und S für kurze Zeit. A nutzt die Gelegenheit, um sich bei S über die Fahrkünste der B zu informieren. Schließlich lege er großen Wert darauf, dass sein treuer Wagen in guten Händen sei und auch in Zukunft unversehrt bleibe. S antwortet, B sei eine exzellente Fahrerin und habe noch keinen einzigen Unfall verursacht. Dabei weiß er, dass B nur deswegen einen neuen fahrbaren Untersatz sucht, weil ihr eigener Wagen einen Totalschaden erlitt, als sie einem anderen Verkehrsteilnehmer die Vorfahrt nahm.

Nachdem S an dem Wagen nichts zu beanstanden hat, fragt B den A, was er denn kosten solle. A nimmt daraufhin einen von ihm aufgesetzten Kaufvertrag, setzt darin eine Kaufsumme von 2 300 EUR ein und überreicht ihn der B. Nachdem B und S den Kaufpreis für äußerst fair erachten, unterschreiben A und B den Kaufvertrag. A überreicht der B alle nötigen Papiere und die Fahrzeugschlüssel, so dass B sogleich mit dem Wagen nach Hause fahren kann.

Als sich F bei A an demselben Abend nach dem Stand der Dinge erkundigt, berichtet ihm A zufrieden von dem reibungslosen Ablauf des Treffens. Auch F ist über die Nachricht erfreut und erzählt dem A, wie verzweifelt B nach einem neuen günstigen Auto gesucht hat, nachdem sie ihr altes Gefährt bei einem Unfall zu Schrott gefahren hatte. A ist außer sich, als er dies erfährt, und will sogleich den Kaufvertrag rückgängig machen. Als er in seiner Ausfertigung des Kaufvertrags nach der Telefonnummer der B sucht, fällt ihm auf, dass er sich zu allem Überfluss bei dem Kaufpreis verschrieben und statt der gewollten 2 500 EUR einen Betrag von lediglich 2 300 EUR eingetragen hat. A ruft erbost bei B an und teilt ihr mit, dass er sowohl wegen der schamlosen Lüge des S als auch wegen seines Schreibfehlers von sämtlichen Erklärungen Abstand nehme und seinen Wagen heraus verlange. B entgegnet, dass ihr die fehlerhafte Auskunft des S leid tue, aber sie nichts davon gewusst habe. Sie möchte den Wagen auf jeden Fall behalten und sei auch bereit, den höheren Preis dafür zu zahlen. A lässt sich jedoch nicht besänftigen und besteht auf Herausgabe des Wagens.

Bearbeitervermerk: Mit Erfolg?

Lösungsskizze

Ansprüche des A gegen B auf Herausgabe des Wagens

A. Anspruch aus § 985 BGB

I. A als Eigentümer
    ursprünglich (+)
    1. Übereignung gemäß § 929 S. 1 BGB (+)
    2. Anfechtung der dinglichen Einigungserklärung durch A
       a) Anfechtung gemäß § 119 Abs. 1 2. Alt. BGB (–)
          Abstraktionsprinzip
       b) Anfechtung gemäß § 123 Abs. 1 1. Alt. BGB
          aa) Anfechtungsgrund (+)
              Fehleridentität
              Vernünftigkeit der Anfechtung irrelevant
              Täuschung des S als Dritten
          bb) Anfechtungserklärung (+)
          cc) Anfechtungsgegner und Anfechtungsfrist (+)

II. B als Besitzerin (+)

III. Kein Recht der B zum Besitz
     grundsätzlich aus Kaufvertrag
     1. Anfechtung gemäß § 119 Abs. 1 2. Alt. BGB
        a) Anfechtungsgrund (+)
        b) Sonstige Voraussetzungen der Anfechtung (+)
        c) Treu und Glauben
           Privatautonomie vs. Vertrauensschutz
     2. Anfechtung gemäß § 123 Abs. 1 1. Alt. BGB (+)

B. Anspruch aus § 812 Abs. 1 S. 1 1. Alt. BGB (+)
Bereicherung durch Besitz, nicht durch Eigentum

Lösung

Ansprüche des A gegen B auf Herausgabe des Wagens

A. Anspruch aus § 985 BGB

A könnte gegen B einen Anspruch auf Herausgabe des Wagens gemäß § 985 BGB haben.

I. A als Eigentümer

Dazu muss A Eigentümer des Wagens sein. Ursprünglich war er Eigentümer des Automobils.

1. Übereignung gemäß § 929 S. 1 BGB

A könnte jedoch das Eigentum an dem Wagen gemäß § 929 S. 1 BGB an B übertragen haben. Die Übereignung nach dieser Vorschrift setzt die Einigung über den Eigentumsübergang sowie die Übergabe der beweglichen Sache voraus. A händigte der B alle nötigen Papiere sowie die Fahrzeugschlüssel aus und ließ sie mit dem Wagen davonfahren. Dadurch erlangte B die tatsächliche Gewalt über das Automobil und erwarb somit unmittelbaren Besitz (§ 854 Abs. 1 BGB). Bei der Übergabe einigten sich A und B zumindest stillschweigend über die Übertragung des Eigentums an dem Wagen. Da A verfügungsberechtigt war, wurde B zur Eigentümerin des Wagens gemäß Übereignung nach § 929 S. 1 BGB.

2. Anfechtung der dinglichen Einigungserklärung durch A

Durch seine Äußerung am Telefon könnte A seine dingliche Einigungserklärung wirksam angefochten und somit ihre rückwirkende Nichtigkeit (§ 142 Abs. 1 BGB) herbeigeführt haben.

a) Anfechtung gemäß § 119 Abs. 1 2. Alt. BGB

Denkbar ist zunächst eine Anfechtung wegen Erklärungsirrtums gemäß § 119 Abs. 1 2. Alt. BGB. Er liegt vor, wenn der Erklärende seine Willenserklärung nicht mit dem tatsächlich geäußerten Inhalt abgeben wollte. Dem Erklärenden muss somit ein Fehler bei der Entäußerung der Willenserklärung unterlaufen sein.[1] Vorliegend gab A statt der gewollten 2 500 EUR einen Betrag von lediglich 2 300 EUR im Kaufvertrag an. Sein Schreibfehler betraf aber nur den Antrag, der zum Zustandekommen des Kaufvertrags notwendig war.

    Die *dingliche Einigungserklärung* erschöpft sich dagegen in der Kundgabe des Willens, das Eigentum an einer bestimmten Sache übertragen zu wollen.[2] Durch die Übergabe des Wagens hat A konkludent erklärt, das Eigentum am Wagen solle auf die B übergehen. Insoweit war der Schreibfehler des A ohne Bedeutung und unterlief ihm daher kein Erklärungsirrtum. Dass sich A beim Ausfüllen des Kauf-

---

[1] *Medicus*, AT, Rdn. 746; *Musielak*, Rdn. 330; *Schwab/Löhnig*, Rdn. 601 f.
[2] *Erman/Michalski*, § 929 Rdn. 4.

vertrags verschrieben hat, kann ggf. zu dessen Unwirksamkeit führen, lässt aber nach dem *Abstraktionsprinzip* die Wirksamkeit der darauf beruhenden Verfügung unberührt.

b) Anfechtung gemäß § 123 Abs. 1 1. Alt. BGB

In Betracht kommt allerdings eine Anfechtung wegen arglistiger Täuschung gemäß § 123 Abs. 1 1. Alt. BGB.

aa) Anfechtungsgrund

Dazu bedarf es eines entsprechenden Anfechtungsgrundes. Eine Täuschung liegt in jedem Verhalten, das Tatsachen vorspiegelt, entstellt oder unterdrückt und in dem Erklärenden eine unrichtige Vorstellung hervorrufen, bestärken oder unterhalten soll.[3] S antwortete auf die Frage des A nach den Fahrkünsten der B wahrheitswidrig, dass B noch keinen Unfall verursacht habe. Tatsächlich war sie in einen selbst verschuldeten Unfall verwickelt, als sie einem Verkehrsteilnehmer die Vorfahrt nahm. S täuschte den A somit über die Unfallfreiheit der B.

Die Täuschung müsste arglistig sein. Der Täuschende muss die Unwahrheit seiner Äußerung kennen und zudem wissen, dass der Getäuschte durch die falschen Angaben *zur Abgabe der Willenserklärung bestimmt* wird.[4] S wusste von dem Unfall der B. Ebenso war ihm bewusst, dass seine Angaben für die Abgabe der Willenserklärung durch A von Bedeutung waren, nachdem A ihm zuvor beteuert hatte, er lege großen Wert darauf, dass sein Wagen in gute Hände gelange. Die Täuschung des S war somit arglistig.

Darüber hinaus muss die Täuschung für die Abgabe der Willenserklärung ursächlich sein. Bei Kenntnis der wahren Umstände dürfte der Getäuschte die Willenserklärung also überhaupt nicht, nicht zu der Zeit bzw. nicht mit diesem Inhalt abgeben.[5] Wie sich auch aus der Empörung des A ergibt, als er von dem Unfall der B erfuhr, hätte er bei dessen Kenntnis seinen Wagen nicht an B veräußert. Anders als bei dem Erklärungsirrtum gemäß § 119 Abs. 1 2. Alt. BGB wirkt sich die arglistige Täuschung somit im Wege der sog. *Fehleridentität* sowohl auf die Abgabe der zum Zustandekommen des Kaufvertrags notwendigen schuldrechtlichen als auch auf die Abgabe der zum Eigentumsübergang erforderlichen dinglichen Einigungserklärung aus.[6] Die Täuschung des S war somit kausal für die dingliche Einigungserklärung des A.

Ob die Auffassung des A, der potentiellen Käuferin nur wegen eines früheren Unfalls den Wagen nicht verkaufen zu wollen, einsichtig erscheint, ist unerheblich. Anders als bei § 119 Abs. 1 a.E. BGB kommt es bei der Anfechtung wegen arglistiger Täuschung nicht auf eine vernünftige Kausalität des Anfechtungsgrundes für die Abgabe der Willenserklärung an.[7]

---

[3] Erman/*Palm*, § 123 Rdn. 11.
[4] *Köhler*, § 7 Rdn. 43; *Larenz/Wolf*, § 37 Rdn. 11; *Musielak*, Rdn. 377.
[5] *Brox/Walker*, Rdn. 452; Erman/*Palm*, § 123 Rdn. 26.
[6] *Medicus*, AT, Rdn. 234; *Wendtland*, BeckOK-BGB, § 123 Rdn. 37.
[7] Palandt/*Heinrichs/Ellenberger*, § 123 Rdn. 24; *Medicus*, AT, Rdn. 804.

Als problematisch erweist sich aber, dass die Täuschung durch den Außenstehenden und Nichtvertragspartner S erfolgte. Gemäß § 123 Abs. 2 S. 1 BGB führt die *Täuschung eines Dritten* nur zu einem Anfechtungsgrund des Getäuschten, wenn der Empfänger der daraufhin abgegebenen Willenserklärung die Täuschung kannte oder kennen musste. F wusste von der Täuschung durch ihren Sohn S nichts, weswegen ein Anfechtungsrecht des A fraglich erscheint.

Um die Anfechtungsmöglichkeiten zu erweitern, wird indes der Begriff des Dritten nicht als jede beliebige vom Erklärungsempfänger verschiedene Person verstanden, sondern eng ausgelegt. Danach ist der Täuschende dann nicht Dritter, wenn er *interessenmäßig auf der Seite des Erklärungsempfängers* steht. Dies ist unter anderem der Fall, wenn der Täuschende als Vertrauensperson des Erklärungsempfängers erscheint oder ihm sein Verhalten nach Billigkeitsgesichtspunkten unter Berücksichtigung der Interessenlage zuzurechnen ist.[8] S wurde im Vorfeld des Kaufvertragsschlusses von Seiten der B eingeschaltet, um den Zustand des Wagens zu kontrollieren und um bei der Entscheidungsfindung behilflich zu sein. Aufgrund der engen Beziehung zu B kann S als ihre Vertrauensperson angesehen werden. Zumindest steht er interessenmäßig auf ihrer Seite. Das Verhalten des S muss somit der B zugerechnet werden, so dass S kein Dritter i.S.d. § 123 Abs. 2 S. 1 BGB ist. Die Täuschung des S gereicht daher unabhängig von der Kenntnis der Erklärungsempfängerin B zu einem Anfechtungsgrund des A.

bb) Anfechtungserklärung

A müsste seine Anfechtung erklärt haben. Als empfangsbedürftige Willenserklärung ist eine Anfechtung nach dem objektiven Empfängerhorizont auszulegen. Danach muss der *Wille des Anfechtenden erkennbar* sein, an seiner vorangegangenen Willenserklärung nicht mehr festhalten zu wollen. Dazu bedarf es nicht der Verwendung des Begriffs der Anfechtung selbst. Ebenso wenig muss die Anfechtungserklärung den Grund der Anfechtung ausdrücklich enthalten. Vielmehr reicht aus, dass sich beides aus der Erklärung oder aus den Umständen ergibt.[9] A rief die B an, um wegen der schamlosen Lüge des S von sämtlichen Erklärungen Abstand zu nehmen. In seiner Äußerung kam klar zum Ausdruck, unter anderem wegen der Täuschung des S (sowohl seine schuldrechtliche als auch) seine dingliche Einigungserklärung nicht mehr gelten lassen zu wollen. A hat die notwendige Anfechtungserklärung abgegeben.

cc) Anfechtungsgegner und Anfechtungsfrist

A hat seine Anfechtung gegenüber seiner Vertragspartnerin B als zutreffender Anfechtungsgegnerin erklärt (§ 143 Abs. 2 1. Alt. BGB). Die Jahresfrist des § 124 Abs. 1 BGB hat A durch seine unmittelbar nach Entdeckung der Täuschung (§ 124 Abs. 2 S. 1 BGB) erfolgte Anfechtungserklärung eingehalten.

---

[8]   *Medicus*, AT, Rdn. 801; *Musielak*, Rdn. 381; Erman/*Palm*, § 123 Rdn. 35; *Wendtland*, BeckOK-BGB, § 123 Rdn. 23.
[9]   Palandt/*Heinrichs/Ellenberger*, § 143 Rdn. 3; *Medicus*, AT, Rdn. 717.

c) Zwischenergebnis

Die Anfechtung seiner dinglichen Einigungserklärung durch A wegen arglistiger Täuschung des S gemäß § 123 Abs. 1 1. Alt. BGB ist wirksam. Seine Einigungserklärung sowie die dadurch zustande gekommene dingliche Einigung sind *rückwirkend* (ex tunc) *nichtig* (§ 142 Abs. 1 BGB). A blieb Eigentümer des Wagens.

II. B als Besitzerin

B ist als derzeitige unmittelbare Besitzerin des Wagens gemäß § 854 Abs. 1 BGB die zutreffende Anspruchsgegnerin des Herausgabeanspruchs aus § 985 BGB.

III. Kein Recht der B zum Besitz

Schließlich darf B kein Recht zum Besitz gemäß § 986 Abs. 1 S. 1 1. HS BGB haben. Als solches kommt insbesondere der zwischen A und B geschlossene Kaufvertrag in Betracht,[10] bei dessen Wirksamkeit der A dazu verpflichtet wäre, der B den Besitz an dem Wagen zu übertragen. A könnte jedoch den Kaufvertrag wirksam angefochten haben.

1. Anfechtung gemäß § 119 Abs. 1 2. Alt. BGB

a) Anfechtungsgrund

In Betracht kommt eine Anfechtung des Kaufvertrags wegen Erklärungsirrtums gemäß § 119 Abs. 1 2. Alt. BGB. Dazu ist erforderlich, dass der Erklärende seine Willenserklärung mit einem anderen Inhalt abgibt als gewollt. Ihm muss also bei der Entäußerung seiner Willenserklärung ein Fehler unterlaufen. A hat sich bei der Aufsetzung des Kaufvertrags verschrieben, indem er statt der gewollten 2 500 EUR einen Betrag von lediglich 2 300 EUR eingetragen hat. Ein Erklärungsirrtum liegt somit vor.

Hätte A den Irrtum gekannt, ist bei verständiger Würdigung des Falles (§ 119 Abs. 1 a.E. BGB) anzunehmen, dass er seinen Antrag nicht mit dem tatsächlich erklärten Inhalt abgegeben, sondern auf den höheren Kaufpreis bestanden hätte.

b) Sonstige Voraussetzungen der Anfechtung

A müsste in seiner Anfechtungserklärung deutlich machen, wegen seines Erklärungsirrtums von seinem Antrag auf Abschluss des Kaufvertrags Abstand zu nehmen. In seinem Telefonat mit B hat A explizit erklärt, seinen Antrag nicht nur wegen der Lüge des S, sondern auch wegen seines Schreibfehlers nicht mehr gelten lassen zu wollen. Er brachte somit klar zum Ausdruck, sowohl wegen der arglistigen Täuschung des S als auch wegen seines Erklärungsirrtums gemäß § 119 Abs. 1 2. Alt. BGB anzufechten.

Die Anfechtungserklärung erfolgte gegenüber der B als seiner Vertragspartnerin (§ 143 Abs. 2 1. Alt. BGB). Durch seinen sogleich nach Aufdeckung seines Schreibfehlers getätigten Anruf hat A das Unverzüglichkeitserfordernis der An-

---

[10] Erman/*Ebbing*, § 986 Rdn. 7.

fechtungsfrist des § 121 Abs. 1 S. 1 BGB gewahrt. Die Voraussetzungen einer wirksamen Anfechtung wegen Erklärungsirrtums sind somit an sich gegeben.

c) Treu und Glauben

Das Anfechtungsrecht des A könnte jedoch eine Einschränkung erfahren, weil B sich auch mit dem höheren Kaufpreis von 2 500 EUR einverstanden zeigt. Die Anfechtungsregeln dienen der *Privatautonomie* des Erklärenden, der an ungewollten Erklärungen nicht festgehalten werden soll. Dem steht allerdings der *Vertrauensschutz* des Erklärungsempfängers gegenüber, der sich in einem gewissen Umfang auf die ihm gegenüber abgegebenen Willenserklärungen verlassen können muss. Dies gilt vor allem beim Erklärungsirrtum, bei dem der Fehler allein auf Seiten des Erklärenden liegt. Daher ist eine Einschränkung der Privatautonomie des Erklärenden geboten, wonach er rückwirkend nur beseitigen darf, was er tatsächlich nicht wollte. Er darf bei einer fehlerhaften Willenserklärung somit *nicht besser stehen* als bei einer fehlerfreien Willenserklärung.[11] Vorliegend war B bereit, den Wagen auch zu dem von A angestrebten Kaufpreis in Höhe von 2 500 EUR zu erwerben. Es wäre unbillig, wenn sein Erklärungsirrtum dem A ermöglichte, sich vollständig von dem Kaufvertrag zu lösen, den er selbst bei fehlerfreier Willenserklärung nicht zu einem höheren Kaufpreis als 2 500 EUR abgeschlossen hätte. Nach dem Grundsatz von Treu und Glauben muss A daher seine Willenserklärung mit dem Inhalt gelten lassen, den er ihr ursprünglich verleihen wollte. Der Erklärungsirrtum des A berechtigt ihn nicht zur Anfechtung gemäß § 119 Abs. 1 2. Alt. BGB.

2. Anfechtung gemäß § 123 Abs. 1 1. Alt. BGB

Denkbar ist jedoch wiederum eine Anfechtung wegen arglistiger Täuschung. Da die arglistige Täuschung des S für den Antrag des A auf Abschluss des Kaufvertrags ebenso kausal war wie für die Abgabe seiner dinglichen Einigungserklärung, besteht auch insoweit der Anfechtungsgrund des § 123 Abs. 1 1. Alt. BGB. Indem A am Telefon von sämtlichen Erklärungen Abstand nahm, hat er seine schuldrechtliche Einigungserklärung wirksam wegen arglistiger Täuschung angefochten. Dadurch wurde der Kaufvertrag zwischen A und B rückwirkend (ex tunc) gemäß § 142 Abs. 1 BGB beseitigt. B hat daher an dem Wagen kein Recht mehr zum Besitz gemäß § 986 Abs. 1 S. 1 1. HS BGB.

IV. Zwischenergebnis

A hat gegen B einen Anspruch auf Herausgabe des Wagens gemäß § 985 BGB.

B. Anspruch aus § 812 Abs. 1 S. 1 1. Alt. BGB

Darüber hinaus könnte A gegen B einen Anspruch auf Herausgabe des Wagens aus ungerechtfertigter Bereicherung gemäß § 812 Abs. 1 S. 1 1. Alt. BGB haben.

---

[11] *Larenz/Wolf*, § 36 Rdn. 113; *Wendtland*, BeckOK-BGB, § 119 Rdn. 46.

Dazu muss B etwas erlangt haben. „Etwas" i.S.d. § 812 Abs. 1 BGB ist *jeder vermögenswerte Vorteil.*[12] Zwar hat B wegen der wirksamen Anfechtung der dinglichen Einigungserklärung seitens A nicht mehr das Eigentum an dem Wagen. Jedoch ist sie immer noch seine Besitzerin.

Der Besitz muss durch die Leistung eines anderen erlangt sein. Unter Leistung ist *jede bewusste und zweckgerichtete Mehrung fremden Vermögens* zu verstehen.[13] Der Besitzerwerb an dem Wagen beruhte auf der willentlichen Übergabe durch A, welcher der B zur Erfüllung seiner Verpflichtungen aus dem Kaufvertrag alle nötigen Papiere sowie die Fahrzeugschlüssel aushändigte.

Für die Bereicherung der B darf kein rechtlicher Grund vorliegen. Ursprünglich stellte der von A und B geschlossene Kaufvertrag einen Rechtsgrund dafür dar, dass B den Besitz an dem Wagen behalten darf. Durch die Anfechtung wegen arglistiger Täuschung gemäß § 123 Abs. 1 1. Alt. BGB wurde jedoch der Kaufvertrag und somit der Rechtsgrund rückwirkend (§ 142 Abs. 1 BGB) beseitigt. Durch die Rückwirkung lag ein Rechtsgrund entweder bereits von Anfang an nicht vor (§ 812 Abs. 1 S. 1 1. Alt. BGB) oder fiel zumindest nachträglich weg (§ 812 Abs. 1 S. 2 1. Alt. BGB).[14] Da die Voraussetzungen der Varianten der Leistungskondiktion identisch sind, ist der Streit letztlich unerheblich.[15]

A hat somit auch aus Leistungskondiktion gemäß § 812 Abs. 1 S. 1 1. Alt. BGB einen Anspruch auf Herausgabe seines Wagens.

Erwartungshorizont der Klausur

Schwerpunkte 1. Ordnung
– Keine Anfechtung der dinglichen Einigungserklärung wegen Erklärungsirrtums
– Anfechtung bei Täuschung eines Dritten

Schwerpunkte 2. Ordnung
– Anfechtung der dinglichen Einigungserklärung wegen arglistiger Täuschung
– Auslegung der Anfechtungserklärung
– Anfechtung des Kaufvertrags wegen Erklärungsirrtums
– Kein Anfechtungsrecht bei Anerkennung des höheren Kaufpreises durch B

Kleinere Probleme
– Keine vernünftige Kausalität bei Anfechtung wegen arglistiger Täuschung
– Anfechtungsgegner und Anfechtungsfrist
– Anwendbarkeit des § 812 Abs. 1 S. 1 1. Alt. BGB bei Anfechtung

---

[12] Palandt/*Sprau*, § 812 Rdn. 16.
[13] *Musielak*, Rdn. 726; Erman/*Westermann/Buck-Heeb*, § 812 Rdn. 11.
[14] In letzterem Sinne *Musielak*, Rdn. 728; Palandt/*Sprau*, § 812 Rdn. 77.
[15] Vgl. Erman/*Westermann/Buck-Heeb*, § 812 Rdn. 47.

V. Klausur 4: Musik auf Raten

Sachverhalt

Grundfall: Der 17-jährige Auszubildende A will sich schon seit längerem eine leistungsstarke Stereoanlage zulegen. Entsprechend hoch ist sein Interesse, als er im Training seines Sportvereins von dem Mitglied V erfährt, dass dieser seine erst wenige Monate alte hochmoderne Stereoanlage verkaufen möchte. Für seinen Vereinskollegen macht V ein besonders günstiges Angebot und verlangt nur die Hälfte des eigentlichen Werts seiner Anlage als Gegenleistung. Da selbst dieser Preis 500 EUR beträgt, bittet A sich etwas Bedenkzeit aus. V gewährt ihm die Bitte und erwartet seine Antwort im nächsten Training.

Als A nach dem Training nach Hause kommt, will er die Erlaubnis seiner Eltern einholen. Da er allerdings nicht mit ihrer Zustimmung rechnet, wenn er den wahren Preis seines Kaufobjekts nennt, fragt A lediglich, ob er sich einen CD-Spieler für 200 EUR erwerben dürfe. Die Eltern des A sind damit ohne Weiteres einverstanden. Sie weisen ihren Sohn darauf hin, dass er sich ohnehin alles leisten dürfe, was er wolle, solange er es von seinem Ausbildungslohn bezahle. Im nächsten Training nimmt A das Angebot des V an, worauf ihm V sogleich die vorsorglich mitgebrachte Stereoanlage übergibt. Sie vereinbaren, dass A 350 EUR sogleich und die restlichen 150 EUR in wenigen Wochen zahlt, wenn er seinen nächsten Ausbildungslohn erhält.

Als die Eltern des A ein paar Tage später die Neuerwerbung ihres Sprösslings bemerken, stellen sie ihn zur Rede. Nachdem A ihnen die tatsächliche Kaufsumme nennt, verlangen sie von A aus Enttäuschung über seine Unaufrichtigkeit, die Stereoanlage wieder zurückzugeben und das Geld von V zurückzuverlangen. A bringt dies jedoch nicht übers Herz. Mittlerweile erfährt V zufällig, dass A erst in sechs Monaten sein achtzehntes Lebensjahr vollendet. Bislang hielt er den deutlich älter wirkenden A für volljährig. Um auf Nummer sicher zu gehen, fragt er daher bei den Eltern des A schriftlich an, ob sie mit dem Kauf der Stereoanlage einverstanden seien. Das Schreiben geht den Eltern am Montag, den 30. März 2009, zu. Nachdem die Eltern zwischenzeitlich bemerken, wie günstig der Preis für die Stereoanlage war, bereuen sie die Verweigerung ihrer Genehmigung und wollen nun gegenüber dem V ihre uneingeschränkte Zustimmung zum Kauf erteilen. Infolge ihres vorgezogenen Osterurlaubs kommen sie aber erst nach knapp zwei Wochen dazu, ein entsprechendes Schreiben aufzusetzen. Wegen der Osterfeiertage erhält der V das Schreiben erst am Dienstag, den 14. April 2009.

Bearbeitervermerk: Besteht ein wirksamer Kaufvertrag zwischen A und V?

Abwandlung: Anders als im Ausgangsfall reagieren die Eltern des A nicht auf die schriftliche Aufforderung des V. V verlangt daher seine Stereoanlage von A wieder zurück.

Bearbeitervermerk: Herausgabeansprüche des V?

Lösungsskizze

Grundfall: Wirksamer Kaufvertrag zwischen A und V

I. Wirksamer Antrag des V
1. Inhaltliche Bestimmtheit (+)
2. Wirksamkeit
    Zugang trotz Minderjährigkeit des A (+)
II. Wirksame Annahme des A
1. Inhaltliche Übereinstimmung (+)
2. Wirksamkeit
    a) Rechtzeitiger Zugang der Annahmeerklärung (+)
    b) Beschränkte Geschäftsfähigkeit des A
        aa) Minderjährigkeit des A (+)
        bb) Lediglich rechtlicher Vorteil (–)
            wirtschaftlicher Vorteil nicht ausreichend
        cc) Partielle Geschäftsfähigkeit gemäß § 113 Abs. 1 BGB (–)
        dd) Zustimmung des gesetzlichen Vertreters
            (1) Einzeleinwilligung (–)
            (2) Einwilligung gemäß § 110 BGB
                entsprechende Erklärung der Eltern (+)
                bei Ratenkauf aber vollständige Zahlung erforderlich
            (3) Genehmigung des Kaufvertrags
                Genehmigung nach vorheriger Verweigerung möglich (+)
                Wahrung der Genehmigungsfrist (+)

Abwandlung: Herausgabeansprüche des V

A. Herausgabeanspruch aus § 985 BGB
Eigentum des V (–)
dingliche Einigungserklärungen jeweils rechtlich vorteilhaft

B. Anspruch aus § 812 Abs. 1 S. 1 1. Alt. BGB (+)
Unwirksamkeit des Kaufvertrags wegen fehlender Genehmigung

Lösung

Grundfall: Wirksamer Kaufvertrag zwischen A und V

Fraglich ist, ob A und V einen wirksamen Kaufvertrag geschlossen haben. Dazu sind zwei inhaltlich übereinstimmende Willenserklärungen erforderlich, die auf den Abschluss des Vertrags gerichtet sind.[1]

I. Wirksamer Antrag des V

1. Inhaltliche Bestimmtheit

Vorliegend könnte ein Antrag in der Erklärung des V während des Trainings liegen. Dazu muss die mündliche Äußerung inhaltlich so bestimmt sein, dass durch die uneingeschränkte Zustimmung des Antragsempfängers ihre Annahme erfolgen kann. Die Äußerung muss daher alle für den Vertragsschluss notwendigen Angaben (sog. essentialia negotii) enthalten.[2] Beim Kaufvertrag umfasst dies Informationen zum Kaufgegenstand und Kaufpreis. V brachte in seiner Erklärung zum Ausdruck, dem A seine Stereoanlage für 500 EUR verkaufen zu wollen, und unterbreitete somit einen inhaltlich bestimmten Antrag.

2. Wirksamkeit

Zur Wirksamkeit bedarf der Antrag seines Zugangs. Bei mündlichen, nicht verkörperten Erklärungen unter Anwesenden setzt dies nach der *Vernehmungstheorie* voraus, dass der Erklärungsempfänger die Erklärung wahrnimmt.[3] Vorliegend hat A den Antrag des V vernommen und inhaltlich zutreffend verstanden.

Dem wirksamen Zugang könnte gleichwohl das Alter des A von lediglich 17 Jahren entgegenstehen. Gemäß §§ 2, 106 BGB ist A somit minderjährig und lediglich *beschränkt geschäftsfähig*. Nach § 131 Abs. 2 S. 1 i.V.m. Abs. 1 BGB wird eine Willenserklärung, die gegenüber einem beschränkt Geschäftsfähigen abgegeben wird, erst wirksam, wenn sie seinem gesetzlichen Vertreter zugeht. Etwas anderes gilt jedoch, wenn die Erklärung dem beschränkt geschäftsfähigen Erklärungsempfänger *lediglich* einen *rechtlichen Vorteil* bringt (§ 131 Abs. 2 S. 2 BGB). Dies setzt voraus, dass der Minderjährige weder mit einer rechtlichen Pflicht noch mit einem sonstigen Rechtsverlust belastet wird. Mit der Unterbreitung eines Vertragsangebots wird dem Empfänger lediglich das Recht eingeräumt, den Antrag innerhalb seiner Frist annehmen und einen Vertragsschluss herbeiführen zu können. Ein rechtlicher Nachteil geht damit nicht einher und resultiert erst aus der ggf. erklärten Annahme.[4] Der Antrag des V gewährt dem A nur einen

---

[1]   *Brox/Walker*, Rdn. 77.
[2]   *Brox/Walker*, Rdn. 167; *Köhler*, § 8 Rdn. 8; *Larenz/Wolf*, § 29 Rdn. 17.
[3]   Palandt/*Heinrichs/Ellenberger*, § 130 Rdn. 14; *Wendtland*, BeckOK-BGB, § 130 Rdn. 28.
[4]   Vgl. *Brox/Walker*, Rdn. 161; Palandt/*Heinrichs/Ellenberger*, § 131 Rdn. 3; *Köhler*, § 6 Rdn. 26.

rechtlichen Vorteil. Er ging dem A daher bereits zu, als er ihn vernommen hat, und war somit wirksam.

II. Wirksame Annahme des A

1. Inhaltliche Übereinstimmung

Den Antrag nahm A mündlich im nächsten Training an. Als uneingeschränkte Annahmeerklärung stimmte die mündliche Äußerung inhaltlich mit dem Antrag des V überein und war daher geeignet, den Abschluss eines Kaufvertrags herbeizuführen.

2. Wirksamkeit

a) Rechtzeitiger Zugang der Annahmeerklärung

Zu ihrer Wirksamkeit muss die Annahmeerklärung rechtzeitig zugegangen sein. Wie bereits der Antrag des V ging die Annahme des A als mündliche Erklärung unter Anwesenden dem V zu dem Zeitpunkt zu, in dem er sie vernahm.

Fraglich bleibt, ob die Annahmeerklärung rechtzeitig erfolgte. Gemäß § 147 Abs. 1 S. 1 BGB kann der einem Anwesenden unterbreitete Antrag nur sofort angenommen werden. Danach wäre die Annahme des A, die erst im nächsten Training erfolgte, verspätet und stellte gemäß § 150 Abs. 1 BGB lediglich einen neuen Antrag dar. Sofern der Antragende jedoch eine Antragsfrist bestimmt, ist gemäß § 148 BGB allein die gesetzte Frist für die Rechtzeitigkeit der Annahmeerklärung maßgeblich. V hat vorliegend dem A die gewünschte Bedenkzeit gewährt und ihm ausdrücklich eine Annahmefrist bis zum nächsten Training gesetzt. Diese Frist hat A gewahrt. Seine Annahmeerklärung war somit rechtzeitig.

b) Beschränkte Geschäftsfähigkeit des A

Der Wirksamkeit der Annahmeerklärung des A könnte jedoch die *rechtshindernde Einwendung* der beschränkten Geschäftsfähigkeit entgegenstehen.

aa) Minderjährigkeit des A

Gemäß §§ 2, 106 BGB ist der 17-jährige A minderjährig und daher lediglich beschränkt geschäftsfähig. Seine Willenserklärungen bedürfen zu ihrer Wirksamkeit grds. der Zustimmung des gesetzlichen Vertreters (§ 107 BGB). Dies sind gemäß § 1629 Abs. 1 S. 1 BGB die Eltern des Minderjährigen.

Dass der V zum Zeitpunkt des Vertragsschlusses nicht um die Minderjährigkeit des A wusste, ist unerheblich. Die Regeln über die beschränkte Geschäftsfähigkeit dienen dem Schutz des Minderjährigen, der gegenüber sonstigen Interessen etwaiger Vertragspartner Vorrang genießt. Die Vorschriften der §§ 106 ff. BGB sind somit zwingend. Ein *guter Glaube* an die Volljährigkeit und Geschäftsfähigkeit des Vertragspartners wird daher *nicht geschützt*.[5]

---

[5]   *Brox/Walker*, Rdn. 260; *Larenz/Wolf*, § 25 Rdn. 10; *Musielak*, Rdn. 309.

bb) Lediglich rechtlicher Vorteil

Gemäß § 107 BGB darf der Minderjährige ohne Zustimmung seines gesetzlichen Vertreters handeln, wenn er aus seiner Willenserklärung nur einen rechtlichen Vorteil erhält. Der Abschluss des Kaufvertrags verpflichtet den A zur Zahlung des Kaufpreises und gereicht ihm rechtlich nicht ausschließlich zum Vorteil.

Fraglich ist, ob die Ausnahme des § 107 BGB auch auf Fälle erstreckt werden kann, in denen dem Minderjährigen aus seiner Willenserklärung ein *wirtschaftlicher Vorteil* erwächst. Dafür spricht zwar, dass die Regeln der §§ 106 ff. BGB Schutzvorschriften zugunsten des Minderjährigen sind, der bei wirtschaftlich günstigen Rechtsgeschäften keines Schutzes zu bedürfen scheint. Das Gesetz stellt aber bewusst nur auf den rechtlichen Vorteil ab, da wirtschaftliche Aspekte einen zu unsicheren Maßstab für die Bewertung der Schutzbedürftigkeit des Minderjährigen darstellen.[6] Ohnehin darf in solchen Konstellationen die Zustimmung des gesetzlichen Vertreters erwartet werden.[7] Dass V lediglich die Hälfte des eigentlichen Wertes der Stereoanlage verlangt hat, so dass ihr Kauf für den A ein äußerst günstiges Geschäft darstellt, bleibt daher außer Betracht. Für die Wirksamkeit seiner Annahme ist A somit auf die Mitwirkung seiner Eltern als gesetzliche Vertreter angewiesen.

cc) Partielle Geschäftsfähigkeit gemäß § 113 Abs. 1 BGB

Schließlich kommt eine partielle Geschäftsfähigkeit des A gemäß § 113 Abs. 1 BGB in Betracht. Wird demnach der Minderjährige dazu ermächtigt, ein Dienst- oder Arbeitsverhältnis einzugehen, erlangt er zugleich seine unbeschränkte Geschäftsfähigkeit für alle mit dem Dienst- oder Arbeitsverhältnis in einem näher bezeichneten Zusammenhang stehenden Rechtsgeschäfte.

Fraglich ist allerdings bereits, ob es sich bei dem Ausbildungsverhältnis des A um ein solches Dienst- oder Arbeitsverhältnis handelt. Schließlich steht hier der Ausbildungszweck im Vordergrund.[8] Allerdings begründet allein die Tatsache, dass von dem Ausbildungslohn eine (ausbildungsfremde) Sache erworben wird, noch nicht den notwendigen Zusammenhang zum Dienst- bzw. Arbeitsverhältnis. Daher kann offen bleiben, ob auch ein Ausbildungsverhältnis dem § 113 Abs. 1 BGB unterfällt. Der Kauf einer Stereoanlage ist jedenfalls kein Rechtsgeschäft i.S.d. § 113 Abs. 1 BGB. Auch nach dieser Vorschrift weist A somit nicht die notwendige unbeschränkte Geschäftsfähigkeit zum Kauf der Stereoanlage auf.

dd) Zustimmung des gesetzlichen Vertreters

Zu ihrer Wirksamkeit bedarf deshalb die auf Zustandekommen des Kaufvertrags abgegebene Annahmeerklärung des A der Zustimmung seiner Eltern (§ 107 BGB). Sie kann entweder vorab als *Einwilligung* (vgl. § 183 S. 1 BGB) oder nachträglich als *Genehmigung* (vgl. § 184 Abs. 1 BGB) erteilt werden.

---

[6] *Brox/Walker*, Rdn. 272; *Köhler*, § 10 Rdn. 12; *Schwab/Löhnig*, Rdn. 711.

[7] *Medicus*, AT, Rdn. 560.

[8] Vgl. Palandt/*Heinrichs/Ellenberger*, § 113 Rdn. 2; *Larenz/Wolf*, § 25 Rdn. 67.

(1) Einzeleinwilligung

Zunächst könnte in der Zustimmung der Eltern, einen CD-Player für 200 EUR erwerben zu dürfen, eine Einwilligung in den Kauf der Stereoanlage liegen. Die Einwilligung kann gemäß § 182 Abs. 1 BGB gegenüber jeder Partei des angestrebten Vertrags, d.h. auch gegenüber dem daran beteiligten Minderjährigen im Wege einer Inneneinwilligung erteilt werden. Eine wirksame Einwilligung setzt jedoch voraus, dass sie mit dem einwilligungsbedürftigen Rechtsgeschäft, auf das sie sich bezieht, *übereinstimmt.*[9] A nannte als Kaufpreis einen Betrag von 200 EUR statt der tatsächlichen 500 EUR. Des Weiteren bezog sich die Einwilligung der Eltern nur auf den Kauf eines CD-Players und weiß keine Zustimmung für den Erwerb einer Stereoanlage zu einem zudem höheren Preis darzustellen. Die Annahmeerklärung des A ist also nicht durch die Einwilligung seiner Eltern gedeckt.

(2) Einwilligung gemäß § 110 BGB

Die Annahmeerklärung des A könnte wegen des sog. *Taschengeldparagraphen* des § 110 BGB von Anfang an wirksam sein. Danach ist ein von einem Minderjährigen geschlossener Vertrag auch ohne Zustimmung des gesetzlichen Vertreters wirksam, wenn er die von ihm zu erbringende Leistung mit Mitteln bewirkt, die ihm vom gesetzlichen Vertreter zur freien Verfügung überlassen wurden. Unerheblich ist dabei, ob die Mittel von dem gesetzlichen Vertreter selbst stammen. Er muss lediglich dem Minderjährigen gestatten, darüber frei zu verfügen.[10] Dass A seinen Ausbildungslohn nicht von seinen Eltern, sondern von seinem Arbeitgeber bezieht, steht der Anwendung des § 110 BGB somit nicht entgegen.[11] Die Eltern haben den A darauf hingewiesen, sich alles leisten zu dürfen, solange er es von seinem Ausbildungslohn bezahle. Dadurch haben seine Eltern ihm gegenüber ausdrücklich erklärt, über seinen Lohn nach Belieben verfügen zu dürfen.

Damit der Kaufvertrag zwischen A und V von Anfang an wirksam ist, müsste A gemäß § 110 BGB seine vertragsgemäße Leistung bereits bewirkt haben. Von einem Bewirken in diesem Sinne kann nur gesprochen werden, wenn der Minderjährige seine *vertragsgemäße Leistung vollständig erbracht* hat (vgl. § 362 Abs. 1 BGB).[12] § 110 BGB will nämlich verhindern, dass der Minderjährige Pflichten eingeht, die er nicht erfüllen kann. Bei der Vereinbarung einer Ratenzahlung im Rahmen eines unteilbaren Rechtsgeschäfts wird demnach das Rechtsgeschäft erst mit *Entrichtung der letzten Rate* wirksam.[13] A hat nur 350 EUR des Gesamtkaufpreises von 500 EUR bezahlt. Diese Anzahlung kann nicht als vollständig erbrachte Gegenleistung für einen abgrenzbaren Teil der Stereoanlage angesehen werden (wie etwa beim Kauf einzelner Komponenten einer HiFi-Anlage). Der Kaufvertrag zwischen A und V ist daher nicht gemäß § 110 BGB wirksam geworden.

---

[9] *Larenz/Wolf,* § 25 Rdn. 31; *Medicus,* AT, Rdn. 575.
[10] *Schwab/Löhnig,* Rdn. 723 f.
[11] Vgl. Palandt/*Heinrichs,* § 110 Rdn. 3; *Medicus,* AT, Rdn. 579.
[12] *Brox/Walker,* Rdn. 280.
[13] *Brox/Walker,* Rdn. 280; *Medicus,* AT, Rdn. 580; *Musielak,* Rdn. 319.

(3) Genehmigung des Kaufvertrags

Mangels Einwilligung in die Annahmeerklärung des A ist der Kaufvertrag *schwebend unwirksam.* Zu seiner Wirksamkeit bedarf er daher der nachträglichen Genehmigung der Eltern (§ 108 Abs. 1 BGB). Sie könnte in dem Schreiben der Eltern an den V zu erblicken sein.

Fraglich bleibt, ob eine Genehmigung zu diesem Zeitpunkt überhaupt noch möglich war, nachdem die Eltern zuvor ihre Genehmigung bereits verweigert hatten. Die Eltern des A haben gegenüber ihrem Sohn vor Zugang des Schreibens des V zum Ausdruck gebracht, er solle die Stereoanlage wieder zurückgeben und das Geld von V zurückverlangen. Die *Verweigerung der Genehmigung* beendet den Schwebezustand und führt grds. zur endgültigen Unwirksamkeit des Vertrags.[14] Allerdings enthält § 108 Abs. 2 S. 1 2. HS BGB eine Ausnahmeregelung, wonach bei der Aufforderung des Vertragspartners des Minderjährigen an den gesetzlichen Vertreter, die Genehmigung zu erklären, eine vorherige (Verweigerung der) Genehmigung gegenüber dem Minderjährigen unwirksam wird. Durch das Schreiben des V an die Eltern des A hat somit die vorherige Verweigerung der Genehmigung gegenüber A ihre Wirksamkeit verloren. Der Kaufvertrag zwischen A und V befindet sich wieder im Stadium der schwebenden Unwirksamkeit.

Bei einer solchen Aufforderung kann der gesetzliche Vertreter gemäß § 108 Abs. 2 S. 1 1. HS BGB seine Genehmigung bzw. deren Verweigerung nur gegenüber dem Auffordernden erklären. Vorliegend haben die Eltern ein Schreiben an den V als auffordernden Vertragsteil gerichtet und darin ihre Zustimmung zu dem Kauf der Stereoanlage zu den vereinbarten Bedingungen erklärt. Sie haben somit die Genehmigung zu dem Kaufvertrag zwischen A und V erteilt.

Zu ihrer Wirksamkeit müsste die Genehmigung dem V rechtzeitig zugegangen sein. Gemäß § 108 Abs. 2 S. 2 1. HS BGB muss die Genehmigung binnen zwei Wochen nach dem Zugang der Aufforderung erteilt werden. Ansonsten gilt die Genehmigung nach der *Fiktion des § 108 Abs. 2 S. 2 2. HS BGB* als verweigert. Die Zwei-Wochen-Frist beginnt gemäß § 187 Abs. 1 BGB mit dem Ablauf desjenigen Tages, an dem die Aufforderung dem gesetzlichen Vertreter zugeht. Die Frist beginnt vorliegend am Dienstag, den 31. März 2009, um 0.00 Uhr. Das Fristende fällt in Anwendung des § 188 Abs. 2 BGB auf den Montag, den 13. April 2009, um 24.00 Uhr. Die Genehmigung der Eltern ging dem V aber erst ein Tag später am 14. April 2009 zu.

Einer Verfristung könnte gleichwohl entgegenstehen, dass die Verzögerung des Zugangs auf Feiertagen beruht, an denen eine postalische Zustellung einer schriftlichen Willenserklärung von vornherein ausscheidet. Demgemäß gewährt § 193 BGB in derartigen Konstellationen eine *Fristverlängerung.* Fällt danach der letzte Tag einer Frist auf einen Sonn- oder Feiertag, endet die Frist erst am nächsten Werktag. Der 13. April 2009 war ein Ostermontag und somit ein bundesweit anerkannter Feiertag. Dies führte zu einer Verlegung des Fristendes auf Dienstag, den 14. April 2009, um 24.00 Uhr. Die Genehmigung des Kaufvertrags der Eltern des A ging dem V daher rechtzeitig zu.

---

[14] *Köhler,* § 10 Rdn. 30; *Larenz/Wolf,* § 25 Rdn. 49; *Schwab/Löhnig,* Rdn. 720.

III. Ergebnis

Die schwebende Unwirksamkeit des Kaufvertrags wurde durch die Genehmigung der Eltern des A gegenüber V beseitigt. Der Kaufvertrag ist somit wirksam.

Abwandlung: Herausgabeansprüche des V

A. Herausgabeanspruch aus § 985 BGB

V könnte gegen A einen Anspruch aus § 985 BGB auf Herausgabe der Stereoanlage haben.

I. Eigentum des V

Dazu muss V noch deren Eigentümer sein.

Ursprünglich hatte V das Eigentum an der Stereoanlage. Es könnte aber durch Übereignung gemäß § 929 S. 1 BGB auf den A übergegangen sein. Dies setzt die Einigung über den Eigentumsübergang sowie die Übergabe der beweglichen Sache voraus. Die Stereoanlage übergab der V an den A. Fraglich ist jedoch, ob sich V und A wirksam über den Übergang des Eigentums geeinigt haben. Zwar haben V und A bei der Übergabe der Stereoanlage zumindest konkludent entsprechende dingliche Einigungserklärungen abgegeben. Im Hinblick auf die Minderjährigkeit des A bestehen jedoch Bedenken bezüglich ihrer Wirksamkeit.

Die dingliche Einigungserklärung des A könnte wegen seiner nur beschränkten Geschäftsfähigkeit gemäß §§ 2, 106 BGB zu ihrer Wirksamkeit der Zustimmung seiner Eltern bedürfen. Gemäß § 107 BGB ist die Zustimmung ausnahmsweise entbehrlich, wenn der Minderjährige durch seine Willenserklärung lediglich einen rechtlichen Vorteil erlangt. Die dingliche Einigung zwischen V und A über den Eigentumsübergang an der Stereoanlage ist in ihrer rechtlichen Wirkung auf den Eigentumserwerb des A an der Anlage beschränkt. Etwaige rechtliche Nachteile wie die Verpflichtung zur Kaufpreiszahlung bzw. der Übergang des Eigentums an dem als Kaufpreis entrichteten Entgelt folgen dagegen allein aus dem zugrunde liegenden Kaufvertrag als Verpflichtungsgeschäft bzw. aus einem gesonderten Verfügungsgeschäft. Durch die dingliche Einigung über die Übertragung des Eigentums an der Stereoanlage erlangt A dagegen *ausschließlich* einen *rechtlichen Vorteil.*[15] Seine diesbezügliche dingliche Einigungserklärung ist daher unabhängig von der Zustimmung seiner gesetzlichen Vertreter wirksam.

Zudem müsste die dingliche Einigungserklärung des V wirksam, d.h. dem A zugegangen sein. Gemäß § 131 Abs. 2 S. 1 i.V.m. Abs. 1 BGB wird eine empfangsbedürftige Willenserklärung gegenüber einem beschränkt Geschäftsfähigen zwar erst dann wirksam, wenn sie dem gesetzlichen Vertreter zugeht. Etwas anderes gilt aber nach § 131 Abs. 2 S. 2 BGB, wenn die Willenserklärung dem beschränkt geschäftsfähigen Erklärungsempfänger lediglich einen rechtlichen Vorteil bringt. Wie soeben aufgezeigt, ist die dingliche Einigung über den Eigen-

---

[15] *Brox/Walker*, Rdn. 276; *Köhler*, § 10 Rdn. 15; *Larenz/Wolf*, § 25 Rdn. 21.

tumsübergang an der Stereoanlage für den A rechtlich ausschließlich vorteilhaft. Auch die dingliche Einigungserklärung des V ist demgemäß wirksam.

II. Ergebnis

V und A haben sich wirksam über den Übergang des Eigentums an der Stereo-anlage geeinigt. V hat sein Eigentum hieran durch Übereignung nach § 929 S. 1 BGB an den A verloren. Ein Herausgabeanspruch des V aus § 985 BGB scheidet daher aus.

B. Anspruch aus § 812 Abs. 1 S. 1 1. Alt. BGB

Allerdings könnte V gegen A einen Anspruch auf Herausgabe der Stereoanlage aus ungerechtfertigter Bereicherung gemäß § 812 Abs. 1 S. 1 1. Alt. BGB haben.

Dazu muss A etwas, d.h. irgendeinen *vermögenswerten Vorteil* erlangt haben.[16] Mit ihrer Übereignung und Übergabe gemäß § 929 S. 1 BGB hat A Eigentum und Besitz an der Stereoanlage erhalten.

Der Vermögenszuwachs muss auf der Leistung eines anderen beruhen. Leistung i.S.d. § 812 Abs. 1 BGB ist jede *bewusste und zweckgerichtete Mehrung fremden Vermögens*.[17] Das Eigentum des A an der Stereoanlage ist auf die willent-lich abgegebene dingliche Einigungserklärung des V zurückzuführen. Der Besitz hieran basiert auf der ebenso willentlich erfolgten Übergabe der Stereoanlage.

Für die Bereicherung darf kein rechtlicher Grund gegeben sein. Als solcher kommt der Kaufvertrag zwischen V und A in Betracht. Wie im Grundfall aufge-zeigt, beruht die Wirksamkeit des Kaufvertrags lediglich auf der Genehmigung der Eltern, die sie dem V schriftlich erteilt haben. Wird eine Genehmigung dage-gen nicht ausgesprochen, so gilt sie mit Ablauf der Zwei-Wochen-Frist des § 108 Abs. 2 S. 2 1. HS BGB als verweigert (2. HS). Die Fiktion führt zur Beseitigung der schwebenden Unwirksamkeit des Kaufvertrags. Nachdem die Eltern des A die Annahmeerklärung ihres Sohnes nicht genehmigt haben, ist der *Kaufvertrag end-gültig unwirksam*. Damit mangelt es an einem Rechtsgrund für die Leistung von Eigentum und Besitz an der Stereoanlage.

V hat daher einen Anspruch gegen A aus Leistungskondiktion gemäß § 812 Abs. 1 S. 1 1. Alt. BGB auf Herausgabe der Stereoanlage und Rückübereignung des Eigentums.

Erwartungshorizont der Klausur

Schwerpunkte 1. Ordnung
- Bewirken i.S.d. § 110 BGB bei Ratenzahlung
- Unwirksamkeit der Verweigerung der Genehmigung bei Aufforderung des anderen Teils

---

[16] Palandt/*Sprau*, § 812 Rdn. 16.
[17] *Musielak*, Rdn. 726; Erman/*Westermann/Buck-Heeb*, § 812 Rdn. 11.

Schwerpunkte 2. Ordnung
- Abgrenzung rechtlicher und wirtschaftlicher Vorteil
- Rechtzeitiger Zugang der Genehmigung
- Rechtlicher Vorteil bei dinglicher Einigungserklärung

Kleinere Probleme
- Zugang von Willenserklärungen unter Anwesenden
- rechtzeitiger Zugang der Annahmeerklärung
- Unbeachtlichkeit des guten Glaubens des V
- Partielle Geschäftsfähigkeit gemäß § 113 Abs. 1 BGB
- Einzeleinwilligung in den Kauf der Stereoanlage

VI. Klausur 5: Möbelkauf ist Vertrauenssache

Sachverhalt

Grundfall: Junggeselle J ist auf der Suche nach einer Couchgarnitur für sein Wohnzimmer. Bei einem Einkaufsbummel durch sein Stammmöbeleinrichtungs- haus des G glaubt er, endlich fündig geworden zu sein. Da er sich jedoch nicht allzu sicher in seiner Wahl von Farben und Mustern fühlt, möchte er nicht allein entscheiden, ob die Couchgarnitur mit der restlichen Ausstattung seines Wohn- zimmers harmoniert.

J bittet daher seinen langjährigen Freund und Modedesigner M, das Möbelhaus aufzusuchen und die gewünschte Garnitur mit einem passenden Bezug seiner Wahl zu erwerben. J teilt dem M mit, dass er bereits mit G telefoniert und ihm dabei uneingeschränkte Vertretungsmacht eingeräumt habe. M könne die Couch unter Angabe der Stammkundennummer des J auf Rechnung kaufen und bald- mögliche Lieferung an die Adresse des J vereinbaren. Abschließend äußert J die Bitte, für die Couch maximal einen Preis von 2 500 EUR zu bezahlen. Zwar trage die Couch ein Preisschild von 2 799 EUR. G lasse aber sicher mit sich verhandeln.

M sucht an demselben Nachmittag das Möbelhaus auf und begutachtet ver- schiedene Modelle der betreffenden Sitzgarnitur auf ihre Farb- und Stilkom- patibilität. Als er sich für ein Modell entschieden hat und gerade mit G den Kauf perfekt machen möchte, erhält er einen Anruf von J auf seinem Mobiltelefon. J erzählt dem M, in einem Werbeprospekt ein weitaus schöneres Objekt gesichtet zu haben, so dass M die Couch nicht mehr erwerben solle. M ist über den kurzfris- tigen Sinneswandel wenig erfreut und will sich nicht umsonst in den Feierabend- verkehr begeben haben. Er sucht daher trotzdem den G auf, lässt sich seine Farb- wahl in einem Gespräch bestätigen und informiert sich über Pflege- und sonstige Hinweise über die Couch. Daraufhin schließt er mit G einen Kaufvertrag unter Angabe der Kundennummer des J ab und veranlasst die Lieferung der Couch an dessen Adresse. Aus Verärgerung über die kurzfristige Absage des J vergisst er über den Preis zu verhandeln und kauft die Couch zu dem ausgeschriebenen Preis von 2 799 EUR. Den Kaufvertrag unterschreibt er mit seinem eigenen Namen ohne Vertretungszusatz.

Bearbeitervermerk: Kann G von J Zahlung des Kaufpreises Zug um Zug ge- gen Übergabe und Übereignung der Couchgarnitur verlangen?

Abwandlung: Anders als im Grundfall hat J den G nicht zuvor angerufen und den M nur im direkten Gespräch bevollmächtigt. Als J erfährt, dass M trotz seiner telefonischen Absage die Couch unter seiner Kundennummer gekauft hat, ruft er bei G an, schildert ihm die Geschehnisse und erklärt ihm, sich durch den Kauf- vertrag nicht gebunden zu fühlen.

Bearbeitervermerk: Wie ist die Rechtslage?

Lösungsskizze

Grundfall

Anspruch aus § 433 Abs. 2 BGB

I. Einigung über Kaufvertrag (+)

II. Wirksame Stellvertretung des J
1. Eigene Willenserklärung des M (+)
Abgrenzung Bote/Vertreter
2. Handeln des M im fremden Namen (+)
Wahrung des Offenkundigkeitsprinzips trotz fehlenden Vertretungszusatzes
3. Vertretungsmacht des M
   a) Bevollmächtigung des M (+)
   b) Widerruf der Vollmacht (–)
   im Außenverhältnis unbeachtlich (§ 170 BGB)
   c) Überschreitung der Vollmacht (–)
   keine Einschränkung der Vollmacht
   allenfalls schuldrechtliche Beschränkung (Abstraktheit der Vollmacht)

Abwandlung

A. Anspruch des G gegen J aus § 433 Abs. 2 BGB

I. Einigung über Kaufvertrag (+)

II. Wirksame Stellvertretung des J
Widerruf der Vollmacht mangels Vertrauenstatbestandes

III. Rechtsfolgen
Genehmigung des Vertretenen (–)

B. Anspruch des G gegen M aus § 433 Abs. 2 BGB (–)

C. Anspruch des G gegen M aus § 179 Abs. 1 BGB

I. Voraussetzungen (+)

II. Rechtsfolgen
Erfüllung oder Schadensersatz statt der Leistung

Lösung

Grundfall

Anspruch aus § 433 Abs. 2 BGB

G könnte gegen J einen Anspruch aus Kaufvertrag gemäß § 433 Abs. 2 BGB auf Zahlung des Kaufpreises in Höhe von 2 799 EUR haben, Zug um Zug (§ 322 Abs. 1 BGB) gegen Übergabe und Übereignung der Couchgarnitur.

I. Einigung über Kaufvertrag

Dazu müsste zwischen G und J ein wirksamer Kaufvertrag über die Couchgarnitur zustande gekommen sein. Dies setzt zwei inhaltlich übereinstimmende, in Bezug aufeinander abgegebene Willenserklärungen voraus.[1] Vorliegend haben sich G und M über den Erwerb der Couchgarnitur zum Preis von 2 799 EUR und somit über die essentialia negotii eines Kaufvertrags geeinigt.

II. Wirksame Stellvertretung des J

Zwar ist J in eigener Person beim Vertragsschluss nicht in Erscheinung getreten, M könnte aber als sein Stellvertreter gehandelt haben. Dann müsste J die Willenserklärung des M (§ 164 Abs. 1 S. 1 BGB) sowie den Zugang der gegenüber M abgegebenen Willenserklärung des G (§ 164 Abs. 3 BGB) gegen sich gelten lassen.

1. Eigene Willenserklärung des M

Dazu muss M beim Vertragsschluss eine eigene Willenserklärung abgegeben haben. J gab aber Kaufgegenstand und Kaufpreis konkret vor, weswegen dies zweifelhaft erscheint. Mangels eigenen Entscheidungsspielraums könnte der M somit lediglich (Erklärungs-)*Bote* sein, der beim Vertragsschluss keine eigene Willenserklärung abgibt, sondern lediglich eine fremde Willenserklärung übermittelt. Entscheidend für die Abgrenzung zwischen Bote und Vertreter ist das *äußere Erscheinungsbild*.[2] Das Auftreten des M gegenüber G beschränkte sich nicht auf die bloße Abgabe einer Willenserklärung zum Abschluss des Kaufvertrags. Vielmehr ließ er sich zuvor von G über Pflege- und sonstige Hinweise beraten und seine Farbwahl bestätigen. Hinzu kommt, dass J in seinem vorherigen Telefonat mit G dem M uneingeschränkte Vertretungsmacht eingeräumt hatte. Nach außen ist M somit als Vertreter mit eigenem Spielraum zumindest über die Farbwahl sowie den Kauf der Couch an sich aufgetreten.

2. Handeln des M im fremden Namen

Darüber hinaus müsste M gemäß § 164 Abs. 1 S. 1 BGB im Namen des Vertretenen gehandelt haben. Bei der Abgabe seiner auf Abschluss des Kaufvertrags ge-

---

[1] *Brox/Walker*, Rdn. 77.
[2] *Brox/Walker*, Rdn. 518; *Larenz/Wolf*, § 46 Rdn. 75; *Medicus*, AT, Rdn. 886.

richteten Willenserklärung muss M erkennbar als Stellvertreter des J aufgetreten sein. Zwar hat M den Kaufvertrag mit eigenem Namen ohne jeglichen Vertretungszusatz wie etwa der Abkürzung „i.V." unterzeichnet. Zur Wahrung des sog. *Offenkundigkeitsprinzips* ist dies jedoch gemäß § 164 Abs. 1 S. 2 BGB nicht erforderlich. Vielmehr genügt demnach, dass aus den Umständen das Handeln des Vertreters im fremden Namen ersichtlich wird.[3] M hat den Kaufvertrag mit G unter Angabe der Kundennummer des J abgeschlossen und die Couchgarnitur an dessen Adresse liefern lassen. Dadurch wird deutlich, dass M nicht im eigenen, sondern im Namen des J gehandelt hat. Dies ergibt sich zudem aus der vorherigen telefonischen Ankündigung des J gegenüber G, dass M für ihn als Vertreter agieren werde.

3. Vertretungsmacht des M

a) Bevollmächtigung des M

Letztlich musste M mit Vertretungsmacht handeln. Mangels gesetzlicher Vertretungsmacht des M kommt nur in Betracht, dass J ihm durch Rechtsgeschäft eine *Vollmacht* (vgl. § 166 Abs. 2 S. 1 BGB) erteilte. Dies ist nach § 167 Abs. 1 BGB sowohl gegenüber dem zu Bevollmächtigenden als auch gegenüber dem Geschäftspartner als Dritten möglich. Vorliegend hat J im Telefonat mit G dem M uneingeschränkte Vertretungsmacht im Wege einer *Außenvollmacht* erteilt.

b) Widerruf der Vollmacht

Die Vollmacht könnte J durch seinen Telefonanruf widerrufen haben. Dem § 168 S. 2 BGB lässt sich entnehmen, dass die Vollmacht bis zur Vornahme des Rechtsgeschäfts grds. widerrufen werden kann. J hat den M in dem Telefonat angewiesen, die Couch nicht mehr in seinem Namen zu erwerben, und somit die Vollmacht widerrufen.

Fraglich ist, ob der Widerruf gegenüber dem Dritten G Wirkung entfaltet, der hiervon keine Kenntnis hatte. Gemäß § 168 S. 3 i.V.m. § 167 Abs. 1 BGB ist der Widerruf der Vollmacht sowohl gegenüber dem Vertreter als auch gegenüber dem Dritten möglich. Dies hätte zur Folge, dass bei einem gegenüber dem Vertreter erfolgten Widerruf die schützenswerten Interessen des um die Bevollmächtigung wissenden Dritten unberücksichtigt blieben, auch wenn er mangels Kenntnis des Widerrufs nach wie vor *auf den Fortbestand der Vollmacht vertraut*.[4] Daher bleibt gemäß § 170 BGB eine Außenvollmacht gegenüber dem Erklärungsempfänger so lange in Kraft, bis ihm das Erlöschen der Vollmacht von dem Vollmachtgeber angezeigt wird. Da J es unterließ, den G über den Widerruf der Vollmacht des M in Kenntnis zu setzen, wirkt die Außenvollmacht gegenüber G fort. M hat dem G gegenüber somit weiterhin mit Vertretungsmacht gehandelt.

---

[3] *Brox/Walker*, Rdn. 524; *Köhler*, § 11 Rdn. 18; *Medicus*, AT, Rdn. 915; *Musielak*, Rdn. 811.
[4] *Brox/Walker*, Rdn. 557 f.; *Medicus*, AT, Rdn. 940 f.

c) Überschreitung der Vollmacht

M könnte jedoch die Grenzen seiner Vertretungsmacht überschritten haben. Zwar hat der J dem M im Telefonat mit G uneingeschränkte Vollmacht eingeräumt. Im Gespräch mit M äußerte J jedoch die Bitte, für die Couchgarnitur maximal 2 500 EUR zu entrichten. Gleichwohl hat M die Couch für den ausgeschriebenen Preis von 2 799 EUR erworben.

Fraglich ist, ob und ggf. welche Auswirkung die Bitte des J auf den Umfang der Vollmacht des M hat. Eine solche Vereinbarung kann die Vollmacht inhaltlich begrenzen, so dass der Vertreter bei Missachtung der Beschränkung als vollmachtloser Vertreter handelt. Vorliegend hat J dem M im Telefonat mit G eine Außenvollmacht erteilt. Bei der Bevollmächtigung ließ er keine Beschränkung erkennen, weswegen von einer unbegrenzten Vertretungsmacht des M auszugehen ist. Die Bitte des J, einen bestimmten Kaufpreis nicht zu überschreiten, kann somit allenfalls als schuldrechtliche Verpflichtung des Vertreters M gegenüber dem Vertretenen J betrachtet werden, die wegen der *Abstraktheit der Vollmacht* für ihren Umfang aber bedeutungslos bleibt. Verletzt der Vertreter seine Pflicht, ist er ggf. im Innenverhältnis gegenüber dem Vertretenen zu Schadensersatz verpflichtet. Die Wirksamkeit der von ihm als Vertreter getätigten Rechtsgeschäfte wird davon nicht berührt. M ist somit in seinem *rechtlichen Dürfen* beschränkt, wegen der uneingeschränkten Außenvollmacht jedoch nicht in seinem *rechtlichen Können*.[5]

III. Ergebnis

Aufgrund wirksamer Vertretung durch M beim Abschluss des Kaufvertrags ist J Vertragspartner des G. G hat somit gegen J einen Anspruch aus Kaufvertrag nach § 433 Abs. 2 BGB auf Zahlung des Kaufpreises in Höhe von 2 799 EUR, Zug um Zug (§ 322 Abs. 1 BGB) gegen Übergabe und Übereignung der Couchgarnitur.

Abwandlung

A. Anspruch des G gegen J aus § 433 Abs. 2 BGB

G könnte gegen J einen Anspruch aus Kaufvertrag gemäß § 433 Abs. 2 BGB auf Zahlung des Kaufpreises in Höhe von 2 799 EUR haben, Zug um Zug (§ 322 Abs. 1 BGB) gegen Übergabe und Übereignung der Couchgarnitur.

I. Einigung über Kaufvertrag

G und M haben einen Kaufvertrag über die Couch für 2 799 EUR geschlossen.

II. Wirksame Stellvertretung des J

Fraglich ist, ob J die zum Abschluss des Kaufvertrags abgegebene Willenserklärung des M gemäß § 164 Abs. 1 S. 1 BGB gegen sich gelten lassen muss. Dies setzt voraus, dass M den J wirksam vertreten hat.

---

[5] Vgl. *Köhler*, § 11 Rdn. 25; *Larenz/Wolf*, § 46 Rdn. 139.

M hat zunächst eine eigene Willenserklärung abgegeben. In Abgrenzung zur Botenschaft wird sein eigener Entscheidungsspielraum nach außen bereits darin deutlich, dass er sich mit G über seine Farbwahl unterhält und sich über Pflege- und sonstige Hinweise informiert. Auch ohne das Telefonat des J mit G war somit offensichtlich, dass M eine eigene Willenserklärung abgibt.

Zudem hat M im fremden Namen gehandelt. M hat beim Abschluss des Kaufvertrags die Kundennummer des J angegeben und eine Lieferung an dessen Adresse vereinbart. Dadurch wird auch ohne den vorherigen Anruf des J hinreichend ersichtlich, dass M nicht im eigenen, sondern im Namen des J handelt. Das Offenkundigkeitsprinzip ist gewahrt.

Schließlich müsste M mit Vertretungsmacht gehandelt haben. In Abweichung zum Grundfall hat J dem M mangels Telefonats mit G keine Außenvollmacht erteilt. Vielmehr hat J dem M im direkten Gespräch eine sog. *Innenvollmacht* eingeräumt.

Die Innenvollmacht hat J wirksam durch seinen Telefonanruf bei M widerrufen. Anders als im Grundfall wurde mangels Außenvollmacht kein Vertrauenstatbestand begründet, infolge dessen die Vollmacht des M gegenüber G gemäß § 170 BGB noch in Kraft bliebe. M hat somit beim Abschluss des Kaufvertrags ohne Vertretungsmacht als sog. *falsus procurator* gehandelt.

III. Rechtsfolgen

Fraglich sind die Rechtsfolgen, wenn beim Vertragsschluss ein Vertreter ohne Vertretungsmacht auftritt.

Gemäß § 164 Abs. 1 S. 1 BGB muss der Vertretene bei fehlender Vertretungsmacht des Vertreters dessen Willenserklärung nicht gegen sich gelten lassen. Dies führt jedoch nicht zwingend zur endgültigen Unwirksamkeit des Vertrags. Vielmehr kann der scheinbar Vertretene gemäß § 177 Abs. 1 BGB das vom Vertreter getätigte Rechtsgeschäft genehmigen und an sich ziehen. Bis zur Erteilung bzw. Verweigerung der Genehmigung ist der Vertrag *schwebend unwirksam*.[6] Nachdem J von dem Abschluss des Kaufvertrags durch M erfahren hatte, hat er bei G angerufen und erklärt, sich durch den Kaufvertrag nicht gebunden zu fühlen. Damit hat er die erforderliche Genehmigung verweigert, so dass der Kaufvertrag endgültig unwirksam wurde.

Ein Anspruch des G gegen J aus Kaufvertrag gemäß § 433 Abs. 2 BGB auf Zahlung des Kaufpreises scheidet aus.

B. Anspruch des G gegen M aus § 433 Abs. 2 BGB

G könnte jedoch einen Anspruch gegen M aus Kaufvertrag gemäß § 433 Abs. 2 BGB auf Zahlung des Kaufpreises haben.

Dazu muss zwischen M und G ein wirksamer Kaufvertrag vorliegen. M und G einigten sich zwar inhaltlich über den Kauf der Couchgarnitur. M hat aber erkennbar im Namen des J gehandelt, so dass vor allem die Regelung des § 164 Abs. 2

---

[6]   *Köhler*, § 11 Rdn. 66; *Medicus*, AT, Rdn. 976.

BGB keine Anwendung findet. Auch zwischen G und M kam somit kein Kaufvertrag zustande.

Ein Anspruch des G gegen M aus § 433 Abs. 2 BGB ist nicht gegeben.

C. Anspruch des G gegen M aus § 179 Abs. 1 BGB

Denkbar sind letztlich Haftungsansprüche des G gegen M aus § 179 Abs. 1 BGB.

I. Voraussetzungen

Dazu ist zunächst erforderlich, dass die Unwirksamkeit des vom Vertreter getätigten Rechtsgeschäfts allein *auf* seiner *fehlenden Vertretungsmacht beruht.*[7] Die Voraussetzungen einer wirksamen Stellvertretung sind vorliegend allesamt erfüllt mit Ausnahme gerade der Vollmacht des M, die infolge ihres Widerrufs durch J vor Abschluss des betreffenden Kaufvertrags erloschen ist.

Darüber hinaus muss der Vertretene die Genehmigung des schwebend unwirksamen Vertrags verweigert haben. J hat in seinem Telefonat mit G deutlich zum Ausdruck gebracht, den zwischen G und M geschlossenen Kaufvertrag nicht gegen sich gelten lassen zu wollen, und hat somit die zur Wirksamkeit des Kaufvertrags erforderliche Genehmigung verweigert.

Aus dem Umkehrschluss zu § 179 Abs. 2 BGB ergibt sich, dass der Vertreter ohne Vertretungsmacht um das Fehlen seiner Vertretungsmacht gewusst haben muss. J hat dem M gegenüber seine Vollmacht widerrufen, weswegen M um den Mangel seiner Vertretungsmacht wusste. Die Voraussetzungen der Haftungsvorschrift des § 179 Abs. 1 BGB sind gegeben.

Schließlich darf kein Haftungsausschluss nach § 179 Abs. 3 S. 1 BGB eingreifen. Danach entfällt die Haftung des Vertreters, wenn der Geschäftspartner den Mangel der Vertretungsmacht kannte oder hätte kennen müssen. Vorliegend existieren keine Anhaltspunkte, dass G um die fehlende Vollmacht wusste. Für eine ordnungsgemäße Bevollmächtigung des M spricht zudem, dass er die Kundennummer des J angeben und auf Rechnung kaufen konnte. Damit musste der G ebenso wenig um das Fehlen wie um den Widerruf der Vollmacht wissen.

II. Rechtsfolgen

Der Vertreter ohne Vertretungsmacht M haftet daher dem anderen Teil G gegenüber nach dessen Wahl auf Erfüllung oder Schadensersatz.

Entscheidet sich der Geschäftspartner für den Erfüllungsanspruch, kann er vom falsus procurator die *Erfüllung* des nicht zustande gekommenen Vertrags verlangen.[8] Zwischen dem Vertreter und dem Dritten entsteht dann ein *gesetzliches Schuldverhältnis* mit dem Inhalt, wie es mit dem Vertretenen zustande gekommen

---

[7]   *Köhler,* § 11 Rdn. 69.
[8]   Dazu *Medicus,* AT, Rdn. 986 f.

wäre, wenn der Vertreter mit Vertretungsmacht gehandelt hätte.[9] Vorliegend hätte G einen Anspruch auf Zahlung des Kaufpreises in Höhe von 2 799 EUR, müsste dem M aber die entsprechende Gegenleistung erbringen, d.h. die Couchgarnitur übergeben und ihm das Eigentum daran übertragen.

Wählt der andere Teil dagegen den *Schadensersatz* (statt der Leistung), hat er einen Anspruch auf Ersatz seines Erfüllungsinteresses.[10] Der Geschäftspartner ist danach so zu stellen, wie er bei ordnungsgemäßer Erfüllung gestanden hätte. Ihm ist derjenige Schaden zu ersetzen, der ihm dadurch entstand, dass das vom falsus procurator getätigte Rechtsgeschäft nicht mit Wirkung für und gegen den Vertretenen wirksam wurde. Sein Schaden bemisst sich somit grds. nach der *Wertdifferenz zwischen* dem Wert seiner *Leistung und* dem der *Gegenleistung*.[11] Vorliegend könnte G von M den ihm durch das Nichtzustandekommen des Kaufvertrags entgangenen Gewinn verlangen.

Erwartungshorizont der Klausur

Schwerpunkte 1. Ordnung
– Überschreitung der Vollmacht (Abstraktheit)
– Haftungsansprüche aus § 179 Abs. 1 BGB

Schwerpunkte 2. Ordnung
– Abgrenzung Bote/Stellvertreter
– Handeln des M im fremden Namen
– Widerruf der Vollmacht

Kleinere Probleme
– Anspruch auf Zahlung des Kaufpreises nur Zug um Zug
– Genehmigungsmöglichkeit des schwebend unwirksamen Kaufvertrags
– Kein Anspruch des G gegen M aus Kaufvertrag

---

[9] *Brox/Walker*, Rdn. 602; *Habermeier*, BeckOK-BGB, § 179 Rdn. 20; *Larenz/Wolf*, § 49 Rdn. 19 f.
[10] *Köhler*, § 11 Rdn. 69; *Musielak*, Rdn. 850.
[11] *Brox/Walker*, Rdn. 603; *Habermeier*, BeckOK-BGB, § 179 Rdn. 23; *Larenz/Wolf*, § 49 Rdn. 21.

§ 5 Fünf Klausuren aus dem Strafrecht

I. Einführende Hinweise

1. Zu den Klausuren

Die ersten Lehrveranstaltungen zum Strafrecht behandeln in der Regel den *Allgemeinen Teil*, dessen Grundsätze auf sämtliche Straftatbestände des Besonderen Teils anwendbar sind. Ähnlich wie im Zivilrecht ist es in einer Fallklausur nicht möglich, den Allgemeinen Teil des StGB völlig unabhängig zu betrachten. Vielmehr ergibt sich die Strafbarkeit eines Verhaltens niemals allein nach Normen des Allgemeinen Teils, sondern setzt als Aufhänger stets eine konkrete Strafvorschrift des Besonderen Teils voraus. Deren Tatbestandsmerkmale sind im Gutachten zunächst zu definieren, bevor der konkrete Sachverhalt darunter subsumiert wird. Eine vollständige Klausurlösung muss somit auch auf Kenntnisse des Besonderen Teils zurückgreifen und zwangsläufig Inhalte späterer Lehrveranstaltungen vorwegnehmen.

Zumindest die Schwerpunkte der folgenden fünf Klausuren entstammen allerdings – dem üblichen Studiumsaufbau entsprechend – dem Allgemeinen Teil. Aus dem Besonderen Teil werden dagegen lediglich Körperverletzungs- und Tötungsdelikte herangezogen, die den Studierenden bereits in den ersten strafrechtlichen Veranstaltungen begegnen und daher den Blick auf die Probleme des Allgemeinen Teils nicht verdecken dürften.

2. Erste Hinweise zum Aufbau

Strafrechtliche Sachverhalte fragen fast ausnahmslos nach der Strafbarkeit bestimmter Personen. Für diesen Regelfall einer Klausur gibt es ein paar goldene Aufbauregeln, die Sie verinnerlichen und beherzigen sollten. So müssen Sie in Ihrem Gutachten eine gewisse Gliederung beachten, wonach auf den ersten drei Ebenen nach Tatkomplexen, Beteiligten und Straftatbeständen unterschieden wird.

- Als *Tatkomplex* (dazu sogleich noch Tipp Nr. S1, S. 107) werden (örtlich und zeitlich) zusammengehörende Geschehensabläufe bezeichnet, die sich nach außen als einheitlicher Vorgang präsentieren (z.B. Schlägerei auf dem Campus, Einbruchsdiebstahl in einer Villa). Für die Klausur gilt zumeist, dass ein Absatz des Sachverhalts einem Tatkomplex im Gutachten entspricht. Die einzelnen Tatkomplexe werden in der Regel *chronologisch* geprüft.

– Innerhalb der einzelnen Tatkomplexe wird sodann nach *Beteiligten* differenziert, bei denen nach § 28 Abs. 2 StGB zwischen Täter und Teilnehmer zu unterscheiden ist. Das entscheidende Kriterium für die Prüfungsreihenfolge der einzelnen Beteiligten stellt die Nähe der Tat dar, so dass die Prüfung mit derjenigen Person beginnt, die der Tatverwirklichung am nächsten steht. Oder auf einen vereinfachenden Nenner gebracht: *Täter vor Teilnehmer.*

   Ausnahmsweise sind die ersten beiden Gliederungsebenen in umgekehrter Reihenfolge anzusprechen, wenn lediglich nach der Strafbarkeit eines einzigen Beteiligten gefragt wird. Da sich hier eine Gliederung nach Personen erübrigt, lautet die (einzige) Überschrift erster Ordnung „Strafbarkeit des ... ". Auf der zweiten Gliederungsebene wird sodann zwischen den einzelnen Tatkomplexen unterschieden.

– Kommt schließlich innerhalb eines Tatkomplexes die Strafbarkeit eines Beteiligten nach mehreren *Straftatbeständen* in Betracht, sind diese nach ihrem Unrechtsgehalt zu ordnen. Zunächst werden die schwereren Delikte (gelegentlich als „Dickschiffe" bezeichnet), zum Schluss die weniger kriminellen Straftaten geprüft. So ist in einem Gutachten beispielsweise die (vollendete oder versuchte) Tötung eines Menschen vor den Körperverletzungsdelikten ansprechen.

In den ersten Strafrechtseinheiten treffen Sie gewöhnlich nur auf Delikte, deren tatbestandlicher Erfolg der Beteiligte in eigener Person (d.h. als Täter) bewusst (d.h. vorsätzlich) durch eine aktive Handlung (d.h. durch positives Tun) herbeiführt (d.h. vollendet). Sie werden sich also vorrangig mit *vorsätzlichen* (vollendeten) *Begehungsdelikten* beschäftigen müssen, deren dreigliedriger Prüfungsaufbau zwischen Tatbestand, Rechtswidrigkeit und Schuld unterscheidet.

– Der *Tatbestand* umfasst alle Merkmale, deren Verwirklichung in ihrer Gesamtheit grundsätzlich als Begehung strafwürdigen Unrechts angesehen wird. Unterschieden wird dabei zwischen objektivem und subjektivem Tatbestand.

   » Der *objektive* Tatbestand setzt sich aus den (objektiven) Merkmalen der jeweiligen Strafvorschrift zusammen (z.B. die Tötung eines anderen Menschen in § 212 StGB), wobei der Taterfolg sich kausal auf ein Handeln des Täters zurückführen lässt.
   » Der *subjektive* Tatbestand besteht vornehmlich aus dem Vorsatz des Täters, der die Verwirklichung des objektiven Tatbestandes kannte und wollte. Vereinzelt enthalten Strafvorschriften zusätzliche subjektive Merkmale (z.B. die Zueignungsabsicht beim Diebstahl), die dann ebenfalls hier zu erörtern sind.

– Die Begehung des Tatbestandes stellt ausnahmsweise kein Unrecht dar, wenn die Tat gerechtfertigt ist. An der *Rechtswidrigkeit* der Tat fehlt es, wenn dem Täter die tatbestandliche Verletzung von Rechtsgütern in seiner Situation erlaubt wird, er beispielsweise zur Abwehr eines körperlichen Angriffs seinerseits die körperliche Unversehrtheit des Angreifers beeinträchtigt.

– In der *Schuld* ist schließlich zu erörtern, ob dem Täter das mit der rechtswidrigen Tat begangene Unrecht persönlich vorgeworfen werden kann. So nimmt § 19 StGB bei Kindern unter 14 Jahren generell an, dass sie das Unrecht ihres Verhaltens nicht einsehen können und demzufolge ohne Schuld handeln.

Im Allgemeinen Teil werden Sie mit der Zeit weitere Deliktsformen kennenlernen. So kann der Beteiligte eine Tat nur versehentlich (d.h. fahrlässig) oder durch Nichtstun (d.h. durch Unterlassen) vollendet bzw. einen Taterfolg nicht selbst herbeigeführt, sondern lediglich dazu animiert (d.h. angestiftet) oder geholfen (d.h. Hilfe geleistet) haben. Vielleicht ist der von ihm beabsichtigte Taterfolg auch völlig ausgeblieben, so dass lediglich der Versuch einer Straftat vorliegt. Alle diese Erscheinungsformen (gegebenenfalls auch in ihrer Kombination) haben eigene Prüfungsschemata, die sich aber zumindest in groben Zügen auf die obige Dreiteilung Tatbestand, Rechtswidrigkeit und Schuld zurückführen lassen.

3. Tipps zum Strafrecht

Tipp Nr. S1: Bezeichnen Sie Ihre Tatkomplexe!   ☆

In einer Strafrechtsklausur müssen Sie nicht nur Tatkomplexe bilden und durchnummerieren, sondern auch mit einer kurzen erläuternden Beschreibung versehen. Erst dadurch lässt die Überschrift Ihre Klausur übersichtlicher werden und verdeutlicht dem Korrektor zugleich, welche Ereignisse des Sachverhalts Sie nun auf ihre rechtliche Bedeutung untersuchen.

Als Bezeichnung ist ein Titel vorzugswürdig, der die *tatsächlichen* Handlungsabläufe des Tatkomplexes prägnant zusammenfasst. Die *juristische* Bewertung des Geschehens bleibt dagegen dem Gutachten selbst vorbehalten. Sie dürfen einen Tatkomplex etwa ohne Weiteres „Der Tod des X" nennen, sollten aber auf eine Bezeichnung „Der heimtückische Mord an X" verzichten.

Tipp Nr. S2: Benennen Sie die zu untersuchende Handlung!   ☆☆

In Ihrem Gutachten müssen Sie bei der Prüfung jeder Strafvorschrift (am besten sogleich im Einleitungssatz) angeben, durch welche *konkrete Handlung* der Täter den jeweiligen Straftatbestand verwirklicht haben könnte. Dies ist notwendig, weil die Strafbarkeit des Täters stets an ein bestimmtes Verhalten anknüpft. Strafvorschriften ahnden nämlich nicht, dass jemand generell eine kriminelle Energie aufweist, sondern dass jemand eine konkrete kriminelle Tat begangen hat.

Unverzichtbar erscheint die Benennung des auf seine Strafbarkeit zu untersuchenden Verhaltens vor allem dann, wenn mehrere Aktionen des Täters in engem zeitlichen Zusammenhang erfolgen und rechtlich unterschiedlich zu bewerten sind (vgl. Klausur 7, S. 119 ff., sowie Klausur 9, S. 139 ff.).

Tipp Nr. S3: Sprechen Sie alle denkbaren Tatbestandsvarianten an!   ☆☆☆

In den Straftatbeständen des Besonderen Teils wimmelt es von verschiedenen Tatbestands- und Qualifikationsmerkmalen sowie Regelbeispielen. So enthält die Qualifikation der gefährlichen Körperverletzung in § 224 Abs. 1 StGB einen Katalog von fünf Nummern (mit insgesamt sieben Varianten) und der Tatbestand des Mordes in § 211 Abs. 2 StGB neun unterschiedliche Mordmerkmale. Nicht selten werden in einer Klausur mehrere Merkmale bzw. Varianten ein und derselben Strafvorschrift erfüllt sein.

Beispiel: Eine gefährliche Körperverletzung mittels einer Waffe (§ 224 Abs. 1 Nr. 2 1. Alt. StGB) kann zugleich mittels eines hinterlistigen Überfalls (Nr. 3) und mittels einer das Leben gefährdenden Behandlung (Nr. 5) verwirklicht werden. Ein Mord kann zugleich heimtückisch (§ 211 Abs. 2 2. Gr. 1. Var.) und aus niedrigen Beweggründen (1. Gr. 4. Var.) begangen werden.

Zwar reicht für die Verwirklichung eines Straftatbestandes bereits aus, dass eine seiner alternativen Voraussetzungen erfüllt ist. In der Klausur müssen Sie gleichwohl stets alle Varianten erörtern, die im Sachverhalt prüfungswürdig erscheinen. Sind etwa mehrere Nummern der gefährlichen Körperverletzung gemäß § 224 Abs. 1 StGB gegeben, dürfen Sie sich nicht eine davon für Ihre Lösung heraussuchen und die anderen geflissentlich verschweigen. Damit würde Ihr Gutachten nicht mehr seinem Sinn und Zweck gerecht, die Rechtslage umfassend zu schildern. In der Regel weist auch der Bearbeitervermerk explizit darauf hin, dass auf *alle* aufgeworfenen Rechtsfragen einzugehen ist.

Tipp Nr. S4: Nehmen Sie niemals eine Vorab- oder Vorwegprüfung vor!   ☆☆☆

Ein letzter und umso wichtigerer Hinweis für strafrechtliche Klausuren ist, unter keinen Umständen eine Vorab- oder Vorwegprüfung vorzunehmen. Die Regel gilt ausnahmslos und bedeutet, keine juristischen Ausführungen losgelöst und unabhängig von einem bestimmten Straftatbestand durchführen zu dürfen. Der Grund hierfür liegt darin, dass sich die Strafbarkeit des Täters stets nach *einzelnen Straftatbeständen* richtet. Eine allgemeine Stellungnahme zu einem Problemkreis des Sachverhalts erscheint daher nicht möglich, da sich Bewertung und Lösung eines Problems von Straftatbestand zu Straftatbestand unterscheiden können.

So kann ein Täter innerhalb eines Tatkomplexes einige Straftatbestände vollenden, andere dagegen nur versuchen. Eine Strafnorm kann er als Täter, eine andere nur als Teilnehmer verwirklichen. Ebenso kann er ein Delikt durch aktives Tun, ein anderes in demselben Tatkomplex durch Unterlassen begehen.

Wie die Beispiele verdeutlichen, besteht die Gefahr einer Vorabprüfung vor allem in den Tiefen des Allgemeinen Teils. Hier können den Klausurteilnehmer etwa Abgrenzungen zwischen bedingtem Vorsatz und bewusster Fahrlässigkeit (vgl. dazu Klausur 8, S. 131 f.) oder zwischen Täterschaft und Teilnahme erwarten. Die notwendigen Ausführungen sprechen Sie am besten unter demjenigen Prüfungspunkt an, an dem sie erstmalig von Bedeutung sind, Sie sich also für eine der abzugrenzenden Erscheinungsformen zwingend entscheiden müssen.

Unzulässige *Vorab*- und *Vorweg*prüfungen sind von zulässigen *Vor*prüfungen zu unterscheiden. Letztgenannte werden – wenngleich als erster Prüfungspunkt – *innerhalb* des jeweiligen Straftatbestandes vorgenommen. So wird beim Versuch noch vor dem ersten Tatbestandsmerkmal die Nichtvollendung der (bereits konkret bezeichneten) Straftat sowie die Strafbarkeit ihres Versuchs erörtert. Vergleichbar kann beim unechten Unterlassungsdelikt in einer Vorprüfung untersucht werden, ob Anknüpfungspunkt für die Strafbarkeit des Täters nach einem (konkret bezeichneten) Straftatbestand ein aktives Tun oder ein Unterlassen ist.

II. Klausur 6: Eine schrecklich nette Apothekerfamilie

Sachverhalt

Apothekeninhaber Dr. Haid liegt nach einem gescheiterten Selbstexperiment im Koma. Sein Tod steht unmittelbar bevor. Nach seinem testamentarischen Willen sollen seine drei Söhne A, B und C, die allesamt ihr Pharmaziestudium mit Auszeichnung absolviert haben, gemeinsam seine Apotheke fortführen. In den letzten Jahren haben allerdings der Rückgang der Kundenzahlen und die Konkurrenzapotheke auf der anderen Seite des Marktplatzes die Lukrativität des väterlichen Geschäftes erheblich gemindert. Um sich eine hinreichende Entlohnung für ihr jahrelanges Studium zu sichern, kommen A, B und C unabhängig voneinander auf die Idee, ihren Erbteil vorsorglich zu vergrößern.

Erster Leidtragender ist der B. Wie an jedem Samstag Morgen liest er den Sportteil seiner Tageszeitung, um sich anschließend seinem neuen Kriminalroman zu widmen. B hat die Angewohnheit, die Seiten mit seinem mit Spucke befeuchteten Finger umzublättern. In Kenntnis dieser Gepflogenheit hat A – ohne Wissen des C – die Seitenecken des Sportteils mit Arsen bestrichen, um B als Erben auszuschließen. In Verbindung mit dem Speichel des B oxidiert das Arsen und entfaltet seine toxische Wirkung. Auf die gleiche Weise hatte der C – ohne Wissen des A – die ersten Seiten des Romans des B bearbeitet. Nach einigen Stunden intensiven Lesens klagt B über heftige Bauchschmerzen und verstirbt kurze Zeit darauf. Durch die Lektüre des Sportteils und der ersten Seiten seines Romans hat B insgesamt eine tödliche Dosis Arsen aufgenommen. Die Einzelmengen dagegen hätten jeweils nur geringe Unterleibsschmerzen bewirkt.

Um das frühzeitige Ableben des C herbeizuführen, stellt A einen Zuckerwürfel mit einer tödlichen Dosis Strychnin her und mischt ihn in die Zuckerdose des C. A weiß nicht, dass B auf dieselbe Idee gekommen ist und kurz vor seinem Tod seinerseits einen derart manipulierten Zuckerwürfel dort versteckt hat. Als C am nächsten Morgen sein koffeinhaltiges Heißgetränk wie üblich mit zwei Stück Zucker versüßen möchte, nimmt er gerade die beiden von A und B präparierten Zuckerwürfel. Als C wenig später sein Haus verlassen will, beginnen die beiden Giftmengen zu wirken. Von schweren Krämpfen geplagt und nach Luft röchelnd bricht er kurz vor Erreichen der Haustür zusammen. Weder A noch B wussten, dass X – ein Erzfeind des C, seitdem dieser ihm seine Geliebte ausgespannt hatte – einen Berufskiller angeheuert hatte, der den C ohnehin erschossen hätte, sobald er an diesem Morgen sein Haus verlassen hätte.

Bearbeitervermerk: Strafbarkeit des A? Zu prüfen sind lediglich § 212 und § 223 StGB. Erforderliche Strafanträge sind gestellt.

Lösungsskizze

Strafbarkeit des A

Tatkomplex 1: Vergiftete Lektüre
I. § 212 Abs. 1 StGB zum Nachteil des B
    Kausalität (+); kumulative Kausalität
    Zurechnung (−); atypischer Kausalverlauf
    Meinungsstreit Rechtsprechung/Literatur
II. §§ 212 Abs. 1, 22, 23 Abs. 1 StGB zum Nachteil des B
    1. Vorprüfung (+)
    2. Tatentschluss (+)
    3. Unmittelbares Ansetzen (+)
    4. Rechtswidrigkeit und Schuld (+)
    5. Kein Rücktritt (+)
III. § 223 Abs. 1 StGB zum Nachteil des B
    1. Tatbestand
       a) Objektiver Tatbestand (+)
       b) Subjektiver Tatbestand (+)
    2. Rechtswidrigkeit und Schuld (+)
IV. Konkurrenzen und Ergebnis

Tatkomplex 2: Zwei Stück Zucker
I. § 212 Abs. 1 StGB zum Nachteil des C
    1. Tatbestand
       a) Objektiver Tatbestand (+)
           Alternative Kausalität; modifizierte „conditio sine qua non"-Formel
           Unbeachtlichkeit von Reserveursachen
       b) Subjektiver Tatbestand (+)
    2. Rechtswidrigkeit und Schuld (+)
II. § 223 Abs. 1 StGB zum Nachteil des C (+)
III. Konkurrenzen und Ergebnis

Lösung

Strafbarkeit des A

Tatkomplex 1: Vergiftete Lektüre

I. § 212 Abs. 1 StGB zum Nachteil des B

A könnte sich wegen Totschlags zum Nachteil des B zu verantworten haben, indem er die Seitenecken der Samstagszeitung des B mit Arsen bestrichen hat.

1. Tatbestand

Der Taterfolg des § 212 Abs. 1 StGB besteht vorliegend im Tod des B. Das Bestreichen der Zeitungsecken mit Arsen durch A müsste hierfür kausal gewesen sein. Nach der „conditio sine qua non"-Formel ist eine gesetzte Bedingung für den Taterfolg dann ursächlich, wenn sie nicht hinweggedacht werden kann, ohne dass der Erfolg in seiner konkreten Gestalt entfiele.[1] Hätte A den Sportteil der Samstagszeitung des B nicht mit Arsen versehen, hätte B durch das Umblättern der einzelnen Seiten mit seinem spuckebefeuchteten Finger diese Giftmenge nicht zu sich genommen. Zwar hat C auf dieselbe Weise den Roman des B bearbeitet und seinerseits eine Ursache für die Vergiftung des B gesetzt. Beide Giftmengen waren aber jeweils für sich allein nicht tödlich, sondern bildeten nur in ihrer Gesamtheit eine letale Dosis. Somit kann das Verhalten des A nicht hinweggedacht werden, ohne dass der Tod des B entfiele. Die von A und C gesetzten Bedingungen führen vielmehr kumulativ zum Taterfolg und sind somit beide dafür ursächlich (sog. *kumulative Kausalität*).[2]

Allerdings bleibt fraglich, ob der Tod des B dem A zugerechnet werden kann. Nach der Literatur ist ein Erfolg objektiv zurechenbar, wenn der Täter eine rechtlich relevante Gefahr geschaffen hat, die sich im tatbestandsmäßigen Erfolg realisiert.[3] An einer solchen Verwirklichung der Gefahr könnte es infolge eines *atypischen Kausalverlaufs* fehlen. Dazu muss der eingetretene Erfolg völlig außerhalb dessen liegen, was nach dem gewöhnlichen Verlauf der Dinge und nach der allgemeinen Lebenserfahrung noch in Rechnung zu stellen ist. In den Konstellationen der kumulativen Kausalität ist regelmäßig ein nicht vorhersehbarer Geschehensablauf gegeben, da mit dem unabhängigen Handeln des (Neben-)Täters gewöhnlich nicht gerechnet werden muss.[4] So konnte A vorliegend nicht einkalkulieren, dass einerseits C auf dieselbe Weise und zu derselben Zeit versucht, den B zu vergiften, und sich andererseits nur die Gesamtdosis der beiden Giftmengen als tödlich erweist. Der Tod des B erscheint somit nicht mehr als Werk des A, sondern als *Werk des Zufalls* und kann dem A daher nicht zugerechnet werden.

Nach der Rechtsprechung werden die Ergebnisse der uferlosen naturwissenschaftlichen Kausalität dagegen erst im Rahmen des subjektiven Tatbestandes

---

[1] BGHSt 39, 195 (197); *Fischer*, Vor § 13 Rdn. 21.
[2] Vgl. dazu *Kühl*, AT, § 4 Rdn. 21; *Wessels/Beulke*, Rdn. 158.
[3] *Fischer*, Vor § 13 Rdn. 25; *Wessels/Beulke*, Rdn. 179.
[4] *Wessels/Beulke*, Rdn. 196; vgl. dazu *Kudlich*, PdW AT, Frage 39, S. 32 f.

eingeschränkt. Danach werden normative Gesichtspunkte der Zurechnung im Rahmen des Vorsatzes berücksichtigt, der sich auf das ungeschriebene Tatbestandsmerkmal der Kausalität beziehen muss. Weicht der tatsächliche Kausalverlauf wesentlich von dem vorgestellten ab, d.h. hält sich die Abweichung nicht mehr in den Grenzen dessen, was nach allgemeiner Lebenserfahrung vorhersehbar ist, und rechtfertigt somit eine andere Bewertung der Tat, liegt danach ein *Irrtum über den Kausalverlauf* und somit letztlich ein den Vorsatz ausschließender Tatbestandsirrtum i.S.d. § 16 Abs. 1 S. 1 StGB vor.[5] A hat nicht damit gerechnet, dass C auf dieselbe Weise und zu derselben Zeit wie er den B versuchen würde zu vergiften und dass erst durch die zusätzliche Giftmenge der Tod des B verursacht würde. Der tatsächliche Kausalverlauf weicht somit vom vorgestellten ab. Das Auftreten des unabhängig agierenden Nebentäters C liegt nicht mehr im Rahmen allgemeiner Lebenserfahrung, so dass die Kausalabweichung wesentlich erscheint. Auch nach der Rechtsprechung ist dem A der Tod des B daher nicht zurechenbar. Da die Zurechnungskriterien im Wesentlichen identisch sind, gelangen beide Ansichten vorliegend zu demselben Ergebnis.

2. Zwischenergebnis

Eine Strafbarkeit des A wegen vollendeten Totschlags zum Nachteil des B scheidet aus.

II. §§ 212 Abs. 1, 22, 23 Abs. 1 StGB zum Nachteil des B

Das Bestreichen der Seitenecken mit Arsen durch A könnte als versuchter Totschlag zu werten sein.

1. Vorprüfung

A dürfte die Tat nicht bereits vollendet haben. Zwar ist vorliegend der tatbestandliche Erfolg mit dem Tod des B bereits eingetreten. Die Nichtvollendung der Tat kann jedoch nicht nur auf tatsächlichen, sondern auch auf rechtlichen Gründen beruhen. Zu einer solchen *Nichtvollendung im Rechtssinne* gereicht die mangels Zurechnung unterbleibende Vollendungsstrafbarkeit.

Der Versuch des Totschlags als Verbrechen (vgl. § 12 Abs. 1 StGB) ist gemäß § 23 Abs. 1 1. Alt. StGB strafbar.

2. Tatentschluss

A müsste Tatentschluss zur Tötung des B i.S.d. § 212 Abs. 1 StGB gehabt haben. Dies erfordert Vorsatz bzgl. aller objektiven Tatbestandsmerkmale. Vorsatz ist der Wille zur Verwirklichung eines Straftatbestandes in Kenntnis aller seiner objektiven Tatumstände (§ 15 StGB).[6] A hat den Sportteil der Zeitung mit Arsen bestrichen, um den B als Erben auszuschließen. Er besaß somit den notwendigen Tatentschluss zum Totschlag zum Nachteil des B.

---

[5] Vgl. BGHSt 7, 325 (329); 38, 32 (34); *Kudlich*, BeckOK-StGB, § 15 Rdn. 5; siehe dazu auch *Beulke*, Klausurenkurs II, Fall 7, Rdn. 194.
[6] BGHSt 19, 295 (298); *Wessels/Beulke*, Rdn. 203.

3. Unmittelbares Ansetzen

Zudem müsste A unmittelbar zum Totschlag an B angesetzt haben. Ein unmittelbares Ansetzen i.S.d. § 22 StGB liegt vor, wenn der Täter *subjektiv* die Schwelle zum „Jetzt geht es los!" überschritten und *objektiv* zur tatbestandsmäßigen Angriffshandlung ansetzt.[7] Begeht das Opfer selbst die letzte zum Taterfolg führende Handlung, bleibt fraglich, wann der unmittelbare räumliche und zeitliche Zusammenhang zur Tatbestandsverwirklichung vorliegt. Dies ist jedenfalls dann der Fall, wenn sich das Opfer derart in den *Wirkungskreis des Tatmittels* begibt, dass sein Verhalten nach dem Gesamtplan des Täters bei ungestörtem Fortgang unmittelbar in die Tatbestandsverwirklichung einmünden kann.[8] Vorliegend hat B die präparierten Seiten des Sportteils seiner Samstagszeitung gelesen und das Gift bereits zu sich genommen. Spätestens mit dieser Handlung des Opfers B als unwissendem Tatmittler gegen sich selbst hat A unmittelbar zum Totschlag angesetzt.

4. Rechtswidrigkeit und Schuld

A handelte rechtswidrig und schuldhaft.

5. Kein Rücktritt

Ein Rücktritt vom Versuch ist nicht ersichtlich.

6. Zwischenergebnis

A hat sich somit wegen versuchten Totschlags gemäß §§ 212 Abs. 1, 22, 23 Abs. 1 StGB zum Nachteil des B strafbar gemacht.

III. § 223 Abs. 1 StGB zum Nachteil des B

Durch das Bestreichen der Zeitungsseiten mit Arsen könnte A wegen (einfacher) Körperverletzung zum Nachteil des B strafbar sein.

1. Tatbestand

a) Objektiver Tatbestand

Dazu müsste er den B durch die Verabreichung des Arsens körperlich misshandelt (§ 223 Abs. 1 1. Alt. StGB) oder an der Gesundheit geschädigt (2. Alt.) haben. Eine körperliche Misshandlung ist jede üble und unangemessene Behandlung, die das körperliche Wohlbefinden nicht nur unerheblich beeinträchtigt.[9] Die Vergiftung eines Menschen mit Arsen stellt eine üble und unangemessene Behandlung dar. Das körperliche Wohlbefinden des B ist bereits durch diejenigen Schmerzen im Unterleib erheblich beeinträchtigt, die sich allein auf die von A auf dem Sportteil der Zeitung verteilte Giftmenge zurückführen lassen. Dieser Kausalzusammenhang wird nicht dadurch aufgehoben, dass das Arsen des C die Schmerzen des

---

7   *Wessels/Beulke*, Rdn. 601.
8   Zur Problematik BGHSt 43, 177 (181); *Wessels/Beulke*, Rdn. 539a.
9   *Lackner/Kühl*, § 223 Rdn. 4; *Rengier*, BT II, § 13 Rdn. 7.

B verstärkt. Auf die Grundsätze zur kumulativen Kausalität muss daher nicht zurückgegriffen werden.

Eine Gesundheitsschädigung wird durch jeden vom Normalzustand abweichenden pathologischen Zustand begründet.[10] Die Vergiftung des B stellt einen krankhaften Zustand dar. A hat durch das Bestreichen der Zeitungsecken mit Arsen den B kausal an seiner Gesundheit geschädigt.

b) Subjektiver Tatbestand

A müsste bzgl. des objektiven Tatbestandes vorsätzlich gehandelt, d.h. den Tatbestand der Körperverletzung wissentlich und willentlich verwirklicht haben (§ 15 StGB). Zwar wollte A den B nicht (nur) verletzen, sondern darüber hinaus sogar töten. Die Körperverletzung erscheint indes als *notwendiges Durchgangsstadium* jeder Tötung. Nach der sog. *Einheitstheorie* schließt daher ein Tötungsvorsatz den Vorsatz zur Körperverletzung nicht aus, sondern vielmehr mit ein.[11] A hat somit bzgl. der Körperverletzung des B mit Vorsatz gehandelt.

2. Rechtswidrigkeit und Schuld

A handelte rechtswidrig und schuldhaft.

3. Zwischenergebnis

A ist der Körperverletzung nach § 223 Abs. 1 StGB zum Nachteil des B schuldig. Der gemäß § 230 Abs. 1 S. 1 StGB erforderliche *Strafantrag* ist gestellt.

IV. Konkurrenzen und Ergebnis

Zwischen der versuchten Tötung und der vollendeten Körperverletzung besteht zur Wahrung des *Klarstellungsinteresses* Tateinheit.[12] A hat sich somit im ersten Tatkomplex strafbar gemacht wegen §§ 212 Abs. 1, 22, 23 Abs. 1, § 223 Abs. 1, § 52 Abs. 1 StGB zum Nachteil des B.

Tatkomplex 2: Zwei Stück Zucker

I. § 212 Abs. 1 StGB zum Nachteil des C

Durch das Verstecken des vergifteten Zuckerwürfels in der Zuckerdose des C könnte A einen Totschlag verwirklicht haben.

1. Tatbestand

a) Objektiver Tatbestand

Taterfolg i.S.d. § 212 Abs. 1 StGB ist vorliegend der Tod des C. Fraglich erscheint, ob er kausal auf der Handlung des A beruht, der zuvor einen mit einer

---

[10] *Lackner/Kühl*, § 223 Rdn. 5; *Wessels/Hettinger*, Rdn. 257.
[11] *Lackner/Kühl*, § 212 Rdn. 7 f.
[12] BGHSt 44, 196 (198 f.); *Wessels/Hettinger*, Rdn. 320 f.

tödlichen Menge Strychnin versehenen Zuckerwürfel in der Zuckerdose des C versteckt hat. Kausal ist nach der „conditio sine qua non"-Formel eine Handlung für den Taterfolg dann, wenn sie nicht hinweggedacht werden kann, ohne dass der Erfolg in seiner konkreten Gestalt entfiele. C hat seinen Frühstückskaffee mit zwei Stück Zucker versüßt, die jeweils eine tödliche Dosis Strychnin enthielten. Sowohl der von A als auch der von B mit einer letalen Dosis versehene Zuckerwürfel hätte jeweils allein (alternativ) den Vergiftungstod des C bewirkt. Die Handlung des A kann somit hinweggedacht werden, ohne dass der Tod des C entfiele.

In einem solchen Fall der *alternativen Kausalität* führt eine strenge Anwendung der „conditio sine qua non"-Formel zu dem Ergebnis, dass beide Täter mangels Kausalität ihrer Tathandlung für den eingetretenen Erfolg nicht wegen vollendeter, sondern allenfalls wegen versuchter Tat strafbar wären. Diese Rechtsfolge erscheint wenig plausibel, da beide Täter ihr Tatziel verwirklicht haben und allein wegen der zufälligen Begebenheit, dass ein weiterer Täter eine alternative Ursache für den Taterfolg gesetzt hat, privilegiert würden.[13]

Um dies zu vermeiden, wird die „conditio sine qua non"-Formel für die Fälle der alternativen Kausalität *modifiziert*: Von mehreren Bedingungen, die zwar alternativ, nicht aber kumulativ hinweggedacht werden können, ohne dass der Erfolg in seiner konkreten Gestalt entfiele, ist jede für den Erfolg ursächlich.[14] Vorliegend können sowohl das Verstecken des Zuckerwürfels durch A als auch das identische Verhalten durch B für sich, d.h. alternativ hinweggedacht werden, ohne dass der Vergiftungstod des C entfiele. Werden jedoch beide Handlungen hinweggedacht, bleibt der Vergiftungstod des C aus. Das Verstecken des Zuckerwürfels durch A ist somit kausal für den Vergiftungstod des C.

Der Kausalzusammenhang könnte jedoch dadurch ausgeschlossen sein, dass C an diesem Morgen von einem von X angeheuerten Berufskiller erschossen worden wäre, wenn er sein Haus verlassen hätte. Werden nach der modifizierten „conditio sine qua non"-Formel die Handlungen von A und B hinweggedacht, wäre der Tod des C als Taterfolg i.S.d. § 212 Abs. 1 StGB gleichwohl eingetreten. Jedoch handelt es sich bei dem Tod durch Erschießen um einen *Erfolg in einer anderen konkreten Gestalt* als bei dem Tod durch Vergiftung mit Strychnin. Auch in Anbetracht des wartenden Berufskillers kann das Verhalten des A somit nicht hinweggedacht werden, ohne dass der Erfolg in seiner konkreten Gestalt entfiele. Eine solche *Reserveursache* bleibt vielmehr unbeachtlich.[15] Das Verstecken des Zuckerwürfels in der Zuckerdose ist somit kausal für den Tod des C. A hat den objektiven Tatbestand des § 212 Abs. 1 StGB zum Nachteil des C erfüllt.

b) Subjektiver Tatbestand

A wollte mit dem vergifteten Zuckerwürfel das frühzeitige Ableben des C herbeiführen und handelte daher vorsätzlich bzgl. der Tötung des C.

---

[13] BGHSt 39, 195 (198).
[14] *Kühl*, AT, § 4 Rdn. 19; *Lackner/Kühl*, Vor § 13 Rdn. 11; *Wessels/Beulke*, Rdn. 157; vgl. dazu *Kudlich*, PdW AT, Frage 38, S. 31 f.
[15] *Kühl*, AT, § 4 Rdn. 11 ff.; *Wessels/Beulke*, Rdn. 161.

2. Rechtswidrigkeit und Schuld

A handelte rechtswidrig und schuldhaft.

3. Zwischenergebnis

A ist des Totschlags gemäß § 212 Abs. 1 StGB zum Nachteil des C schuldig.

II. § 223 Abs. 1 StGB zum Nachteil des C

Darüber hinaus könnte A wegen Körperverletzung strafbar sein.

1. Tatbestand

Dazu müsste A den C körperlich misshandelt haben (§ 223 Abs. 1 1. Alt. StGB). In der Verabreichung von Strychnin liegt eine üble und unangemessene Behandlung. Die dadurch verursachten schweren Krämpfe beeinträchtigen das körperliche Wohlbefinden des C erheblich. Die Vergiftungssymptome bedeuten zugleich einen vom Normalzustand abweichenden krankhaften Zustand und stellen somit eine Gesundheitsschädigung (2. Alt.) dar.

Diesen Taterfolg hat A durch das Verstecken des vergifteten Zuckerwürfels in der Zuckerdose des C kausal herbeigeführt. Dass der B dieselbe Idee hatte und ausführte, schließt nach den oben aufgezeigten Grundsätzen zur alternativen Kausalität den Kausalzusammenhang nicht aus.

Bzgl. der Körperverletzung des C handelte A mit Vorsatz. Sein zugleich vorliegender Tötungsvorsatz vermag den Körperverletzungsvorsatz nicht auszuschließen.

2. Rechtswidrigkeit und Schuld

A handelte rechtswidrig und schuldhaft.

3. Zwischenergebnis

A ist wegen Körperverletzung nach § 223 Abs. 1 StGB strafbar. Der erforderliche *Strafantrag* (§ 230 Abs. 1 S. 1 StGB) ist gestellt.

III. Konkurrenzen und Ergebnis

Die (einfache) Körperverletzung gemäß § 223 StGB tritt auf Konkurrenzebene hinter dem vollendeten Totschlag im Wege der *Subsidiarität* zurück.[16] A ist somit strafbar wegen Totschlags gemäß § 212 Abs. 1 StGB zum Nachteil des C.

Gesamtergebnis

A ist strafbar gemäß §§ 212 Abs. 1, 22, 23 Abs. 1, § 223 Abs. 1, § 52 Abs. 1 (zum Nachteil des B); § 212 Abs. 1 (zum Nachteil des C); § 53 Abs. 1 StGB.

---

[16] *Lackner/Kühl*, § 212 Rdn. 9; *Wessels/Hettinger*, Rdn. 320.

Erwartungshorizont der Klausur

Schwerpunkte 1. Ordnung
- Kumulative Kausalität einschließlich Zurechnungsproblematik
- Alternative Kausalität

Schwerpunkte 2. Ordnung
- Unbeachtlichkeit von Reserveursachen

Kleinere Probleme
- Nichtvollendung der Tat im Rechtssinne
- B als Werkzeug gegen sich selbst
- Verhältnis von Körperverletzungs- und Tötungsvorsatz
- Klarstellungsinteresse/Konkurrenzen im 1. Tatkomplex
- Strafantrag bei Körperverletzung
- Hinweis auf die fehlende kumulative Kausalität bei der Körperverletzung

III. Klausur 7: Casanovas Ende

Sachverhalt

Auf der Suche nach einer neuen Eroberung begibt sich Casanova C eines schönen Sommerabends in eine Diskothek. Als er dort in einem jungen weiblichen Gast ein reizvolles Ziel erblickt, verschwendet er keine Zeit, um Bekanntschaft mit der Dame zu schließen. Deren Freund und professioneller Boxer A, der wenige Augenblicke später von der Bar zurückkehrt, ist über das sich ihm bietende Schauspiel alles andere als erfreut. Da dem C weder der missbilligende Gesichtsausdruck des A noch dessen Statur entgeht, sucht er das Weite.

Kurz darauf tippt jemand den A von hinten auf die Schulter. Da A den Störenfried C hinter sich vermutet, schlägt er noch im Umdrehen zu. A trifft den unbescholtenen Stammgast G, der den A lediglich um Feuer bitten wollte und dessen Nase durch den Fausthieb des A hörbar zu Bruch geht. Gerade in Geberlaune beschließt A, nun auch dem tatsächlich am Nachbartisch sitzenden C eine Lektion zu erteilen. C bemerkt dies aber und kann sich behände wegdrehen, so dass der Schlag des A sein Ziel in der Magengrube des gerade pausierenden und sich nun vor Schmerzen windenden Discjockeys J findet. C verlässt daraufhin vorsorglich die Diskothek.

Am Morgen danach unternimmt C seinen täglichen Spaziergang durch den Park. Dort hat sich der gehörnte Ehemann und ehemaliger Auftragskiller B mit einem Scharfschützengewehr in einem Baum versteckt, um sich bei C mit einem gezielten und tödlichen Schuss für die Affäre mit seiner Ehefrau zu revanchieren. Wegen des dichten Blätterwerks hält B jedoch irrigerweise den in sein Blickfeld tretenden Naturliebhaber N für den C und richtet seine Waffe auf den N. Als B gerade abdrücken will, wird er durch eine auffliegende Kohlmeise irritiert. Er verzieht und trifft versehentlich einen fröhlich vor sich hin pfeifenden Passanten, der sich als C entpuppt. C bricht tödlich getroffen zusammen und stirbt auf der Stelle. N verlässt fluchtartig den Park.

Bearbeitervermerk: Wie haben sich A und B strafbar gemacht? §§ 211, 224 StGB sind nicht zu prüfen. Erforderliche Strafanträge sind gestellt.

Lösungsskizze

Tatkomplex 1: Schläge in der Diskothek

Strafbarkeit des A

I. § 223 Abs. 1 StGB zum Nachteil des G (Erster Faustschlag)
    1. Tatbestand
       a) Objektiver Tatbestand (+)
       b) Subjektiver Tatbestand (+)
          error in persona
    2. Rechtswidrigkeit und Schuld (+)
II. § 223 Abs. 1 StGB zum Nachteil des J (Zweiter Faustschlag)
    Tatbestand
       a) Objektiver Tatbestand (+)
       b) Subjektiver Tatbestand (–)
          aberratio ictus
III. §§ 223 Abs. 1, 22, 23 Abs. 1, 223 Abs. 2 StGB zum Nachteil des C (Zweiter Faustschlag)
    1. Vorprüfung (+)
    2. Tatentschluss (+)
    3. Unmittelbares Ansetzen (+)
    4. Rechtswidrigkeit und Schuld (+)
    5. Kein Rücktritt (+)
IV. § 229 StGB zum Nachteil des J (Zweiter Faustschlag) (+)
    1. Tatbestand (+)
    2. Rechtswidrigkeit und Schuld (+)
V. Konkurrenzen und Ergebnis

Tatkomplex 2: Ein Schuss im Park

Strafbarkeit des B

I. § 212 Abs. 1 StGB zum Nachteil des C
    Tatbestand
       a) Objektiver Tatbestand (+)
       b) Subjektiver Tatbestand (–)
          Kombination aus error in persona und aberratio ictus
II. § 223 Abs. 1 StGB zum Nachteil des C (–)
III. §§ 212 Abs. 1, 22, 23 Abs. 1 StGB zum Nachteil des N (+)
IV. §§ 223 Abs. 1, 22, 23 Abs. 1, 223 Abs. 2 StGB zum Nachteil des N (+)
V. § 222 StGB zum Nachteil des C (+)
VI. § 229 StGB zum Nachteil des C (+)
VII.Konkurrenzen und Ergebnis

Lösung

Tatkomplex 1: Schläge in der Diskothek

Strafbarkeit des A

I. § 223 Abs. 1 StGB zum Nachteil des G (Erster Faustschlag)

A könnte sich durch den Fausthieb auf die Nase des G wegen Körperverletzung strafbar gemacht haben.

1. Tatbestand

a) Objektiver Tatbestand

Dazu muss er den G durch seinen Faustschlag körperlich misshandelt (§ 223 Abs. 1 1. Alt. StGB) oder an der Gesundheit geschädigt (2. Alt.) haben. Eine körperliche Misshandlung ist jede üble und unangemessene Behandlung, die das körperliche Wohlbefinden nicht nur unerheblich beeinträchtigt.[1] Jemanden mit der geballten Faust zu schlagen, ist eine üble und unangemessene Behandlung. Führt der Hieb zum Bruch der Nase, so wird dadurch das körperliche Wohlbefinden des Geschlagenen erheblich beeinträchtigt. Diesen Taterfolg hat A kausal durch seinen Fausthieb herbeigeführt.

Eine Gesundheitsschädigung liegt in jedem vom Normalzustand abweichenden pathologischen Zustand.[2] Die Fraktur eines äußeren Körperteiles stellt einen krankhaften Zustand dar. Indem A durch seinen Faustschlag den Nasenbeinbruch des G verursacht hat, hat er kausal seine Gesundheit geschädigt.

b) Subjektiver Tatbestand

A müsste bzgl. des objektiven Tatbestandes mit Vorsatz gehandelt haben (§ 15 StGB). Vorsatz ist der Wille zur Verwirklichung eines Straftatbestandes (voluntatives Element) in Kenntnis aller objektiven Tatumstände (kognitives Element).[3] Vorliegend glaubte A, seinen Fausthieb gegen den C und nicht gegen den tatsächlich hinter ihm stehenden G zu führen. Fraglich ist, ob dieser Irrtum über die Identität des Tatopfers (sog. *error in persona*) den Vorsatz des A gemäß § 16 Abs. 1 S. 1 StGB entfallen lässt.

Aus dem Wortlaut der Vorschrift wird jedoch deutlich, dass sich der Vorsatz lediglich auf Umstände beziehen muss, die zum *gesetzlichen Tatbestand* gehören. Die mit der Tat verbundenen Beweggründe oder Fernziele bleiben dagegen außer Betracht. Der gesetzliche Tatbestand des § 223 Abs. 1 StGB verlangt nur die Körperverletzung einer (beliebigen) anderen Person, ohne an ihre Eigenschaften irgendwelche Anforderungen zu stellen. Dementsprechend muss sich der Vorsatz nicht auf Eigenschaften wie die Identität des Opfers beziehen. Der Vorsatz wäre daher nur ausgeschlossen, wenn der Täter das Tatobjekt zum Zeitpunkt der Tat

---

[1] *Lackner/Kühl*, § 223 Rdn. 4; *Rengier*, BT II, § 13 Rdn. 7.
[2] *Lackner/Kühl*, § 223 Rdn. 5; *Wessels/Hettinger*, Rdn. 257.
[3] BGHSt 19, 295 (298); *Wessels/Beulke*, Rdn. 203.

überhaupt nicht als „andere Person" betrachtete. Bei *Gleichwertigkeit der Handlungsobjekte* dagegen stellt ein Irrtum über die Identität des Opfers einen für den Vorsatz *unbeachtlichen Motivirrtum* dar.[4] Vorliegend wusste A, dass hinter ihm eine andere Person stand, der er mit seinem Fausthieb wissentlich und willentlich eine Körperverletzung zufügte. Dass er den tatsächlich getroffenen G für den C hielt, ist ein bloßer Motivirrtum, der seinen Vorsatz unberührt lässt.

2. Rechtswidrigkeit und Schuld

A handelte rechtswidrig und schuldhaft.

3. Zwischenergebnis

A ist strafbar wegen Körperverletzung nach § 223 StGB. Der erforderliche *Strafantrag* (§ 230 Abs. 1 S. 1 StGB) ist gestellt.

II. § 223 Abs. 1 StGB zum Nachteil des J (Zweiter Faustschlag)

Zudem könnte A durch den anschließenden Schlag in die Magengrube des J eine (weitere) Körperverletzung begangen haben.

1. Tatbestand

a) Objektiver Tatbestand

A hat durch seinen Schlag den objektiven Tatbestand der Körperverletzung in beiden Varianten erfüllt. Ein Schlag in die Magengrube ist eine üble und unangemessene Behandlung, der durch die dadurch verursachten Schmerzen das körperliche Wohlbefinden nicht nur unerheblich beeinträchtigt. Die hervorgerufenen Schmerzen stellen zugleich einen krankhaften Zustand und somit eine Gesundheitsschädigung dar.

b) Subjektiver Tatbestand

A müsste den Tatbestand der Körperverletzung vorsätzlich, d.h. wissentlich und willentlich verwirklicht haben (§ 15 StGB). A hat mit dem Schlag jedoch den C anvisiert. Mit dem Discjockey J wurde dagegen eine Person zum Tatopfer, die A zum Zeitpunkt der Tat nicht treffen wollte. Fraglich ist, ob ein solches Fehlgehen der Tat (sog. *aberratio ictus*) einen vorsatzausschließenden Tatbestandsirrtum gemäß § 16 Abs. 1 S. 1 StGB begründet.

Im Hinblick auf den Wortlaut der Vorschrift könnte allein maßgebend sein, ob der Täter Vorsatz zur Verwirklichung des gesetzlichen Tatbestandes hatte. Dies hätte zur Folge, dass ein Fehlgehen der Tat unbeachtlich wäre, sofern anvisiertes und tatsächlich getroffenes Tatobjekt gleichwertig sind. Nach dieser sog. *Gleichwertigkeitstheorie* ist die aberratio ictus wie ein error in objecto vel persona zu behandeln. Als A zuschlug, wollte er mit dem C einer anderen Person i.S.d. § 223 Abs. 1 StGB eine Körperverletzung zufügen. Da es sich auch bei dem tatsächlich

---

[4] *Kindhäuser*, AT, § 27 Rdn. 41; *Kudlich*, BeckOK-StGB, § 16 Rdn. 6; *ders.*, PdW AT, Frage 61, S. 51 f.; *Kühl*, AT, § 13 Rdn. 18 ff.; *Wessels/Beulke*, Rdn. 247 ff.

getroffenen J um eine andere Person in diesem Sinne handelt, würde der Fehlschlag des A seinen Vorsatz nicht entfallen lassen.

Dem wird von der *Konkretisierungstheorie* entgegengehalten, es sei ein Unterschied, ob (wie beim error in persona) Angriffs- und Verletzungsobjekt identisch oder (wie bei der aberratio ictus) verschieden seien. Zum Zeitpunkt der Tat wolle der Täter nur dasjenige Tatobjekt treffen, das er anvisiert. Das infolge des Fehlgehens tatsächlich getroffene Objekt dagegen wolle er zum Zeitpunkt der Tat gerade nicht verletzen. Eine aberratio ictus führe daher – unabhängig von Gleich- und Ungleichwertigkeit der Tatobjekte – stets zu einem vorsatzausschließenden Tatbestandsirrtum i.S.d. § 16 Abs. 1 S. 1 StGB. In Betracht kommen allenfalls, soweit jeweils strafbar, ein Versuch zum Nachteil des anvisierten und eine Fahrlässigkeitstat zum Nachteil des tatsächlich getroffenen Tatobjekts.[5]

Da die Gleichwertigkeitstheorie den *individualisierten Vorsatz* des Täters missachtet, ist der letztgenannten Ansicht zu folgen. A hatte mit seinem Schlag den C anvisiert, den er ausschließlich treffen wollte. In Bezug auf den tatsächlich getroffenen J handelte er dagegen ohne Vorsatz.

2. Zwischenergebnis

Eine Strafbarkeit des A wegen vorsätzlicher Körperverletzung zum Nachteil des J scheidet somit aus.

III. §§ 223 Abs. 1, 22, 23 Abs. 1, 223 Abs. 2 StGB zum Nachteil des C (Zweiter Faustschlag)

A könnte sich durch seinen fehlgegangenen Schlag jedoch wegen versuchter Körperverletzung zum Nachteil des C strafbar gemacht haben.

1. Vorprüfung

Da A den anvisierten C nicht getroffen hat, blieb die Körperverletzung zu seinem Nachteil unvollendet. Der Versuch des Vergehens (§ 12 Abs. 2 StGB) der Körperverletzung ist strafbar gemäß §§ 23 Abs. 1 2. Alt., 223 Abs. 2 StGB.

2. Tatentschluss

A müsste Tatentschluss zur Körperverletzung aufweisen. Dazu muss er sie vorsätzlich, d.h. wissentlich und willentlich verwirklicht haben (§ 15 StGB). A wollte den C mit seinem Faustschlag treffen, um ihm eine Lektion zu erteilen. Er hatte somit Tatentschluss bzgl. der Körperverletzung zum Nachteil des C.

3. Unmittelbares Ansetzen

Darüber hinaus müsste A unmittelbar zur Körperverletzung angesetzt haben (§ 22 StGB). Dies setzt voraus, dass der Täter *subjektiv* die Schwelle zum „Jetzt geht es los!" überschritten und *objektiv* zur tatbestandsmäßigen Angriffshandlung an-

---

[5] Zur aberratio ictus *Kindhäuser*, AT, § 27 Rdn. 53 ff.; *Kühl*, AT, § 13 Rdn. 29 ff.; *Wessels/Beulke*, Rdn. 250 ff.; vgl. auch *Beulke*, Klausurenkurs I, Fall 3, Rdn. 169.

gesetzt hat. Das Verhalten des Täters muss nach seinem Gesamtplan so eng mit der tatbestandlichen Ausführungshandlung verknüpft sein, dass es bei ungestörtem Fortgang *ohne Zwischenakte* in die Tatbestandsverwirklichung einmündet.[6] Nach der Vorstellung des A von der Tat sollte sein Schlag dem C unmittelbar eine körperliche Lektion erteilen. Durch die Ausführung des Schlags hat er somit unmittelbar zur Tatbestandsverwirklichung angesetzt.

4. Rechtswidrigkeit und Schuld

Das Verhalten des A war rechtswidrig und schuldhaft.

5. Kein Rücktritt

Ein Rücktritt des A scheidet aus, da sein Versuch fehlgeschlagen war, nachdem C die Diskothek mittlerweile verlassen hatte.

6. Zwischenergebnis

A hat sich wegen versuchter Körperverletzung gemäß §§ 223 Abs. 1, 22, 23 Abs. 1, 223 Abs. 2 StGB strafbar gemacht.

IV. § 229 StGB zum Nachteil des J (Zweiter Faustschlag)

Durch seine Gerade könnte A eine fahrlässige Körperverletzung gemäß § 229 StGB zum Nachteil des tatsächlich getroffenen J begangen haben.

1. Tatbestand

Den tatbestandlichen Erfolg einer Körperverletzung zum Nachteil des J hat der A durch seinen Schlag kausal herbeigeführt.

Dadurch müsste er zudem seine objektive Sorgfaltspflicht verletzt haben. Dies setzt voraus, dass der Täter die *im Verkehr erforderliche Sorgfalt* außer Acht lässt, die aus der Sicht ex ante einem besonnenen und gewissenhaften Menschen aus dem Verkehrskreis des Täters in seiner konkreten Situation auferlegt werden kann.[7] A hat versucht, den C mit einem Faustschlag zu treffen, obwohl sich mit dem J zumindest eine andere Person in unmittelbarer Umgebung befand und bei einem Fehlschlag in Mitleidenschaft gezogen werden konnte. A hat somit objektiv sorgfaltswidrig gehandelt.

Dass C sich ducken und daher sein Schlag eine andere Person treffen könnte, war für den A objektiv vorhersehbar.

2. Rechtswidrigkeit und Schuld

A handelte rechtswidrig und schuldhaft. Sein Verhalten war mangels entgegenstehender Anhaltspunkte auch subjektiv sorgfaltspflichtwidrig. Dass sein Schlag fehlgehen und einen anderen Besucher der Diskothek treffen könnte, war für A subjektiv vorhersehbar.

---

[6] BGHSt 43, 177 (179); *Fischer*, § 22 Rdn. 10; *Wessels/Beulke*, Rdn. 601.
[7] *Wessels/Beulke*, Rdn. 669; *Zieschang*, S. 108.

3. Zwischenergebnis

A hat sich wegen fahrlässiger Körperverletzung zum Nachteil des J strafbar gemacht. Der gemäß § 230 Abs. 1 S. 1 StGB erforderliche *Strafantrag* ist gestellt.

V. Konkurrenzen und Ergebnis

A ist strafbar gemäß § 223 Abs. 1 (zum Nachteil des G), §§ 223 Abs. 1, 22, 23 Abs. 1, 223 Abs. 2 (zum Nachteil des C), § 229 (zum Nachteil des J), § 52 StGB.

Tatkomplex 2: Ein Schuss im Park

Strafbarkeit des B

I. § 212 Abs. 1 StGB zum Nachteil des C

Durch seinen tödlichen Schuss könnte sich B eines Totschlags schuldig gemacht haben.

1. Tatbestand

a) Objektiver Tatbestand

B hat durch seinen Schuss die tödliche Verletzung des C kausal hervorgerufen und einen Menschen getötet. Der Taterfolg i.S.d. § 212 StGB ist somit verwirklicht.

b) Subjektiver Tatbestand

B müsste vorsätzlich gehandelt, d.h. den C wissentlich und willentlich getötet haben (§ 15 StGB). Dies erscheint zweifelhaft, weil dem B zuerst ein Irrtum bei der Identifizierung des anvisierten Opfers N unterläuft und anschließend sein Schuss fehlgeht und ein anderes Opfer trifft.

Fraglich ist zunächst, ob sich auf den Vorsatz des B auswirkt, den anvisierten N für den C gehalten zu haben. Gemäß § 16 Abs. 1 S. 1 StGB muss sich der Umfang nur auf die *gesetzlichen Tatumstände* beziehen. Dazu zählt bei § 212 StGB die Tötung eines (beliebigen) Menschen, nicht dagegen die Kenntnis seiner Identität. Stellen das anvisierte und das tatsächlich getroffene Opfer gleichwertige Handlungsobjekte dar, erweist sich ein solcher Identitätsirrtum (*error in persona*) nach den aufgezeigten Grundsätzen als ein für den Vorsatz unbeachtlicher Motivirrtum. Dass B den N mit dem C verwechselt hat, lässt seinen Vorsatz somit unberührt.

Zu einem vorsatzausschließenden Tatbestandsirrtum gemäß § 16 Abs. 1 S. 1 StGB könnte jedoch führen, dass der Schuss des B sein Ziel verfehlt und eine andere als die anvisierte Person getroffen hat. Bei einem solchen Fall einer *aberratio ictus* ist nach der vorzugswürdigen Konkretisierungstheorie entscheidend, ob sich der Vorsatz des Täters zum Zeitpunkt der Tat auf eine bestimmte Person individualisiert hatte. Als B sein Gewehr auf den N richtete, hatte er allein ihn als Tatopfer konkretisiert. Eine andere Person außer den (als C identifizierten) N wollte er dagegen zu diesem Zeitpunkt nicht töten. Geht sein Schuss fehl und trifft einen vorbeilaufenden Passanten, geschieht dies unvorsätzlich.

Zu einer anderen Gesamtwertung könnte vorliegend verleiten, dass das tatsächlich getroffene Opfer C kein beliebiger Dritter ist, sondern gerade diejenige Person, die das eigentliche Ziel der Tat des B war. B hat letztlich diejenige Person getötet, bei der er sich revanchieren wollte. In dieser besonderen Konstellation könnte im Wege einer Gesamtwertung der Vorsatz des B bzgl. der Tötung des C bejaht werden. Dann wäre aber vom Zufall abhängig, ob und inwiefern der Angriff des Täters fehlgeht und ob somit der Täter wegen Vorsatztat zu bestrafen wäre. Zudem würde verkannt, dass gemäß § 16 Abs. 1 S. 1 StGB für den Vorsatz der Zeitpunkt „*bei Begehung der Tat*" maßgeblich ist.[8] In diesem Augenblick hatte B jedoch ausschließlich den N als Tatopfer *individualisiert*. Dass seine Tat das Ziel hatte, sich bei C für dessen Affäre mit seiner Ehefrau zu rächen, stellt insofern einen unerheblichen Beweggrund dar.

2. Zwischenergebnis

Auch die Kombination eines error in persona mit einer aberratio ictus ist im Ergebnis wie eine *einfache aberratio ictus* zu behandeln. In Betracht kommen allenfalls ein Versuch zum Nachteil des anvisierten und eine Fahrlässigkeitstat zum Nachteil des tatsächlich getroffenen Tatobjekts. Eine Strafbarkeit des B wegen vorsätzlichen Tötungsdelikts zum Nachteil des C scheidet dagegen aus.

II. § 223 Abs. 1 StGB zum Nachteil des C

Mit seinem Schuss hat B den objektiven Tatbestand einer Körperverletzung zum Nachteil des C verwirklicht. C wurde mit dem Einschlag des Projektils in seinen Körper körperlich misshandelt und an seiner Gesundheit geschädigt. Jedoch scheitert der Vorsatz des B nach den Grundsätzen der aberratio ictus daran, dass er zum Zeitpunkt der Tat mit seinem Schuss den N und nicht den C treffen wollte.

III. §§ 212 Abs. 1, 22, 23 Abs. 1 StGB zum Nachteil des N

Durch seinen Fehlschuss könnte sich B wegen versuchten Totschlags zum Nachteil des nicht getroffenen N strafbar gemacht haben.

Da B den N verfehlte, ist die Tat nicht vollendet. Der Versuch des Verbrechens (vgl. § 12 Abs. 1 StGB) Totschlag ist gemäß § 23 Abs. 1 1. Alt. StGB strafbar.

B müsste Tatentschluss zur Begehung eines Totschlags des N gefasst haben. Da er infolge der Verwechslung mit C zum Zeitpunkt der Tat seinen Tötungsvorsatz auf den N konkretisiert hatte, hatte B den nötigen Tatentschluss.

Durch die Abgabe des Schusses hat B i.S.d. § 22 StGB unmittelbar zur Tatbestandsverwirklichung angesetzt.

B handelte rechtswidrig und schuldhaft. Ein Rücktritt vom Versuch scheidet wegen Fehlschlags aus, da der anvisierte N bereits den Park verlassen hat.

B hat sich wegen versuchten Totschlags gemäß §§ 212 Abs. 1, 22, 23 Abs. 1 StGB strafbar gemacht.

---

[8]   Zur Kombination aus error in persona und aberratio ictus *Kudlich*, PdW AT, Frage 62, S. 52 f.; *Wessels/Beulke*, Rdn. 257.

IV. §§ 223 Abs. 1, 22, 23 Abs. 1, 223 Abs. 2 StGB zum Nachteil des N

Zudem könnte B durch seinen Fehlschuss eine versuchte Körperverletzung zum Nachteil des N begangen haben.

Da B den N verfehlte, ist die Tat nicht vollendet. Die Strafbarkeit der versuchten Körperverletzung als Vergehen (§ 12 Abs. 2 StGB) ergibt sich aus §§ 23 Abs. 1 2. Alt., 223 Abs. 2 StGB.

Zum Zeitpunkt der Tat wollte B wegen der ihm unterlaufenen Verwechslung den N treffen und eine Körperverletzung gemäß § 223 Abs. 1 StGB verwirklichen. Die Körperverletzung bildet nach der Einheitstheorie ein notwendiges Durchgangsstadium zur Tötung, so dass der Körperverletzungsvorsatz durch den Tötungsvorsatz des Täters nicht ausgeschlossen wird. B hatte somit Tatentschluss zur Begehung einer Körperverletzung.

Dazu hat er mit Abgabe seines Schusses i.S.d. § 22 StGB unmittelbar angesetzt.

Sein Handeln war rechtswidrig und schuldhaft. Ein Rücktritt scheidet wegen Fehlschlags aus.

B hat eine versuchte Körperverletzung gemäß §§ 223 Abs. 1, 22, 23 Abs. 1, 223 Abs. 2 StGB zum Nachteil des N begangen.

V. § 222 StGB zum Nachteil des C

Indem B versehentlich den C mit seinem Schuss getötet hat, könnte er den Straftatbestand der fahrlässigen Tötung verwirklicht haben.

Durch seinen Schuss hat B kausal den Tod des C herbeigeführt. Mit der Abgabe eines Gewehrschusses in einem von Menschen besuchten Park verletzt B die im Verkehr erforderliche Sorgfalt. Dabei war objektiv vorhersehbar, dass infolge äußerer Umstände sein Schuss einen anderen als den anvisierten Parkbesucher treffen könnte.

A handelte rechtswidrig und schuldhaft. Für ihn war subjektiv vorhersehbar, dass sein Schuss fehlgehen und einen anderen Menschen treffen könnte.

A hat sich wegen fahrlässiger Tötung zum Nachteil des C strafbar gemacht.

VI. § 229 StGB zum Nachteil des C

In der zum Zeitpunkt der Tat versehentlichen Tötung des C liegt zugleich eine fahrlässige Körperverletzung gemäß § 229 StGB. Der gemäß § 230 Abs. 1 S. 1 StGB erforderliche *Strafantrag* wäre gestellt.

VII. Konkurrenzen und Ergebnis

B ist strafbar gemäß §§ 212 Abs. 1, 22, 23 Abs. 1 (zum Nachteil des N), § 222 (zum Nachteil des C), § 52 StGB. Die zugleich verwirklichten §§ 223 Abs. 1, 22, 23 Abs. 1, 223 Abs. 2 StGB (zum Nachteil des N) und § 229 StGB (zum Nachteil des C) treten dahinter aus Gründen der *Subsidiarität* zurück.

Gesamtergebnis

A ist strafbar gemäß § 223 Abs. 1 (zum Nachteil des G), §§ 223 Abs. 1, 22, 23
Abs. 1, 223 Abs. 2 (zum Nachteil des C), § 229 (zum Nachteil des J), § 52 StGB.
     B ist strafbar gemäß §§ 212 Abs. 1, 22, 23 Abs. 1 (zum Nachteil des N), § 222
(zum Nachteil des C), § 52 StGB.

Erwartungshorizont der Klausur

Schwerpunkte 1. Ordnung
− aberratio ictus
− Kombination aus error in persona und aberratio ictus

Schwerpunkte 2. Ordnung
− error in persona

Kleinere Probleme
− Strafantrag bei Körperverletzung
− Verhältnis von Körperverletzungs- und Tötungsvorsatz

IV. Klausur 8: Film ab!

Sachverhalt

A nutzt einen lauen Frühlingsabend, um ihre Lungen bei einem Spaziergang in den Flussauen unweit ihres Domizils mit frischer Luft zu füllen und sich von der gerade absolvierten fernöstlichen Kampfsportstunde zu erholen. Auf einmal bemerkt sie Hilfeschreie von der nahe gelegenen Brücke. Im Lichtkegel mehrerer großer Scheinwerfer erspäht sie einen schwarz gekleideten und maskierten Mann M, der eine junge Frau F mit einer Pistole bedroht. Kurz entschlossen möchte sie F zur Hilfe eilen und sprintet zur Brücke. Mittlerweile verärgert über die Menschenmenge, die das Geschehen auf der Brücke neugierig, aber untätig beobachtet, läuft sie von M unbemerkt auf ihn zu und versetzt ihm von hinten einen gezielten Kantenhieb auf die Nackenwirbel. Sie möchte ihm damit augenblicklich das Bewusstsein rauben, bevor M irgendeine Gelegenheit hat, einen Schuss aus seiner Waffe abzugeben. A weiß, dass ein solcher Schlag auf die Nackenwirbel unter Umständen tödlich verlaufen kann, vertraut aber darauf, dass nichts Größeres passieren werde. M klappt wie vom Blitz getroffen ohnmächtig zusammen. Als eine energische und aufgeregte Stimme aus dem Hintergrund „Cut" ruft, registriert A, dass sie in Aufnahmen eines Filmteams geraten ist und die Szene zwischen M und F lediglich gestellt war. M ist eine Prise Riechsalz und ein paar Eisbeutel später wieder komplett hergestellt und trägt außer einem sichtbaren blauen Fleck keine Verletzungen davon.

Bearbeitervermerk: Wie hat sich A nach dem StGB strafbar gemacht? §§ 211, 224 StGB sind nicht zu prüfen. Erforderliche Strafanträge sind gestellt.

Lösungsskizze

Strafbarkeit der A

I. §§ 212 Abs. 1, 22, 23 Abs. 1 StGB zum Nachteil des M
  1. Vorprüfung (+)
  2. Tatentschluss (–)
     Abgrenzung bedingter Vorsatz/bewusste Fahrlässigkeit
     Hemmschwellentheorie

II. § 223 Abs. 1 StGB zum Nachteil des M
  1. Tatbestand
     a) Objektiver Tatbestand (+)
     b) Subjektiver Tatbestand
        aa) Vorsatz (+)
           Erlaubnistatbestandsirrtum
           Nothilfe (+)
        bb) Vorsatztheorie (–)
        cc) Lehre von den negativen Tatbestandsmerkmalen (–)
  2. Rechtswidrigkeit
     a) Rechtfertigungsgründe (–)
     b) Eingeschränkte Schuldtheorie im engen Sinne (–)
  3. Schuld
     a) Strenge Schuldtheorie (–)
     b) Rechtsfolgenverweisende eingeschränkte Schuldtheorie (+)

III. § 229 StGB zum Nachteil des M
  1. Tatbestand (+)
  2. Rechtswidrigkeit und Schuld (+)

Lösung

Strafbarkeit der A

I. §§ 212 Abs. 1, 22, 23 Abs. 1 StGB zum Nachteil des M

Durch den gezielten Hieb mit der Handkante auf die Nackenwirbel des M könnte sich A wegen versuchten Totschlags strafbar gemacht haben.

1. Vorprüfung

Der Totschlag zum Nachteil des M ist nicht vollendet, weil er den Nackenschlag überlebt hat. Der Versuch des Verbrechens (vgl. § 12 Abs. 1 StGB) Totschlag ist gemäß § 23 Abs. 1 1. Alt. StGB strafbar.

2. Tatentschluss

A muss Tatentschluss bzgl. des Totschlags aufweisen. Der Tatentschluss im Rahmen einer versuchten Straftat umfasst den Vorsatz bzgl. des objektiven Tatbestandes sowie das Vorliegen sonstiger subjektiver Tatbestandsmerkmale. Vorsatz im Sinne des § 15 StGB wiederum erfordert das Wissen und Wollen der Tatbestandsverwirklichung.[1] A hatte nicht die Absicht (dolus directus 1. Grades), den M zu töten, sondern wollte ihm lediglich das Bewusstsein rauben. Ebenso wenig hatte der Handkantenhieb ihrer Vorstellung nach den Tod des M zur notwendigen Folge (dolus directus 2. Grades). Vielmehr war sie sich bewusst, dass der Nackenschlag nur unter Umständen tödlich verläuft.

Fraglich ist, ob dies für einen *bedingten Vorsatz* (dolus eventualis) der A ausreicht. Die Voraussetzungen des bedingten Vorsatzes sind umstritten. Nach einer Meinungsgruppe[2] (vor allem *Möglichkeits- und Wahrscheinlichkeitstheorie*) kann auf das Willenselement verzichtet werden. Demnach reicht das Wissen des Täters um die Möglichkeit bzw. Wahrscheinlichkeit des Erfolgseintritts für den bedingten Vorsatz aus. Dagegen spricht jedoch, dass der Täter aus unterschiedlichsten Erwägungen handeln kann und nicht in jedem Fall der Vorwurf vorsätzlichen Handelns gerechtfertigt erscheint. Der Wille des Täters als Vorsatzelement darf daher nicht vernachlässigt werden, weswegen die vorzugswürdige Auffassung ein *voluntatives Element* für den bedingten Vorsatz verlangt. Die Willenskomponente ist zudem ein geeignetes Abgrenzungskriterium zur bewussten Fahrlässigkeit.[3]

Unter den Theorien mit Willenselement hat sich die sog. *Einwilligungs- oder Billigungstheorie* etabliert. Danach handelt ein Täter dann bedingt vorsätzlich, wenn er den Erfolgseintritt als möglich und nicht völlig fernliegend erkennt und ihn billigend in Kauf nimmt. Lediglich bewusste Fahrlässigkeit kann dem Täter vorgeworfen werden, wenn er ernsthaft und nicht nur vage darauf vertraut, dass die Verwirklichung des gesetzlichen Tatbestandes ausbleibe.[4] A war sich zwar des

---

[1] BGHSt 19, 295 (298); *Wessels/Beulke*, Rdn. 203.
[2] Vgl. dazu *Beulke*, Klausurenkurs I, Fall 1, Rdn. 107.
[3] Vgl. dazu *Wessels/Beulke*, Rdn. 217 ff.
[4] BGH NStZ 1999, 507 (508); zur Abgrenzung *Kudlich*, PdW AT, Frage 56, S. 48.

ggf. tödlichen Ausgangs ihres Handkantenhiebes bewusst. Dabei hat sie aber darauf vertraut, dass nichts Größeres passieren werde. Ohnehin nimmt die Rechtsprechung bei Tötungsdelikten durch aktives Tun eine höhere *Hemmschwelle* des Täters als bei Gefährdungs- und Körperverletzungsdelikten an (sog. Hemmschwellentheorie).[5] Bei Tötungsdelikten ist ein bedingter Vorsatz somit eher zurückhaltend zu bejahen. Bei A ergeben sich keine äußeren Anzeichen, wonach sie die Hemmschwelle bereits überschritten und den Tod des M billigend in Kauf genommen hätte. Mangels voluntativen Elements ist daher ein bedingter Tötungsvorsatz der A abzulehnen.

3. Zwischenergebnis

Ein versuchter Totschlag zum Nachteil des M scheidet aus.

II. § 223 Abs. 1 StGB zum Nachteil des M

A könnte sich durch den Handkantenhieb wegen (einfacher) Körperverletzung strafbar gemacht haben.

1. Tatbestand

a) Objektiver Tatbestand

A müsste durch ihren Nackenschlag den M körperlich misshandelt (§ 223 Abs. 1 1. Alt. StGB) haben. Eine körperliche Misshandlung ist jede üble und unangemessene Behandlung, die das körperliche Wohlbefinden nicht nur unerheblich beeinträchtigt.[6] Ein gezielter Hieb mit der Handkante von hinten auf die Nackenwirbel stellt eine üble und unangemessene Behandlung dar. Durch den Bewusstseinsverlust wird das körperliche Wohlbefinden des M erheblich beeinträchtigt.

Darüber hinaus könnte eine Gesundheitsschädigung i.S.d. § 223 Abs. 1 2. Alt. StGB vorliegen. Eine Gesundheitsschädigung ist jeder vom Normalzustand abweichender pathologischer, d.h. krankhafter Zustand.[7] Der vorübergehende Bewusstseinsverlust des M und der durch den Schlag verursachte blaue Fleck stellen einen solchen krankhaften Zustand des M dar.

Durch ihren Handkantenhieb hat A den M kausal sowohl körperlich misshandelt als auch an seiner Gesundheit geschädigt.

b) Subjektiver Tatbestand

aa) Vorsatz

A müsste bzgl. des objektiven Tatbestandes vorsätzlich, d.h. wissentlich und willentlich gehandelt haben (§ 15 StGB). A wollte mit ihrem Schlag dem M das Bewusstsein rauben und verwirklichte somit vorsätzlich den objektiven Tatbestand des § 223 StGB.

---

[5] BGHSt 36, 1 (15); vgl. dazu *Hilgendorf*, Fall 4, S. 19 f.; *Kudlich*, PdW AT, Frage 57 f., S. 48 ff.

[6] *Lackner/Kühl*, § 223 Rdn. 4; *Rengier*, BT II, § 13 Rdn. 7.

[7] *Lackner/Kühl*, § 223 Rdn. 5; *Wessels/Hettinger*, Rdn. 257.

Jedoch könnte sich der Irrtum der A, die den lediglich gestellten Angriff von M auf F für real hielt, auf ihren Vorsatz auswirken. Bei ihrer Fehlvorstellung könnte es sich um einen *Erlaubnistatbestandsirrtum* handeln. Ein solcher setzt voraus, dass der Täter irrigerweise Umstände für gegeben hält, bei deren Vorliegen sein Handeln gerechtfertigt wäre.[8]

Die von A vorgestellte Situation könnte eine Notwehr- bzw. *Nothilfelage* begründen. Erforderlich ist dazu gemäß § 32 Abs. 2 StGB ein gegenwärtiger rechtswidriger Angriff auf sich oder einen anderen. Ein Angriff liegt in jedem menschlichen Verhalten, durch das eine Verletzung rechtlich geschützter Güter oder Interessen droht.[9] Nach der Vorstellung der A hat M auf die F ernsthaft eine Pistole gerichtet und somit ihr Leben bzw. ihre körperliche Unversehrtheit, zumindest aber ihre Willensfreiheit bedroht. Der vermeintliche Angriff fand gerade statt und war daher gegenwärtig. Schließlich steht das Bedrohen mit einer Pistole nicht im Einklang mit der Rechtsordnung und war somit rechtswidrig. Demnach wäre eine Nothilfelage zugunsten der F gegeben gewesen.

In einer solchen Situation wäre A zu einer Handlung berechtigt, die sich gegen den Angreifer richtet und objektiv erforderlich ist. Der Hieb mit der Handkante zielte auf den Angreifer M. Diese Verteidigungshandlung war objektiv erforderlich, wenn sie geeignet und zugleich das *relativ mildeste Mittel* war.[10] Da der Schlag in den Nacken dem M augenblicklich das Bewusstsein raubte, war er geeignet, den (vermeintlichen) Angriff auf F zu unterbinden. Ein ebenso effektives, aber zugleich weniger einschneidendes Mittel war nicht ersichtlich. Der Handkantenhieb war somit objektiv erforderlich. Der unter Umständen für den M tödliche Verlauf des Schlags schließt dessen Gebotenheit nicht aus. Vielmehr beruht das Notwehrrecht auf dem Rechtsbewährungsprinzip, so dass Recht dem Unrecht grds. nicht zu weichen braucht.[11] Insbesondere findet keine Güterabwägung statt.

A handelte schließlich mit *Verteidigungswillen*, da sie der F zu Hilfe eilen wollte. Zwar agierte sie auch aus Verärgerung über die untätige Menschenmenge. Solange die Verärgerung aber lediglich ein *Begleitmotiv* bildet und nicht völlig im Vordergrund steht, schließt sie das subjektive Rechtfertigungselement nicht aus.

Hätte M die F ernsthaft bedroht, wäre eine Nothilfelage gegeben gewesen, die den Handkantenhieb der A gemäß § 32 StGB gerechtfertigt hätte. A befand sich in einem Erlaubnistatbestandsirrtum.

bb) Vorsatztheorie

Fraglich sind die Folgen des Erlaubnistatbestandsirrtums.[12] Nach der früher verbreiteten Vorsatztheorie gehörte zum Vorsatz nicht nur das Wissen und Wollen

---

[8]   *Kindhäuser*, AT, § 29 Rdn. 11 f.; *Kühl*, AT, § 13 Rdn. 67 ff.; *Wessels/Beulke*, Rdn. 467.

[9]   *Kindhäuser*, AT, § 16 Rdn. 6; *Kühl*, AT, § 7 Rdn. 23; *Wessels/Beulke*, Rdn. 325.

[10]   *Kindhäuser*, AT, § 16 Rdn. 27; *Momsen*, BeckOK-StGB, § 32 Rdn. 25; *Wessels/Beulke*, Rdn. 335.

[11]   *Fischer*, § 32 Rdn. 2.

[12]   Vgl. hierzu *Kudlich*, PdW AT, Frage 150 f., S. 135 ff. Vielfach wird der Meinungsstreit komplett in der Schuld geprüft, vgl. *Beulke*, Klausurenkurs I, Fall 7, Rdn. 255 ff.; *Hilgendorf*, Fall 6, S. 38 f.

der Tatbestandsverwirklichung, sondern auch das Unrechtsbewusstsein. Da dem Täter, der sein Handeln wegen irrig angenommener tatsächlicher Umstände für gerechtfertigt hält, das Bewusstsein des Unrechts seiner Tat fehlt, würde danach ein Erlaubnistatbestandsirrtum gemäß *§ 16 Abs. 1 S. 1 StGB in direkter Anwendung* zum Ausschluss des Vorsatzes führen.

Gegen die Vorsatztheorie ist allerdings einzuwenden, dass sie mit dem geltenden Recht nicht mehr übereinstimmt. § 17 StGB erklärt das *Unrechtsbewusstsein* ausdrücklich zu einem *Teil der Schuld* und hat somit die konkurrierende Schuldtheorie zum Gesetz erhoben.[13]

cc) Lehre von den negativen Tatbestandsmerkmalen

Nach der Lehre von den negativen Tatbestandsmerkmalen gehört zum sog. *Gesamtunrechtstatbestand* neben den positiven Tatbestandsmerkmalen der jeweiligen Verbotsnorm auch das *Fehlen von Rechtfertigungsgründen* als negativen Tatbestandsmerkmalen. Nimmt der Täter irrigerweise an, sein Handeln sei gerechtfertigt, hat er keinen Vorsatz bzgl. des Fehlens negativer Tatbestandsmerkmale, so dass ebenso in direkter Anwendung des § 16 Abs. 1 S. 1 StGB der (Unrechts-)Vorsatz entfiele.

Gegen die Verschmelzung von Tatbestand und Rechtswidrigkeit zu einem Gesamtunrechtstatbestand lässt sich anführen, dass das Gesetz in den §§ 32 Abs. 1, 34 S. 1 StGB ausdrücklich von „nicht rechtswidrig" spricht und somit zwischen den beiden Wertungsstufen differenziert. Zudem stellt es einen nicht unerheblichen Unterschied dar, ob ein Handeln von vornherein keinen strafrechtlichen Tatbestand verwirklicht oder lediglich ausnahmsweise durch das Eingreifen eines Rechtfertigungsgrundes mit der Rechtsordnung vereinbar ist.[14] Auch diese Auffassung bleibt somit abzulehnen.

A hat vorsätzlich den Tatbestand der Körperverletzung verwirklicht.

2. Rechtswidrigkeit

a) Rechtfertigungsgründe

Rechtfertigungsgründe sind nicht ersichtlich. Insbesondere ist mangels Angriffs des M objektiv keine Nothilfelage gegeben.

b) Eingeschränkte Schuldtheorie im engen Sinne

Die Rechtswidrigkeit könnte aber infolge des Erlaubnistatbestandsirrtums der A entfallen. Schließlich besteht im Hinblick auf das verwirklichte Unrecht kein qualitativer Unterschied zwischen einem Tatbestandsirrtum i.S.d. § 16 Abs. 1 S. 1 StGB und einem Erlaubnistatbestandsirrtum. Nach der eingeschränkten Schuldtheorie im engen Sinne muss die Vorschrift daher analog angewendet werden, so dass das zur Ebene der Rechtswidrigkeit zählende *Vorsatzunrecht* entfällt.[15]

---

[13] *Kindhäuser*, AT, § 29 Rdn. 14.
[14] *Wessels/Beulke*, Rdn. 126; *Zieschang*, S. 89.
[15] Vgl. *Kudlich*, BeckOK-StGB, § 16 Rdn. 24; *Lackner/Kühl*, § 17 Rdn. 14.

Dem lässt sich entgegen halten, dass nur der Täter, der sich in einem Erlaubnistatbestandsirrtum befindet, von der *Warnfunktion des gesetzlichen Straftatbestandes* erreicht wird und um das grundsätzliche Verbot seines Handelns weiß. Erweist sich der Irrtum des Täters in diesem Fall als vermeidbar, ist ihm ein größerer Vorwurf zu machen als demjenigen Täter, der von vornherein verkannt hat, einen Unrechtstatbestand zu verwirklichen. Somit besteht ein nicht unerheblicher Unterschied zwischen Tatbestands- und Erlaubnistatbestandsirrtum. Zudem hätte der Ausschluss der Rechtswidrigkeit des Täters zur Folge, dass etwaige (auch ohne Irrtum handelnde) Teilnehmer mangels rechtswidriger Haupttat i.S.d. §§ 26, 27 StGB straffrei wären und somit *Strafbarkeitslücken* begründet würden.[16]
Das Verhalten der A war somit rechtswidrig.

3. Schuld

a) Strenge Schuldtheorie

Letztlich müsste A schuldhaft gehandelt haben. Auch insoweit bestehen Bedenken infolge des Erlaubnistatbestandsirrtums der A. Nach der in § 17 StGB zum Gesetz erhobenen Schuldtheorie bildet das Unrechtsbewusstsein ein selbstständiges Element der Schuld. Irrt sich der Täter über die Rechtswidrigkeit seines Handelns, befindet er sich grds. in einem *Verbotsirrtum*,[17] der nur im seltenen Falle seiner Unvermeidbarkeit zu einem Ausschluss der Schuld führt (§ 17 S. 1 StGB).

Das Ergebnis der strengen Schuldtheorie erscheint jedoch unbillig. Wer einem Verbotsirrtum unterliegt, ist sich infolge der Verkennung der *rechtlichen* Lage keines Unrechts bewusst. Ein Täter, der sich in einem Erlaubnistatbestandsirrtum befindet, will sich dagegen rechtstreu verhalten und irrt lediglich über die konkrete *Sachlage*. Ihm kann daher nicht der Vorwurf rechtsfeindlicher Gesinnung gemacht werden, sondern nur der Vorwurf der Nachlässigkeit. Dieser entspricht aber qualitativ nicht dem Vorsatz-, sondern nur einem Fahrlässigkeitsschuldvorwurf.[18]

b) Rechtsfolgenverweisende eingeschränkte Schuldtheorie

Die strenge Schuldtheorie bedarf daher einer Einschränkung. Zwar handelt ein Täter, der sich in einem Erlaubnistatbestandsirrtum befindet, mit Wissen und Wollen der Tatbestandsverwirklichung und somit mit Tatbestandsvorsatz. Seine Fehlvorstellung führt jedoch zu einem Wegfall der sog. *Vorsatzschuld*, so dass eine Strafbarkeit aus vorsätzlicher Tat ausscheidet. Nur im Ergebnis wird der Erlaubnistatbestandsirrtum somit wie der Tatbestandsirrtum gemäß § 16 Abs. 1 S. 1 StGB behandelt (daher rechtsfolgenverweisende eingeschränkte Schuldtheorie).[19] Da die Bestrafung des bösgläubigen Teilnehmers nach wie vor möglich bleibt, ist dieser Auffassung zu folgen. A handelte somit ohne (Vorsatz-)Schuld.

---

[16] *Wessels/Beulke*, Rdn. 477.
[17] So etwa *Zieschang*, S. 90 f.
[18] *Kindhäuser*, AT, § 29 Rdn. 17 f.; *Kühl*, AT, § 13 Rdn. 72; *Wessels/Beulke*, Rdn. 470 f.
[19] *Fischer*, § 16 Rdn. 22; *Wessels/Beulke*, Rdn. 478 f.

4. Zwischenergebnis

A ist nicht der (vorsätzlichen) Körperverletzung schuldig.

III. § 229 StGB zum Nachteil des M

Durch ihren Handkantenhieb könnte A aber eine fahrlässige Körperverletzung begangen haben.

1. Tatbestand

Durch ihren Schlag hat A die Körperverletzung zum Nachteil des M kausal herbeigeführt. Dies müsste gemäß § 229 StGB durch Fahrlässigkeit geschehen sein.

Dazu ist erforderlich, die *im Verkehr erforderliche Sorgfalt* außer Acht zu lassen, die aus der Sicht ex ante einem besonnenen und gewissenhaften Menschen aus dem Verkehrskreis des Täters in dessen konkreter Situation auferlegt werden kann.[20] A hat vor ihrem Schlag gegen M die Lichtkegel mehrerer großer Scheinwerfer und eine neugierige Menschenmenge bemerkt. Damit waren genügend Anhaltspunkte vorhanden, um auf dem Weg zur Brücke nach einem Filmteam oder weiteren Anzeichen für ein gestelltes Bedrohungsszenario Ausschau zu halten, um einen (Erlaubnistatbestands-)Irrtum auszuschließen, bevor sie willentlich und wissentlich objektiv den Straftatbestand der Körperverletzung verwirklicht. Indem A dies unterlassen hat, handelte sie objektiv sorgfaltswidrig.

Dass es ohne die notwendige Erkundigung zu einem objektiv nicht gerechtfertigten Eingreifen kommen könnte, war objektiv vorhersehbar.

2. Rechtswidrigkeit und Schuld

A handelte rechtswidrig und schuldhaft. Für sie war insbesondere möglich, die objektiv gebotene Sorgfaltspflicht zu erfüllen und ihren Erlaubnistatbestandsirrtum zu vermeiden.

3. Zwischenergebnis

A hat sich wegen fahrlässiger Körperverletzung zum Nachteil des M strafbar gemacht. Der gemäß § 230 Abs. 1 S. 1 StGB erforderliche *Strafantrag* ist gestellt.

Gesamtergebnis

A ist strafbar wegen fahrlässiger Körperverletzung gemäß § 229 StGB zum Nachteil des M.

Erwartungshorizont der Klausur

Schwerpunkte 1. Ordnung
− Erlaubnistatbestandsirrtum

---

[20] *Wessels/Beulke*, Rdn. 669; *Zieschang*, S. 108.

Schwerpunkte 2. Ordnung
- Abgrenzung bedingter Vorsatz/bewusste Fahrlässigkeit
- Hemmschwelle bei Tötungsdelikten
- Voraussetzungen der Nothilfe

Kleinere Probleme
- Kein Einfluss der Verärgerung auf den Verteidigungswillen
- Objektive Sorgfaltspflichtverletzung
- Strafantrag bei fahrlässiger Körperverletzung

V. Klausur 9: Der selbsternannte Hilfssheriff

Sachverhalt

Frührentner A ist Ordnungshüter und Weltverbesserer aus Leidenschaft, der in seiner Freizeit für Recht und Ordnung sorgen will. Eines späten Morgens bemerkt er bei seiner Patrouille den Studenten der Sozialpädagogik S auf dem reichlich gefüllten Fahrradstellplatz der örtlichen Universität. Da S sich mehrmals auf dem Stellplatz umherschaut, bevor er zu einem bestimmten Fahrrad geht, und dort einige Minuten benötigt, um das Schloss zu öffnen, keimt in A der Verdacht auf, dass es sich bei S um einen Fahrraddieb handelt. Seinen Verdacht sieht er in dem äußeren Erscheinungsbild des S bestätigt, der als bekennender Woodstock-Revival-Anhänger lange zottelige Haare und einen wild wuchernden Bartwuchs aufweist sowie zerrissene Bekleidung trägt. In Wahrheit ließ S sein Fahrrad am Vorabend an der Universität stehen, bevor er sich ins Nachtleben stürzte, fuhr mit dem Taxi nach Hause und will nun sein Rad abholen. Dabei dauert es infolge seines Restalkohols etwas länger, bis er sein Fahrrad identifizieren und sein Fahrradschloss aufschließen kann. A nutzt die Zeit, um sich von hinten an den vermeintlichen Übeltäter anzuschleichen und ihm mit einer schnellen und geübten Bewegung den Arm auf den Rücken zu drehen. Durch den resoluten Griff des A erleidet S einen blauen Fleck am Handgelenk. A betätigt eine Kurzwahltaste seines Mobiltelefons und benachrichtigt die örtliche Polizeidienststelle. Die Zeit bis zum Eintreffen der Polizei nutzt er, um S eine Lektion zu erteilen und ihm ein paar schmerzhafte Schläge in die Magengrube zu verpassen. A glaubt, dazu im Rahmen seines Festnahmerechts berechtigt zu sein, um jegliche Gegenwehr von vornherein auszuschließen.

Noch erregt von den Ereignissen erholt sich A in der Abenddämmerung desselben Tages auf einer Bank im städtischen Park, als langsam der Spaziergänger R direkt auf ihn zugeht. Als R noch zehn Meter von A entfernt ist, holt er hinter seinem Rücken einen länglichen, oben breiter zulaufenden Gegenstand hervor, den A im Halbdunkel für einen überdimensionalen Baseballschläger hält. A befürchtet ausgeraubt zu werden und gibt ohne Vorwarnung mit seinem Taschenrevolver mehrere Schüsse auf den Oberkörper des R ab. Er ist dabei der Ansicht, bei der Abwehr eines Angriffs auf sein Eigentum keine Kompromisse eingehen zu müssen. R stolpert noch ein paar Schritte vor, fragt den A röchelnd „Du wollen Rose kaufen?", lässt seine zusammengebundenen Blumen fallen, bricht tödlich getroffen zusammen und stirbt.

Bearbeitervermerk: Wie hat sich A nach dem StGB strafbar gemacht? Zu prüfen sind lediglich §§ 212, 223 StGB. Erforderliche Strafanträge sind gestellt.

§ 127 Abs. 1 S. 1 StPO: „Wird jemand auf frischer Tat betroffen oder verfolgt, so ist, wenn er der Flucht verdächtig ist oder seine Identität nicht sofort festgestellt werden kann, jedermann befugt, ihn auch ohne richterliche Anordnung vorläufig festzunehmen."

Lösungsskizze

Strafbarkeit des A

Tatkomplex 1: Rausch mit Folgen

I. § 223 Abs. 1 StGB zum Nachteil des S (Zugreifen am Arm)
   1. Tatbestand (+)
   2. Rechtswidrigkeit
      a) Notwehr (§ 32 StGB) und Notstand (§ 34 StGB) (–)
      b) Festnahmerecht aus § 127 Abs. 1 S. 1 StPO
         str.: dringender Tatverdacht oder tatsächlich begangene Tat?
II. § 223 Abs. 1 StGB zum Nachteil des S (Schläge in den Magen)
   1. Tatbestand (+)
   2. Rechtswidrigkeit (+)
      nur zur Festnahme erforderliche Beeinträchtigungen
   3. Schuld (+)
      Erlaubnisirrtum als Verbotsirrtum
      Vermeidbarkeit des Irrtums

Tatkomplex 2: Der Rosenverkäufer

I. § 212 Abs. 1 StGB zum Nachteil des R
   1. Tatbestand
      Bedingter Vorsatz
      Hemmschwellentheorie
   2. Rechtswidrigkeit (+)
   3. Schuld
      a) Erlaubnistatbestandsirrtum des A (–)
         Einsatz von Schusswaffen bei Notwehrrecht
      b) Erlaubnisirrtum des A (+)
         Doppelirrtum
         Vermeidbarkeit des Irrtums
II. § 223 Abs. 1 StGB zum Nachteil des R
   1. Tatbestand
   2. Rechtswidrigkeit und Schuld (+)

Lösung

Strafbarkeit des A

Tatkomplex 1: Rausch mit Folgen

I. § 223 Abs. 1 StGB zum Nachteil des S (Zugreifen am Arm)

A könnte sich durch das Ergreifen und Umdrehen des Armes des S einer Körperverletzung schuldig gemacht haben.

1. Tatbestand

Dazu müsste A den S körperlich misshandelt haben (§ 223 Abs. 1 1. Alt. StGB). Eine körperliche Misshandlung ist jede üble und unangemessene Behandlung, die das körperliche Wohlbefinden nicht nur unerheblich beeinträchtigt.[1] Das Ergreifen und Drehen des Armes auf den Rücken stellt eine Misshandlung dar. Der dadurch verursachte blaue Fleck am Handgelenk beeinträchtigt das körperliche Wohlbefinden des S nicht unerheblich.

Zudem könnte A den S an seiner Gesundheit geschädigt haben (2. Alt.). Dazu muss er einen vom Normalzustand abweichenden pathologischen Zustand herbeigeführt haben.[2] Das Hämatom stellt einen krankhaften Zustand dar.

Durch das Ergreifen und Umdrehen des Armes hat A den S somit kausal körperlich misshandelt und an der Gesundheit geschädigt.

Diesbezüglich müsste A vorsätzlich gehandelt haben. Vorsatz ist der Wille zur Verwirklichung eines Straftatbestandes in Kenntnis aller seiner objektiven Tatumstände (§ 15 StGB).[3] A war sich bei seinem Eingreifen bewusst, die körperliche Unversehrtheit des S zu beeinträchtigen. Er handelte somit vorsätzlich.

2. Rechtswidrigkeit

Fraglich ist, ob das Verhalten des A gerechtfertigt war, da er eine Straftat verhindern und den Täter bis zum Eintreffen der Polizei festhalten wollte.

a) Notwehr (§ 32 StGB) und Notstand (§ 34 StGB)

Denkbar ist zunächst eine Rechtfertigung aus Notwehr gemäß § 32 StGB, hier in Form der *Nothilfe* zugunsten des Eigentümers des Fahrrads. S hat tatsächlich aber sein eigenes Fahrrad aufgeschlossen, so dass objektiv kein Angriff auf das Eigentum oder ein sonstiges Rechtsgut eines Dritten vorliegt. Eine Nothilfe scheidet daher mangels Nothilfelage aus.

Gleiches gilt für den rechtfertigenden Notstand aus § 34 StGB, der mangels tatsächlicher Gefahr für das Eigentum oder ein sonstiges notstandsfähiges Rechtsgut eines anderen nicht zur Anwendung gelangt.

---

[1] *Lackner/Kühl*, § 223 Rdn. 4; *Rengier*, BT II, § 13 Rdn. 7.
[2] *Lackner/Kühl*, § 223 Rdn. 5; *Wessels/Hettinger*, Rdn. 257.
[3] BGHSt 19, 295 (298); *Wessels/Beulke*, Rdn. 203.

c) Festnahmerecht aus § 127 Abs. 1 S. 1 StPO

Das Handeln des A könnte gemäß § 127 Abs. 1 S. 1 StPO gerechtfertigt sein. Nach dieser Vorschrift ist jedermann (daher sog. *Jedermannsrecht*) zur vorläufigen Festnahme einer Person berechtigt, wenn sie auf frischer Tat betroffen oder verfolgt wird. Als Straftat des S kommt hier der (gemäß § 242 Abs. 2 StGB strafbare) versuchte Diebstahl in Betracht, zu dem er mit dem Hantieren am Schloss unmittelbar angesetzt hätte. Jedoch wollte S in Wahrheit sein eigenes Fahrrad aufschließen und hat somit keine Straftat begangen.

Fraglich ist, ob das Merkmal „auf frischer Tat" i.S.d. § 127 Abs. 1 S. 1 StPO voraussetzt, dass der Festgenommene *tatsächlich eine Straftat begangen* hat. Dafür spricht der Vergleich mit anderen Rechtfertigungsgründen, die ihre Wirkung nur entfalten können, wenn objektiv eine rechtfertigende Lage gegeben ist. Nach einer Auffassung kann daher auch das Jedermannsrecht nur als Rechtfertigungsgrund herangezogen werden, wenn tatsächlich eine Straftat vorliegt. Ansonsten könnte sich eine tatsächlich unschuldige Person nicht ohne Strafbarkeitsrisiko gegen die unberechtigte Festnahme wehren, da das Verhalten des Festnehmenden gerechtfertigt und Notwehr dagegen ausgeschlossen wäre. Etwaige Irrtümer des Festnehmenden könnten sachgerecht über die Regeln des Erlaubnistatbestandsirrtums berücksichtigt werden.[4]

Dagegen spricht, dass dem couragierten Bürger, der mit der Festnahme eines vermeintlichen Straftäters eine öffentliche Aufgabe wahrnehmen will, nicht das Risiko eines schuldlosen Irrtums aufgebürdet werden darf. Nach anderer Ansicht ist daher für § 127 Abs. 1 S. 1 StPO ausreichend, dass die äußeren Umstände einen *dringenden Tatverdacht* für eine Straftat begründen. Dies ergebe sich vor allem aus einem Vergleich mit Absatz 2 derselben Vorschrift und sonstigen Eingriffsbefugnissen der StPO, für die ebenso ein solcher Verdacht ausreiche, unabhängig davon, ob tatsächlich eine Straftat vorliege oder nicht.[5]

Wird daher dieser Ansicht gefolgt, müsste sich aufgrund aller im Tatzeitpunkt erkennbaren äußeren Umstände ein dringender Tatverdacht ergeben. Verdächtig ist zunächst, dass sich S mehrmals auf dem Fahrradstellplatz umsieht. Wer zu seinem eigenen Fahrrad möchte, weiß in der Regel, wo er es abgestellt hat. Zu einem dringenden Tatverdacht erhärtet sich das Geschehen, als S einige Minuten benötigt, um das Schloss zu öffnen. Dies spricht kaum dafür, ein Fahrrad lediglich von der eigenen Diebstahlsicherung befreien zu wollen.

Der dringende Verdacht einer Straftat liegt somit vor. Da S dem Anschein nach zum Diebstahl unmittelbar ansetzte und in flagranti erwischt wurde, ist er auf frischer Tat betroffen. Fluchtverdacht ist gegeben, da ohne ein sofortiges Eingreifen nahe liegt, dass S als vermeintlicher Dieb den Tatort umgehend verlässt, zumal er das Fahrradschloss bereits geöffnet hat und mit dem Fahrrad fliehen konnte.

§ 127 Abs. 1 S. 1 StPO berechtigt zur vorläufigen Festnahme. Darunter sind nur solche Maßnahmen zu verstehen, die zur Festnahme des (verdächtigen) Straf-

---

[4] *Kindhäuser*, AT, § 20 Rdn. 4 ff.; *Kühl*, AT, § 9 Rdn. 85 f.; *Wessels/Beulke*, Rdn. 354; *Zieschang*, S. 82.

[5] BGH NJW 1981, 745 (745); OLG Hamm NStZ 1998, 370 (370).

täters unbedingt erforderlich sind. Dazu zählen auch geringfügige Körperver-
letzungen, sofern sie *durch die Festnahmehandlung selbst* hervorgerufen werden.[6]
A hat dem S zwar einen blauen Fleck am Handgelenk zugefügt. Das Hämatom
steht aber in unmittelbarem Zusammenhang mit dem Festhalten des S und über-
schreitet somit nicht die Grenzen des Festnahmerechts.

A handelte schließlich, um einen vermeintlichen Dieb festzuhalten, und somit
mit Festnahmewillen.

3. Zwischenergebnis

Das Verhalten des A war gemäß § 127 Abs. 1 S. 1 StPO gerechtfertigt. Diesbezüglich scheidet eine Strafbarkeit wegen Körperverletzung aus.

II. § 223 Abs. 1 StGB zum Nachteil des S (Schläge in den Magen)

A könnte durch die Magenschläge eine Körperverletzung des S begangen haben.

1. Tatbestand

Dazu müsste A den S körperlich misshandelt oder an seiner Gesundheit geschädigt haben. Schläge in den Magen sind eine üble und unangemessene Behandlung,
die infolge der damit verbundenen Schmerzen das körperliche Wohlbefinden erheblich beeinträchtigen. Ebenso führt die Zufügung von Schmerzen zu einem für
das Opfer nachteilig von seinem normalen Befinden abweichenden Gesundheits-
zustand. A hat durch die Schläge in die Magengegend den S somit kausal sowohl
körperlich misshandelt (§ 223 Abs. 1 1. Alt. StGB) als auch an seiner Gesundheit
geschädigt (2. Alt.). Diesbezüglich handelte er mit Vorsatz (§ 15 StGB).

2. Rechtswidrigkeit

Das Verhalten des A könnte wiederum gerechtfertigt sein.

Denkbar ist eine Rechtfertigung aus Notwehr. So stellte es einen rechtswidrigen
Angriff dar, wenn sich der Festgenommene seiner Festnahme widersetzt, die er
nach oben aufgezeigten Grundsätzen gemäß § 127 Abs. 1 S. 1 StPO zu dulden
hat.[7] Vorliegend ist aber kein Widerstand des S ersichtlich. Vielmehr handelt A,
um dem S eine Lektion zu verpassen. Notwehr scheidet daher aus.

In Betracht kommt erneut das Festnahmerecht gemäß § 127 Abs. 1 S. 1 StPO,
sofern der dringende Tatverdacht einer Straftat als ausreichend erachtet wird.

Fraglich ist, ob die Schläge in die Magengegend des S von dem Jedermannsrecht gedeckt sind. Gerechtfertigt sind Eingriffe in die Rechtsgüter des Betroffenen nur, wenn sie *zur Festnahme selbst unerlässlich* sind. Die Schläge in die
Magengrube des S richten sich jedoch gegen einen bereits Festgenommenen und
sind somit zu seiner Festnahme nicht erforderlich.

Überdies scheitert eine Rechtfertigung der Schläge daran, dass A insoweit nicht
mit Festnahmewillen handelt, sondern um dem S eine Lektion zu erteilen.

---

[6] BGHSt 45, 378 (381 f.); *Kühl*, AT, § 9 Rdn. 83; *Wessels/Beulke*, Rdn. 355.
[7] BGHSt 45, 378 (383).

3. Schuld

A müsste schuldhaft gehandelt haben. Daran bestehen Zweifel infolge seiner Fehlvorstellung, zu seinen Schlägen gegen S berechtigt zu sein.

Bei seinem Irrtum könnte es sich um einen sog. *Erlaubnisirrtum* handeln. Er liegt vor, wenn der Täter an die Existenz eines nicht anerkannten Rechtfertigungsgrundes glaubt oder über die rechtlichen Grenzen eines bestehenden Rechtfertigungsgrundes irrt.[8] A war der Ansicht, die körperliche Unversehrtheit des Opfers beeinträchtigen zu dürfen, um jegliche Gegenwehr von vornherein auszuschließen. Damit irrte er sich über die Reichweite seines Festnahmerechts aus § 127 Abs. 1 S. 1 StPO. Er befand sich somit in einem Erlaubnisirrtum.

Da in dem darauf beruhenden Fehlen des Unrechtsbewusstseins eine der Rechtsordnung widersprechende Einstellung des Täters zum Ausdruck kommt, stellt der Erlaubnisirrtum einen *Verbotsirrtum* gemäß § 17 StGB dar. Er führt nach dessen Satz 1 zum Wegfall der Schuld, wenn er *unvermeidbar* ist, d.h. wenn der Täter unter Berücksichtigung seiner sozialen Stellung und seiner Fähigkeiten bei dem ihm zumutbaren Einsatz seiner Erkenntniskräfte und seiner rechtlich-sittlichen Wertvorstellungen das Unrecht der Tat nicht hätte einsehen können.[9] Vorliegend hätte A einsehen müssen, dass sein Festnahmerecht nur zur Festnahme des Opfers berechtigen kann, nicht dagegen zu weiteren Beeinträchtigungen seiner Rechtsgüter. Ansonsten müsste jeder Festgenommene solche vorsorglichen Maßnahmen zum Ausschluss etwaiger Gegenwehr über sich ergehen lassen, unabhängig davon, ob er dergleichen überhaupt im Sinn hat. Dies ist insbesondere dann fragwürdig, wenn die Festnahme wie hier wegen einer (vermeintlichen) Straftat zum Nachteil fremder Vermögensrechte erfolgt, dann aber zum Eingriff in das höchstpersönliche Rechtsgut der körperlichen Unversehrtheit des Festgenommenen berechtigen soll. Der Erlaubnisirrtum des A war für ihn vermeidbar. Sein Verhalten war somit schuldhaft.

4. Zwischenergebnis

A ist strafbar wegen Körperverletzung zum Nachteil des S. Der nach § 230 Abs. 1 S. 1 StGB erforderliche *Strafantrag* ist gestellt. Wegen des vermeidbaren Verbotsirrtums kann die *Strafe* des A nach §§ 17 S. 2, 49 Abs. 1 StGB *gemildert* werden.

III. Ergebnis

A hat sich durch die Schläge in die Magengrube wegen Körperverletzung gemäß § 223 Abs. 1 StGB zum Nachteil des S strafbar gemacht.

Tatkomplex 2: Der Rosenverkäufer

I. § 212 Abs. 1 StGB zum Nachteil des R

Durch seine tödlichen Schüsse könnte A wegen Totschlags strafbar sein.

---

[8] *Wessels/Beulke*, Rdn. 482.
[9] BGHSt 2, 194 (201 f.); 4, 1 (5).

1. Tatbestand

Taterfolg ist der Tod des R. Diesen Erfolg hat A kausal durch seine Schüsse aus seinem Taschenrevolver herbeigeführt.

Diesbezüglich müsste A zumindest mit bedingtem Vorsatz gehandelt haben (§ 15 StGB). Nach der *Einwilligungs- oder Billigungstheorie* handelt ein Täter dann bedingt vorsätzlich, wenn er den Erfolgseintritt als möglich und nicht völlig fernliegend erkennt und ihn billigend in Kauf nimmt.[10] Nach der Rechtsprechung ist bei Tötungsdelikten ein bedingter Vorsatz eher mit Zurückhaltung anzunehmen, da insoweit eine höhere *Hemmschwelle* des Täters postuliert wird als bei Gefährdungs- und Körperverletzungsdelikten.[11] A hat jedoch aus einer kurzen Distanz von zehn Metern mehrere Schüsse auf den Oberkörper des R abgegeben. Im Hinblick auf die evidente Lebensgefährlichkeit seiner Aktion handelte A selbst unter Berücksichtigung der sog. Hemmschwellentheorie mindestens mit dolus eventualis.

2. Rechtswidrigkeit

A handelte rechtswidrig. Vor allem Notwehr (§ 32 StGB) und rechtfertigender Notstand (§ 34 StGB) scheitern bereits daran, dass objektiv kein Angriff auf das Eigentum oder auf andere Rechtsgüter des A gegeben war, sondern sich der vermeintliche Räuber R als Rosenverkäufer entlarvte.

3. Schuld

Schließlich müsste A schuldhaft gehandelt haben.

a) Erlaubnistatbestandsirrtum des A

Fraglich ist, ob und ggf. wie sich der Irrtum des A über die Absicht des R auf seine Strafbarkeit auswirkt.

Sein Irrtum könnte einen Erlaubnistatbestandsirrtum darstellen. Dazu muss der Täter irrigerweise Umstände für gegeben halten, bei deren Vorliegen sein Handeln gerechtfertigt wäre.[12] A glaubte, dass R ihn mit einem Baseballschläger ausrauben wollte. Wäre seine Ansicht zutreffend, käme Notwehr gemäß § 32 StGB in Betracht.

Erforderlich ist dazu ein gegenwärtiger rechtswidriger Angriff (§ 32 Abs. 2 StGB). Ein Angriff liegt in jedem menschlichen Verhalten, durch das eine Verletzung rechtlich geschützter Güter oder Interessen droht.[13] Der vermeintlich bewaffnete R bedrohte nach Vorstellung des A sein Eigentum und seine körperliche Unversehrtheit. Der Angriff des nur wenige Meter entfernten R stand unmittelbar bevor und war gegenwärtig. Zudem wäre ein solches räuberisches Verhalten strafbar und rechtswidrig. A hätte sich in einer Notwehrlage befunden.

---

[10] BGH NStZ 1999, 507 (508).
[11] BGHSt 36, 1 (15).
[12] *Kindhäuser*, AT, § 29 Rdn. 11 f.; *Kühl*, AT, § 13 Rdn. 67 ff.; *Wessels/Beulke*, Rdn. 467.
[13] *Kindhäuser*, AT, § 16 Rdn. 6; *Kühl*, AT, § 7 Rdn. 23; *Wessels/Beulke*, Rdn. 325.

A wäre in diesem Fall zu einer Notwehrhandlung gegen den Angreifer berechtigt gewesen, die objektiv erforderlich ist. Dazu muss die Verteidigungshandlung geeignet und zugleich das relativ mildeste Mittel sein.[14] Geeignet ist jede Verteidigung, die den Angriff sofort zu beenden oder zumindest abzuschwächen vermag.[15] Dass mehrere Schüsse auf den Oberkörper eines (vermeintlichen) Angreifers geeignet sind, die Bedrohung seiner Rechtsgüter sofort zu beenden, wird bereits daran deutlich, dass R unmittelbar darauf verstirbt.

Eine Verteidigungsmaßnahme stellt das *relativ mildeste Mittel* dar, wenn sie unter mehreren gleichsam geeigneten Notwehrhandlungen den Angreifer am wenigsten beeinträchtigt. Für den *Einsatz von Schusswaffen* wurde wegen ihrer Gefährlichkeit eine Stufenfolge entwickelt, welche die objektive Erforderlichkeit wahren soll. Danach muss ein Verteidiger den Gebrauch der Waffe zunächst androhen. Ist dies nicht möglich, darf er einen gezielten (nicht tödlichen) Schuss auf den Angreifer abgeben, um den Angriff zu unterbinden. Die Tötung des Angreifers wird dagegen erst auf dritter und letzter Stufe als ultima ratio als zulässig erachtet.[16] Vorliegend hat A ohne Vorwarnung und mehrmals auf den R geschossen. Er hat sich sogleich einer Verteidigung der dritten Stufe bedient, obwohl R noch zehn Meter von ihm entfernt war und nur langsam auf ihn zukam. Da dem A eine akute Gefahr durch den vermeintlichen Baseballschläger des R erst im Nahkampf drohte, wäre ihm ausreichend Zeit für die Androhung des Einsatzes seiner Schusswaffe bzw. für einen Warnschuss verblieben, um den vermeintlichen Angriff zu unterbinden. Seine Verteidigung war somit nicht das relativ mildeste Mittel und wäre selbst bei Vorliegen der von ihm vorgestellten Umstände nicht gerechtfertigt gewesen. Ein Erlaubnistatbestandsirrtum scheidet aus.[17]

b) Erlaubnisirrtum des A

Fraglich ist, ob und ggf. wie sich der weitere Irrtum des A über den Umfang seiner zulässigen Verteidigung bei einem Angriff auf sein Eigentum auswirkt.

Seine Fehlvorstellung könnte einen Erlaubnisirrtum darstellen. In Abgrenzung zum Erlaubnistatbestandsirrtum beurteilt der Täter die Sachlage zwar zutreffend, irrt sich aber über die Existenz eines nicht anerkannten oder die rechtlichen *Grenzen eines bestehenden Rechtfertigungsgrundes*. A glaubte, bei der Abwehr eines Angriffs auf sein Eigentum keine Kompromisse eingehen zu müssen. Dagegen ist die Reichweite der einschlägigen Notwehr (§ 32 StGB) nach den aufgezeigten Grundsätzen beim Einsatz von Schusswaffen beschränkt. A hätte zunächst zumindest einen Warnschuss abgeben müssen und durfte nicht sogleich mehrmals auf den Oberkörper des R schießen. A befand sich in einem Erlaubnisirrtum gemäß § 17 StGB.

Jedoch könnte die Besonderheit der vorliegenden Konstellation von Bedeutung sein, in der sich die Fehlvorstellung des A sowohl auf *tatsächliche* Umstände (vermeintlicher Angriff durch R) als auch auf *rechtliche* Aspekte (Umfang des

---

[14]   *Kindhäuser*, AT, § 16 Rdn. 27; *Wessels/Beulke*, Rdn. 335.
[15]   *Fischer*, § 32 Rdn. 28.
[16]   *Wessels/Beulke*, Rdn. 335.
[17]   Vgl. *Kühl*, AT, § 13 Rdn. 69; *Wessels/Beulke*, Rdn. 485.

Notwehrrechts) bezieht. Denkbar wäre, einen solchen Irrtum als Erlaubnistatbestandsirrtum zu behandeln, so dass nach herrschender rechtsfolgenverweisender eingeschränkter Schuldtheorie die Vorsatzschuld des Täters entfiele und dieser allenfalls wegen fahrlässiger Tat strafbar wäre. Im Vergleich zum Erlaubnisirrtum, bei dem wegen der regelmäßigen Vermeidbarkeit des Verbotsirrtums eine Strafbarkeit wegen vollendeter vorsätzlicher Tat nicht ausscheidet, wäre dies für den Täter allerdings eine *ungerechtfertigte Privilegierung*, nur weil ihm neben dem Irrtum über die Reichweite eines Rechtfertigungsgrundes ein zusätzlicher Irrtum über die wahre Sachlage unterläuft. Bei einem solchen sog. *Doppelirrtum* handelt es sich daher vielmehr lediglich um einen einzigen (Erlaubnis-)Irrtum.[18]

Auch der Doppelirrtum führt nur im Falle seiner *Unvermeidbarkeit* zum Wegfall der Schuld gemäß § 17 S. 1 StGB. Dazu dürfte der Täter unter Berücksichtigung seiner sozialen Stellung und seiner Fähigkeiten selbst bei zumutbarem Einsatz seiner Erkenntniskräfte und seiner rechtlich-sittlichen Wertvorstellungen das Unrecht der Tat nicht eingesehen haben. Hätte A sein Gewissen angespannt, hätte er jedoch erkennen können, dass bei der Verteidigung mit Schusswaffen wegen der tödlichen Gefahr Vorsicht geboten ist und er nicht sogleich mehrere Schüsse auf den Angreifer abgeben darf. Dass zunächst eine Warnung, ggf. auch ein Warnoder gezielter Schuss angebracht gewesen wäre, ergibt sich nicht zuletzt aus dem Risiko, die wahren Umstände zu verkennen. A befand sich in einem vermeidbaren Verbotsirrtum, der seine Schuld nicht entfallen lässt.

4. Zwischenergebnis

A hat einen Totschlag zum Nachteil des R verwirklicht. Wegen des vermeidbaren Verbotsirrtums kann seine *Strafe* gemäß §§ 17 S. 2, 49 Abs. 1 StGB *gemildert* werden.

II. § 223 Abs. 1 StGB zum Nachteil des R

A könnte durch die Schüsse auf R eine Körperverletzung begangen haben.

1. Tatbestand

Durch seine Schüsse auf R hat A dessen körperliches Wohlbefinden erheblich beeinträchtigt und ihn körperlich misshandelt i.S.d. § 223 Abs. 1 1. Alt. StGB. Darüber hinaus führt das Eindringen der Projektile in den Oberkörper des R zu einem vom Normalzustand abweichenden pathologischen Zustand und somit zu einer Gesundheitsschädigung i.S.d. 2. Alt.

A müsste diesbezüglich vorsätzlich, d.h. wissentlich und willentlich gehandelt haben (§ 15 StGB). Zwar wollte A den R nicht (nur) verletzen, sondern darüber hinaus mit bedingtem Vorsatz töten. Jedoch beinhaltet jede Tötung zwingend eine Körperverletzung des Opfers, die somit als *notwendiges Durchgangsstadium* einer

---

[18] *Kudlich*, BeckOK-StGB, § 16 Rdn. 26; *ders.*, PdW AT, Frage 152, S. 137 f.; *Wessels/Beulke*, Rdn. 485; vgl. dazu auch *Beulke*, Klausurenkurs I, Fall 7, Rdn. 269 ff.

Tötung erscheint. Nach der *Einheitstheorie* schließt daher ein Tötungsvorsatz den Vorsatz zur Körperverletzung nicht aus.[19] A handelte vorsätzlich.

2. Rechtswidrigkeit und Schuld

A verwirklichte den Tatbestand rechtswidrig und schuldhaft. Auch in Bezug auf die Körperverletzung unterlag A einem vermeidbaren Erlaubnisirrtum.

3. Zwischenergebnis

A ist wegen Körperverletzung gemäß § 223 Abs. 1 StGB zum Nachteil des R strafbar. Der erforderliche *Strafantrag* (§ 230 Abs. 1 S. 1 StGB) ist gestellt.

III. Ergebnis

Die vollendete Körperverletzung ist gegenüber dem vollendeten Totschlag *subsidiär*.[20] A ist strafbar wegen Totschlags gemäß § 212 Abs. 1 StGB zum Nachteil des R.

Gesamtergebnis

A ist strafbar gemäß § 223 Abs. 1; § 212 Abs. 1; § 53 StGB.

Erwartungshorizont der Klausur

Schwerpunkte 1. Ordnung
- Dringender Tatverdacht beim Festnahmerecht
- Doppelirrtum

Schwerpunkte 2. Ordnung
- Reichweite des Jedermannsrechts
- Erlaubnisirrtum als Verbotsirrtum
- Bedingter Vorsatz bei evident lebensgefährlichen Handlungen
- Reichweite des Notwehrrechts beim Einsatz von Schusswaffen

Kleinere Probleme
- Notwehr und rechtfertigender Notstand im Tatkomplex 1
- Notwehrrecht des Festnehmenden bei Widerstand gegen Festnahme
- Strafantrag bei Körperverletzung
- Fakultative Strafmilderung bei vermeidbarem Verbotsirrtum

---

[19] *Lackner/Kühl*, § 212 Rdn. 7 f.
[20] *Lackner/Kühl*, § 212 Rdn. 9; *Wessels/Hettinger*, Rdn. 320.

VI. Klausur 10: Ein gebrochenes Herz

Sachverhalt

Frauenschwarm F hat sich nach leidenschaftlicher, wenngleich nur wenige Tage währender Beziehung von der Fleschereifachverkäuferin A getrennt. Während A glaubt, mit F die Liebe ihres Lebens verloren zu haben, unternimmt F bereits neue Eroberungsfeldzüge. Als A eines Abends aus Liebeskummer nicht schlafen kann, geht sie die romantischen Plätze ihrer Beziehung zu F ab. Als sie dabei an „ihrem" Tisch bei „ihrem" Italiener den F mit seiner neuen Flamme erblickt, öffnen sich ihr die Augen. Sie beschließt, die „Affäre F" auf angemessene Weise zu beenden. Um sich bei F zu rächen und ihm eine Lektion zu erteilen, möchte A nun auch sein Herz brechen, und zwar mittels eines einzigen, aber gezielten Stichs mit einem Fleischermesser mit 20 cm langer Klinge.

Zu diesem Zweck wartet A tags darauf vor dem Schönheitssalon, den F allwöchentlich besucht. Als F den Salon verlässt, geht A zielstrebig auf ihn zu und rammt ihm das Fleischermesser mit Tötungsvorsatz in seine linke Brustgegend. F sinkt mit schmerzverzerrtem Gesicht auf seine Knie und fleht um Gnade. A erkennt, dass F nicht lebensgefährlich verletzt ist, verzichtet aber auf weitere Stiche, weil sie angesichts des winselnden F ihre persönliche Revanche bereits erreicht hat.

Nachdem sich F von seiner schmerzhaften Stichverletzung erholt hat, möchte er sich bei A rächen. Er wartet daher nach Ladenschluss vor der Metzgerei der A, um ihr mit einem mitgebrachten Schlagring eine körperliche Abreibung zu verpassen. Die körperlich unterlegene A ahnt von der Intention des F nichts. Da sie über seinen unerwarteten Auftritt aber nur wenig erfreut ist, ergreift sie sofort den Pfefferspray aus ihrer Handtasche und macht F mit einer kurzen Sprühladung in seine Augen kampfunfähig.

Bearbeitervermerk: Strafbarkeit der A? §§ 211, 224 ff. StGB sind nicht zu prüfen. Erforderliche Strafanträge sind gestellt.

Lösungsskizze

Strafbarkeit der A

Tatkomplex 1: Ein Stich ins Herz
I. §§ 212 Abs. 1, 22, 23 Abs. 1 StGB zum Nachteil des F
    1. Vorprüfung (+)
    2. Tatentschluss (+)
    3. Unmittelbares Ansetzen (+)
    4. Rechtswidrigkeit und Schuld (+)
    5. Rücktritt vom Versuch
       a) Kein fehlgeschlagener Versuch (+)
          Einzelaktstheorie und Gesamtbetrachtungslehre
       b) Beendeter oder unbeendeter Versuch
          Tatplantheorie und Rücktrittshorizont: unbeendeter Versuch
       c) Rücktrittsvoraussetzungen
          Problem: Rücktritt bei Erreichen eines außertatbestandlichen Ziels
II. § 223 Abs. 1 StGB zum Nachteil des F
    1. Tatbestand (+)
    2. Rechtswidrigkeit und Schuld (+)

Tatkomplex 2: Die missglückte Revanche
I. § 223 Abs. 1 StGB zum Nachteil des F
    1. Tatbestand (+)
    2. Rechtswidrigkeit
       Erforderlichkeit des subjektiven Rechtfertigungselements
       Rechtsfolge beim Fehlen des subjektiven Rechtfertigungselements
II. §§ 223 Abs. 1, 22, 23 Abs. 1, 223 Abs. 2 StGB zum Nachteil des F
    1. Vorprüfung (+)
    2. Tatentschluss (+)
    3. Unmittelbares Ansetzen (+)
    4. Rechtswidrigkeit und Schuld (+)

Lösung

Strafbarkeit der A

Tatkomplex 1: Ein Stich ins Herz

I. §§ 212 Abs. 1, 22, 23 Abs. 1 StGB zum Nachteil des F

Durch den Stich mit dem Fleischermesser könnte sich A des versuchten Totschlags schuldig gemacht haben.

1. Vorprüfung

Da F den Stich überlebt, ist der Totschlag nicht vollendet. Der Versuch des Verbrechens i.S.d. § 12 Abs. 1 StGB ist gemäß § 23 Abs. 1 1. Alt. StGB strafbar.

2. Tatentschluss

A müsste Tatentschluss zum Totschlag aufweisen, d.h. diesbezüglich vorsätzlich gehandelt haben. Vorsatz im Sinne des § 15 StGB erfordert Wissen und Wollen der Tatbestandsverwirklichung.[1] A handelte bei ihrem Stich mit Tötungsvorsatz und hatte somit den notwendigen Tatentschluss.

3. Unmittelbares Ansetzen

Zudem müsste A unmittelbar zum Totschlag angesetzt haben (§ 22 StGB). Dies setzt voraus, *subjektiv* die Schwelle zum „Jetzt geht es los!" zu überschreiten und *objektiv* zur tatbestandsmäßigen Angriffshandlung anzusetzen.[2] Spätestens mit dem lebensgefährlichen Messerstich in die linke Brustgegend des F hat A nach ihrer Vorstellung von der Tat unmittelbar zur Verwirklichung eines Totschlags angesetzt.

4. Rechtswidrigkeit und Schuld

A handelte rechtswidrig und schuldhaft.

5. Rücktritt vom Versuch

Allerdings könnte A vom versuchten Totschlag strafbefreiend zurückgetreten sein, indem sie nach dem ersten Stich von F abließ.

a) Kein fehlgeschlagener Versuch

Dies setzt voraus, dass der Versuch nach der Vorstellung des Täters noch nicht fehlgeschlagen war.

Ein Fehlschlag könnte bereits deswegen vorliegen, weil A den F ursprünglich mit einem einzigen Stich töten wollte. Nach der *Einzelaktstheorie* ist jede einzelne Ausführungshandlung, die der Täter zu Tatbeginn zur Erfolgsherbeiführung geeignet hielt, für sich zu bewerten. Vermag der Täter durch einen solchen Akt den

---

[1]   BGHSt 19, 295 (298); *Wessels/Beulke*, Rdn. 203.
[2]   *Fischer*, § 22 Rdn. 10; *Wessels/Beulke*, Rdn. 601.

Tatbestand nicht zu verwirklichen, liegt ein selbstständiger fehlgeschlagener Versuch vor. A unterlag zu Tatbeginn der Vorstellung, mit einem einzigen, aber gezielten Stich das Herz des F brechen zu können. Da der Versuch misslang und F nicht lebensgefährlich verletzt wurde, wäre der Versuch demnach fehlgeschlagen.

Der Einzelaktstheorie ist aber entgegenzuhalten, einheitliche Lebensvorgänge in unnatürlicher Weise auseinanderzureißen. Zudem werden dadurch die Rücktrittsmöglichkeiten unverhältnismäßig eingeschränkt.[3] Nach der *Gesamtbetrachtungslehre* muss daher die Frage des Fehlschlags für einen einheitlichen Lebensvorgang insgesamt beurteilt werden. Fehlgeschlagen ist danach ein Versuch, wenn der Täter den tatbestandlichen Erfolg mit den ihm zur Verfügung stehenden Mitteln entweder überhaupt nicht mehr oder zumindest nicht ohne zeitlich relevante Zäsur herbeiführen kann. Missglückt der Einsatz des ursprünglichen Tatmittels, führt dies noch nicht zu einem Fehlschlag, wenn der Täter, wie er weiß, sogleich seinen bisherigen Angriff erneut ausüben oder auf ein neues verfügbares Mittel zurückgreifen kann.[4] Zwar verursachte der erste Messerstich noch nicht den Tod des F. A könnte jedoch dem knienden und wehrlosen F weitere Stiche zufügen, um den tatbestandlichen Erfolg herbeizuführen. Ihr Tötungsversuch ist somit nicht fehlgeschlagen und ihr Rücktritt nicht ausgeschlossen.

b) Beendeter oder unbeendeter Versuch

Im Hinblick auf die in § 24 Abs. 1 StGB für den Alleintäter normierten Rücktrittsvoraussetzungen ist von Bedeutung, ob der Versuch der A bereits beendet (Satz 1 2. Alt.) oder noch unbeendet war (Satz 1 1. Alt.).

Für die Beendigung des Versuchs könnte sprechen, dass A sich bei F ursprünglich mit einem einzigen Stich revanchieren wollte. Auf die Vorstellung des Täters zu Tatbeginn stellt die sog. *Tatplantheorie* ab. Sieht der Täter in seinem Tatplan nur einen einzigen Ausführungsakt zur Herbeiführung der Tatbestandsverwirklichung vor, ist der Versuch nach Abschluss dieser Handlung beendet. Dies gilt selbst dann, wenn der Täter nachträglich die mangelnde Eignung seines Tuns erkennt.[5] A dachte ursprünglich, den F mit einem einzigen Stich töten zu können. Somit wäre nach der Tatplantheorie ihr Versuch beendet, so dass A für einen Rücktritt die strengeren Anforderungen des § 24 Abs. 1 S. 1 2. Alt. StGB erfüllen müsste.

Damit würde aber derjenige Täter *privilegiert*, der sich von vornherein *mehrere Handlungsalternativen* offen hält. Diese Privilegierung erscheint unbillig, weil ein Täter mit einem derart ausgeklügelten Plan eine höhere kriminelle Energie aufweist. Die Rechtsprechung hat daher die von ihr früher favorisierte Tatplantheorie ausdrücklich verworfen. Ob ein Versuch beendet ist, muss sich vielmehr unabhängig von einem Tatplan aus der nahe gerückten Möglichkeit des Erfolgseintritts und einem entsprechenden Gefahrbewusstsein nach Abschluss der letzten Aus-

---

[3] *Fischer*, § 24 Rdn. 13; *Kühl*, AT, § 16 Rdn. 19 ff.; *Wessels/Beulke*, Rdn. 629.

[4] BGHSt 39, 221 (228); *Wessels/Beulke*, Rdn. 629; vgl. dazu *Kudlich*, PdW AT, Frage 237, S. 215 ff.

[5] BGHSt 22, 330 (331).

führungshandlung ergeben.[6] Maßgeblich ist somit der sog. *Rücktrittshorizont.* Danach ist ein Versuch beendet, wenn der Täter glaubt, alles getan zu haben, was nach seiner Vorstellung von der Tat zur Herbeiführung des tatbestandlichen Erfolges notwendig oder möglicherweise ausreichend ist.[7] A hat unmittelbar nach ihrem Messerstich erkannt, dass F nicht lebensgefährlich verletzt wurde. Nach dieser aktualisierten Vorstellung von der Tat hat A nicht alles Erforderliche zur Tatbestandsverwirklichung getan. Ihr Versuch war daher unbeendet.

c) Rücktrittsvoraussetzungen

Um von ihrem Versuch zurückzutreten, müsste A die weitere Ausführung der Tat freiwillig aufgegeben haben (§ 24 Abs. 1 S. 1 1. Alt. StGB).

Aufgeben bedeutet, die weitere Tatbestandsverwirklichung zu unterlassen.[8] A hat von weiteren Messerstichen abgesehen. Ein solches Nichtweiterhandeln reicht grds. aus, um vom unbeendeten Versuch zurückzutreten.

Dabei bliebe aber unberücksichtigt, dass A nur auf die Tötung des F verzichtet hat, weil sie sich angesichts des winselnden F bereits erfolgreich revanchieren konnte. Fraglich ist, ob in einer solchen Konstellation, bei welcher der Täter zwar nicht den Tatbestand (hier den Totschlag des F) verwirklicht, sein *außertatbestandliches Ziel* (hier die persönliche Revanche) aber bereits erreicht hat, ein Rücktritt noch möglich ist. Schließlich soll die Straffreiheit des Rücktritts lediglich demjenigen zugute kommen, der auf den Boden der Legalität zurückkehrt. Sieht der Täter aber nur von der weiteren Tatbestandsverwirklichung ab, weil er sein außertatbestandliches Ziel bereits erreicht hat, könne dies keine mit Straffreiheit honorierte Aufgabe i.S.d. § 24 Abs. 1 S. 1 1. Alt. StGB sein.[9]

Dieser Auffassung lässt sich jedoch der Wortlaut der Vorschrift entgegenhalten, der von der Aufgabe der weiteren Ausführung der „Tat" spricht. Tat in diesem Sinne umfasst lediglich die in einem gesetzlichen Straftatbestand umschriebenen Merkmale. Dementsprechend muss sich die Aufgabe eines Täters beim Rücktritt vom unbeendeten Versuch nur auf den *Verzicht der Herbeiführung eines tatbestandlichen Erfolges* beziehen. Dagegen ist nicht erforderlich, dass der Täter von der Erreichung außertatbestandlicher, nicht gesetzlich kodifizierter Ziele absieht oder noch absehen kann. Solche über den gesetzlichen Tatbestand hinausgehenden Motive sind für die Frage des Rücktritts ohne Bedeutung. Zudem steht der Rücktritt auch im *Interesse des* nach wie vor *gefährdeten Opfers.*[10] Dieser Meinung ist daher zu folgen, weswegen ein Rücktritt auch bei Erreichen eines außertatbestandlichen Zieles möglich bleiben muss.

A hat durch das Ablassen von F die weitere Ausführung des Totschlags strafbefreiend aufgegeben.

---

[6] BGHSt 31, 170 (176); *Kindhäuser,* AT, § 32 Rdn. 12 f.; *Kühl,* AT, § 16 Rdn. 27.
[7] *Fischer,* § 24 Rdn. 15 ff.; vgl. dazu *Kudlich,* PdW AT, Frage 242, S. 220 f.
[8] *Fischer,* § 24 Rdn. 26; *Lackner/Kühl,* § 24 Rdn. 7.
[9] *Wessels/Beulke,* Rdn. 635.
[10] BGHSt 39, 221 (230 ff.); *Beckemper,* BeckOK-StGB, § 24 Rdn. 22 ff.; *Kindhäuser,* AT, § 32 Rdn. 18; kritisch *Kühl,* AT, § 16 Rdn. 41. Zur Problematik auch *Beulke,* Klausurenkurs I, Fall 10, Rdn. 333 f.; *Kudlich,* PdW AT, Frage 249, S. 227 ff.

Die Aufgabe müsste freiwillig erfolgt sein. Entscheidend ist die freie Selbstbestimmung des Täters. Ein Täter tritt danach freiwillig zurück, wenn er aufgrund sog. *autonomer Motive* von der weiteren Tatbegehung absieht, d.h. sich ohne irgendeine Zwangslage von innen oder außen zum Rücktritt entschließt.[11] Zwar hat A auf die Tatbestandsverwirklichung verzichtet, weil F um Gnade gefleht hat. Dieser Anstoß von außen wirkte sich aber nicht darauf aus, dass sie die Entscheidung, von weiteren Stichen abzusehen, selbstständig und unabhängig traf.

Mit dem Merkmal der Freiwilligkeit ist auch keine sittliche Bewertung der Rücktrittsmotive verbunden. Dass A nur zurücktritt, weil sie ihre persönliche Revanche bereits erreicht hat, vermag den Rücktritt daher nicht auszuschließen.

6. Zwischenergebnis

A ist vom versuchten Totschlag freiwillig und somit strafbefreiend zurückgetreten.

II. § 223 Abs. 1 StGB zum Nachteil des F

A könnte sich durch den Messerstich in die Brust des F einer Körperverletzung schuldig gemacht haben.

1. Tatbestand

Dazu müsste A den F körperlich misshandelt (§ 223 Abs. 1 1. Alt. StGB) oder an seiner Gesundheit geschädigt haben (2. Alt.). Eine körperliche Misshandlung ist jede üble und unangemessene Behandlung, die das körperliche Wohlbefinden nicht nur unerheblich beeinträchtigt.[12] Der Messerstich in die Brust des F stellt eine üble und unangemessene Behandlung dar, die wegen der damit verbundenen Schmerzen das körperliche Wohlbefinden des F erheblich beeinträchtigt.

Eine Gesundheitsschädigung liegt in jedem vom Normalzustand abweichenden pathologischen Zustand.[13] Das Eindringen des Messers in die linke Brustgegend des F verursacht einen krankhaften Zustand. A hat somit durch den Messerstich kausal den Tatbestand der Körperverletzung in beiden Varianten verwirklicht.

A müsste diesbezüglich vorsätzlich, d.h. wissentlich und willentlich gehandelt haben (§ 15 StGB). Zwar wollte der A den F nicht (nur) verletzen, sondern darüber hinaus töten. Allerdings setzt jede Tötung eines Menschen zwingend seine Körperverletzung als *notwendiges Durchgangsstadium* voraus. Nach der sog. *Einheitstheorie* schließt daher ein Tötungsvorsatz den Vorsatz zur Körperverletzung mit ein.[14] A handelte vorsätzlich im Hinblick auf die Körperverletzung des F.

2. Rechtswidrigkeit und Schuld

Die Tat der A wurde rechtswidrig und schuldhaft begangen.

---

[11] *Fischer*, § 24 Rdn. 19; *Kühl*, AT, § 16 Rdn. 55; *Wessels/Beulke*, Rdn. 651.
[12] *Lackner/Kühl*, § 223 Rdn. 4; *Rengier*, BT II, § 13 Rdn. 7.
[13] *Lackner/Kühl*, § 223 Rdn. 5; *Wessels/Hettinger*, Rdn. 257.
[14] *Lackner/Kühl*, § 212 Rdn. 7 f.

3. Zwischenergebnis

Durch den Messerstich hat A eine Körperverletzung begangen. Der nach § 230 Abs. 1 S. 1 StGB erforderliche *Strafantrag* ist gestellt.

III. Ergebnis

A hat sich wegen Körperverletzung gemäß § 223 Abs. 1 StGB zum Nachteil des F strafbar gemacht.

Tatkomplex 2: Die missglückte Revanche

I. § 223 Abs. 1 StGB zum Nachteil des F

Indem A dem F Pfefferspray in seine Augen gesprüht hat, könnte sie sich erneut wegen Körperverletzung strafbar gemacht haben.

1. Tatbestand

Dazu müsste A den F körperlich misshandelt (1. Alt.) oder an seiner Gesundheit geschädigt (2. Alt.) haben. Durch den Einsatz des Pfeffersprays ist F kampfunfähig und sein körperliches Wohlbefinden somit erheblich beeinträchtigt. Zudem stellt die ausgelöste Reizreaktion der Augen einen pathologischen Zustand dar. A hat somit den F sowohl körperlich misshandelt als auch an seiner Gesundheit geschädigt.

Diesbezüglich handelte A wissentlich und willentlich und somit vorsätzlich (§ 15 StGB).

2. Rechtswidrigkeit

A könnte aus Notwehr (§ 32 StGB) gerechtfertigt sein, da F ihr eine körperliche Abreibung mithilfe eines Schlagrings verabreichen wollte.

Dies setzt gemäß § 32 Abs. 2 StGB einen gegenwärtigen rechtswidrigen Angriff voraus. Ein Angriff ist jedes menschliche Verhalten, durch das eine Verletzung rechtlich geschützter Güter oder Interessen droht.[15] Dass F der A eine körperliche Abreibung verpassen wollte, stellt eine Bedrohung ihrer körperlichen Unversehrtheit dar. Der Angriff steht unmittelbar bevor und ist daher gegenwärtig.

Zudem müsste der Angriff rechtswidrig sein, d.h. im Widerspruch zur Rechtsordnung stehen.[16] F könnte seinerseits wegen des Messerstichs der A gerechtfertigt sein. Jedoch ist die Attacke seit langem abgeschlossen und vermag *mangels gegenwärtiger Bedrohung* das Verhalten des F nicht mehr zu rechtfertigen.

In einer Notwehrlage ist der Angegriffene zu einer objektiv erforderlichen Maßnahme gegen den Angreifer berechtigt. Dazu muss die Verteidigungshandlung geeignet und das *relativ mildeste Mittel* sein.[17] Das Versprühen des Pfeffer-

---

[15] *Kindhäuser*, AT, § 16 Rdn. 6; *Wessels/Beulke*, Rdn. 325.
[16] *Fischer*, § 32 Rdn. 21.
[17] *Kindhäuser*, AT, § 16 Rdn. 27; *Wessels/Beulke*, Rdn. 335.

sprays ist wegen der dadurch herbeigeführten Kampfunfähigkeit des F geeignet, den Angriff auf die körperliche Unversehrtheit der A wirksam zu unterbinden. Fraglich bleibt allenfalls, ob die Handlung das relativ mildeste Mittel zur Abwehr des Angriffs darstellt oder A nicht auf weniger einschneidende Maßnahmen hätte zurückgreifen können. Im Hinblick auf die körperliche Unterlegenheit der A und die zusätzliche Bewaffnung des Angreifers F mit einem Schlagring ist aber kein sonstiges Mittel ersichtlich, das für die Beseitigung des Angriffs ebenso Erfolg verspricht. Auf eine ggf. denkbare Flucht vor dem Angriff des F musste A bereits deswegen nicht zurückgreifen, weil gemäß dem Rechtsbewährungsprinzip das Recht dem Unrecht nicht zu weichen braucht.[18]

Die objektiven Voraussetzungen der Notwehr liegen somit vor.

A müsste schließlich mit Verteidigungswillen gehandelt haben. Dies setzt voraus, um die Notwehrlage zu wissen und in dem Bewusstsein zu handeln, den Angriff abzuwehren.[19] Als A zum Pfefferspray gegriffen hat, ahnte sie von dem bevorstehenden Angriff des F jedoch nichts. Somit hat sie bei ihrer (objektiv gegebenen) Notwehrhandlung sowohl ohne Verteidigungswillen als auch in Unkenntnis der Notwehrlage gehandelt.

Fraglich ist, wie sich das Fehlen des subjektiven Rechtfertigungselements auf die Strafbarkeit auswirkt. Vereinzelt wird vertreten, dass Rechtfertigungsgründe generell keines subjektiven Rechtfertigungselements bedürfen und ihre rechtfertigende Wirkung bereits bei Vorliegen ihrer objektiven Merkmale entfalten.[20] A wäre demnach unabhängig von ihrer subjektiven Fehlvorstellung gerechtfertigt. Dagegen lässt sich anführen, dass sich der Unrechtsgehalt einer Tat nicht rein objektiv bestimmen lässt. Vielmehr setzt er sich aus dem *Unwert ihres Erfolges* (Nichtvereinbarkeit des tatbestandlichen Erfolges mit der Rechtsordnung) und der *Art und Weise ihres Handlungsvollzuges* (Auflehnung des Täters gegen die Rechtsordnung) zusammen. Ebenso können Rechtfertigungsgründe ein tatbestandlich verwirklichtes Unrecht nur dann kompensieren, wenn sowohl ihre objektiven, den Erfolgsunwert aufhebenden, als auch ihre subjektiven, dem Handlungsunwert entsprechenden Voraussetzungen gegeben sind.[21]

Wird das subjektive Rechtfertigungselement für erforderlich erachtet, stellt sich die Frage, wie ein Täter zu bestrafen ist, der zwar objektiv, mangels Kenntnis der Rechtfertigungslage jedoch nicht subjektiv gerechtfertigt gehandelt hat. Nach einer Ansicht können Rechtfertigungsgründe den Ausschluss des tatbestandlich verwirklichten Unrechts nur dann bewirken, wenn sie vollständig, d.h. sowohl in ihren objektiven als auch subjektiven Voraussetzungen gegeben sind.[22] Danach wäre das Verhalten des A mangels subjektiven Rechtfertigungselements rechtswidrig. Ihre Schuld unterstellt, wäre sie somit der (vollendeten) Körperverletzung zum Nachteil des F schuldig.

---

[18] *Fischer*, § 32 Rdn. 2.

[19] *Kindhäuser*, § 16 Rdn. 37; *Wessels/Beulke*, Rdn. 350a.

[20] Siehe hierzu auch *Beulke*, Klausurenkurs I, Fall 9, Rdn. 307 f.; *Hilgendorf*, Fall 8, S. 53 f.

[21] *Wessels/Beulke*, Rdn. 277.

[22] BGHSt 2, 111 (114).

Dabei bliebe aber unberücksichtigt, dass sich der Täter *objektiv im Einklang mit der Rechtsordnung* befindet. Durch die tatsächlich vorliegende Rechtfertigungslage wird der Erfolgsunwert der Tat kompensiert. Ihr Unrechtsgehalt ergibt sich nur noch aus dem subjektiven Handlungsunwert, der im Willen des Täters zur Verletzung der Rechtsordnung zum Ausdruck kommt. Diese Situation entspricht der des untauglichen Versuchs, bei dem ebenso objektiv keine Straftat gegeben ist und der Täter lediglich nach seiner Vorstellung eine Straftat begeht. Daher hält es eine andere Ansicht für sachgerechter, auf die Konstellation des fehlenden subjektiven Rechtfertigungselements die Versuchsregeln entsprechend oder sinngemäß anzuwenden.[23]

Diese Ansicht erscheint vorzugswürdig, weil ansonsten der objektiv Angegriffene, der um seine Rechtfertigungslage lediglich nicht weiß, genauso behandelt würde wie der Normalfall eines Täters, der sich auch objektiv in keiner Rechtfertigungslage befindet.

3. Zwischenergebnis

Eine Strafbarkeit der A wegen vollendeter Körperverletzung scheidet demnach infolge der objektiven Rechtfertigung ihres Verhaltens aus.

II. §§ 223 Abs. 1, 22, 23 Abs. 1, 223 Abs. 2 StGB zum Nachteil des F

A könnte sich wegen versuchter Körperverletzung strafbar gemacht haben.

1. Vorprüfung

Eine Vollendung der Körperverletzung blieb aus rechtlichen Gründen aus, da die Handlung der A objektiv gerechtfertigt war.

Die Strafbarkeit des Versuchs der Körperverletzung als Vergehen (§ 12 Abs. 2 StGB) folgt aus §§ 23 Abs. 1 2. Alt., 223 Abs. 2 StGB.

2. Tatentschluss

A hatte Vorsatz bzgl. der Körperverletzung des F.

3. Unmittelbares Ansetzen

Zudem müsste A unmittelbar zum Totschlag angesetzt haben (§ 22 StGB). Spätestens mit der Betätigung des Pfeffersprays hat sie subjektiv die Schwelle zum „Jetzt geht es los!" überschritten und objektiv zur Verwirklichung der Körperverletzung angesetzt.

4. Rechtswidrigkeit und Schuld

Fraglich ist die Rechtswidrigkeit der Tat. Zwar befand sich A objektiv in einer Notwehrlage gemäß § 32 StGB. Jedoch handelte sie ohne subjektives Rechtfertigungselement, so dass eine Rechtfertigung auch der versuchten Körperverlet-

---

[23] *Kühl*, AT, § 6 Rdn. 14 ff.; *Wessels/Beulke*, Rdn. 279; zur Thematik *Kudlich*, PdW AT, Frage 71, S. 61 f.

zung wegen des *verwirklichten Handlungsunrechts* ausscheidet. Die Tat war daher rechtswidrig.

Zudem war die Tat schuldhaft.

5. Zwischenergebnis

A ist schuldig der versuchten Körperverletzung zum Nachteil des F. Der gemäß § 230 Abs. 1 S. 1 StGB erforderliche *Strafantrag* ist gestellt.

Gesamtergebnis

A ist strafbar gemäß § 223 Abs. 1; §§ 223 Abs. 1, 22, 23 Abs. 1, 223 Abs. 2 StGB; § 53 StGB.

Erwartungshorizont der Klausur

Schwerpunkte 1. Ordnung
- Rücktritt bei Erreichen des außertatbestandlichen Ziels
- Fehlen des subjektiven Rechtfertigungselements

Schwerpunkte 2. Ordnung
- Fehlschlag des Versuchs
- Abgrenzung beendeter/unbeendeter Versuch
- Freiwilligkeit des Rücktritts bei Anstoß von außen

Kleinere Probleme
- Freiwilligkeit des Rücktritts bei sittlich fragwürdigen Motiven
- Verhältnis von Tötungs- und Körperverletzungsvorsatz
- Strafantrag bei Körperverletzung

§ 6 Fünf Klausuren aus dem Öffentlichen Recht

I. Einführende Hinweise

1. Zu den Klausuren

Gegenstand der fünf abschließenden Klausuren zum Öffentlichen Recht ist das Staatsrecht. Die Klausuren 11 bis 13 beschäftigen sich mit dem *Staatsorganisationsrecht*, die Klausuren 14 und 15 dagegen mit den *Grundrechten*. Bei der Auswahl der Rechtsprobleme wurde darauf Wert gelegt, möglichst viele der verfassungsgerichtlichen Verfahren zu berücksichtigen, so dass für ihre Zulässigkeit jeweils eine ausformulierte Lösung vorliegt.

2. Erste Hinweise zum Aufbau

Der Standardbearbeitervermerk in einer öffentlich-rechtlichen Klausur fragt nach den Erfolgsaussichten eines Rechtsbehelfs. Im Staatsrecht sind somit zumeist verfassungsgerichtliche Verfahren zu erörtern. Die ersten Gliederungspunkte ergeben sich hier jeweils nahezu von selbst, da die Prüfungsschemata der einzelnen Verfahren viele Gemeinsamkeiten aufweisen.

– Auf der ersten Gliederungsebene ist zunächst zwischen Zulässigkeit und Begründetheit zu trennen.

  » Im Rahmen der *Zulässigkeit* behandeln Sie die Voraussetzungen, unter denen sich das angerufene Gericht mit dem Vortrag des Antragstellers überhaupt inhaltlich auseinandersetzt.

  » Die *Begründetheit* beschäftigt sich dagegen mit der rechtlichen Beurteilung des jeweiligen Sachverhalts. Da somit bei der Begründetheit die eigentliche juristische Arbeit auf den Prüfling wartet, liegt hier regelmäßig der Schwerpunkt einer Klausur.

– In der Begründetheit wird sich häufig die Frage nach der *Verfassungsmäßigkeit* eines Gesetzes, einer Maßnahme etc. stellen, d.h. nach ihrer Vereinbarkeit mit dem Grundgesetz. Ähnlich betrifft der Begriff der Rechtmäßigkeit die Übereinstimmung mit der Rechtsordnung insgesamt. Regelmäßig ist dann zwischen der formellen und der materiellen Verfassungsmäßigkeit zu differenzieren.

» In der *formellen* Verfassungsmäßigkeit ist zu prüfen, ob die betreffende Maßnahme bereits äußerlich überhaupt als verfassungsgemäß bezeichnet werden kann, d.h. ob – anzusprechen auf der nächsten Unterebene – das dafür *zuständige* Organ in dem dafür vorgesehenen *Verfahren* und in der vorgesehenen *Form* gehandelt hat.

» *Materiell* verfassungsgemäß ist dagegen eine Handlung, wenn sie inhaltlich mit den Vorgaben des Grundgesetzes übereinstimmt.

Der Unterschied weist eine gewisse Verwandtschaft mit dem zwischen (formeller) Zulässigkeit und (materieller) Begründetheit auf; ein Gegensatzpaar, das im Öffentlichen Recht häufig zu bemerken ist.

– Auch bei der Erörterung von Grundrechten gibt es feste Prüfungsabfolgen. Bei den Freiheitsgrundrechten muss beispielsweise zunächst der *Schutzbereich* angesprochen werden, danach, ob ein *Eingriff* in den Schutzbereich vorliegt, und schließlich, ob der Eingriff *verfassungsrechtlich gerechtfertigt* ist.

Auf der Ebene der Rechtfertigung ist oft von Schrankenprüfung die Rede. So darf der Staat der Ausübung von Grundrechten unter bestimmten Voraussetzungen eine *Schranke* aufzeigen, handelt dann also verfassungsrechtlich gerechtfertigt. Allerdings ist diese Schranke selbst ebenso wenig schrankenlos, sondern erfährt ihrerseits Einschränkungen, die sogenannten Schranken der Schranken oder kurz: *Schranken-Schranken*.

– Ein solches Hin und Her bzw. *Für und Wider* wie bei der Schrankenprüfung ist für das Öffentliche Recht typisch. Im Zivil- und Strafrecht muss oftmals „nur" unter bestimmte Normen und ihre einzelnen Merkmale subsumiert werden. Ein Für und Wider entsteht dort nur, wenn es Ausnahmevorschriften gibt, welche die grundsätzlich vorgesehene Rechtsfolge nicht eintreten lassen.

Normen des Öffentlichen Rechts eröffnen dagegen häufig einen Ermessensspielraum, so dass in einer Abwägung ein Austausch von Pro- und Contra-Argumenten stattzufinden hat. Zudem wird die zu überprüfende Maßnahme oftmals mehrere Grundsätze tangieren, die gegenläufiger Natur sind und zwischen denen ein sinnvoller Ausgleich gefunden werden muss. Formulierungen wie „Einerseits gebietet der Grundsatz X, dass ... Dem könnte andererseits das Prinzip Y entgegenstehen, wonach ... " sind im Staatsrecht keine Seltenheit.

3. Tipps zum Öffentlichen Recht

Tipp Nr. Ö1: Legen Sie Wert auf eine sorgfältige Prüfung der Zulässigkeit! ☆☆

Wie so oft im Leben ist auch bei der Klausurenkorrektur der erste Blick nicht völlig unbedeutend. Durch einen gelungenen Einstieg können Sie sich daher beim Korrektor Pluspunkte verschaffen. Sind die ersten Seiten Ihres Gutachtens dagegen eher zäh oder nicht frei von Fehlern, wird sich der Geduldsfaden des Korrektors mehr oder minder schnell verkürzen.

Die Chancen auf einen Erfolg versprechenden Start in einer Klausur sind aber nirgends so groß wie im Öffentlichen Recht. Dies liegt an dem bereits erwähnten Umstand, dass oftmals nach den Erfolgsaussichten eines Rechtsbehelfs gefragt wird und somit ein Großteil der Klausuren mit der Prüfung der Zulässigkeit beginnt. Sowohl die Prüfungsschemata der verschiedenen Verfahrensarten als auch die typischen Probleme der Zulässigkeit sind aber überschaubar.

Daher erscheint empfehlenswert, sich die Zulässigkeit und die Behandlung ihrer wesentlichen Fragestellungen gut einzuprägen. Die *Gleichförmigkeit* der einzelnen Zulässigkeitsprüfungen erlaubt Ihnen sogar, vollständige Formulierungen und Textbausteine auswendig zu lernen, die Sie in einer Klausur nur noch niederschreiben müssen. Wenn Sie dies beherzigen und in Ihrer Klausur eine solide bis hervorragende Prüfung der Zulässigkeit abliefern, hinterlassen Sie schnell einen ersten guten Eindruck.

Die Prüfungsschemata der Zulässigkeit der einzelnen Verfahrensarten weisen viele Gemeinsamkeiten auf. So wiederholen sich vor allem die Prüfungspunkte Partei- bzw. Beteiligtenfähigkeit (wer gegebenenfalls gegen wen?), Streit- oder Prüfungsgegenstand (worüber?), Antragsbefugnis (unter welchen persönlichen Voraussetzungen?) sowie Form und Frist (wie und bis wann?).

Tipp Nr. Ö2: Vernachlässigen Sie nicht die Begründetheit!   ☆☆☆

Ein intensives Studium der Zulässigkeit darf Sie jedoch nicht dazu verleiten, ihr im Ernstfall einer Klausur zu viel Zeit und Platz zu widmen. Es mag zwar verlockend sein, sich möglichst lange in bekannten Gewässern aufzuhalten. Um die Inseln mit höheren Punktzahlen zu erreichen, müssen Sie aber weiter hinausschwimmen. Mit anderen Worten: Der Schwerpunkt einer Klausur im Öffentlichen Recht liegt in aller Regel auf der Begründetheit.

Feste Zahlen für das Verhältnis von Begründetheit und Zulässigkeit gibt es nicht. Allerdings sind Klausuren, in denen die Prüfung der Begründetheit *drei Viertel oder mehr der Gesamtbewertung* ausmacht, keine Seltenheit. Dies sollten Sie bei der Ausformulierung der Klausur und dementsprechend bei Ihrer Zeiteinteilung beachten. Ihre Klausur sollte also nicht zu kopflastig werden.

Um nicht der Versuchung zu erliegen, zu detailliert in die Zulässigkeitsprüfung einzusteigen, können Sie gegebenenfalls auf folgenden Trick zurückgreifen: Beginnen Sie bei Ihrer Reinschrift mit der Prüfung der Begründetheit, die Sie etwa fünfzehn bis zwanzig Minuten vor Schluss der Bearbeitungszeit abschließen. Die restliche Zeit verbringen Sie dann damit, konzentriert, aber eben nur in der gebotenen Kürze die Zulässigkeit auszuformulieren. Natürlich dürfen Sie zum Schluss nicht vergessen, vor der Abgabe Ihrer Klausur die zuletzt geschriebenen Seiten der Zulässigkeitsprüfung nach vorne zu sortieren.

Wie lässt sich dieser Hinweis nun mit Tipp Nr. Ö1 vereinbaren? Ihr Wissen in der Zulässigkeit dient dazu, sich mit einer gründlichen und sorgfältigen, nicht dagegen epischen Prüfung einen gelungenen Einstieg in die Klausur zu verschaffen. Wenn Ihnen dies glückt und Ihnen keine schwerwiegenden Fehler in der Begründetheit unterlaufen, haben Sie oftmals schon die Klausur bestanden und die Vier-Punkte-Hürde erreicht. Mit der Ausgangsbasis einer gelungenen Zulässigkeitsprüfung ebnen Sie sich also den Weg zu einer höheren Punktzahl. Wie weit Sie aber schließlich in höhere Punkteregionen vorstoßen können, entscheidet sich allein durch Ihre Ausführungen in der Begründetheit.

Tipp Nr. Ö3: Werten Sie den Sachverhalt aus!   ☆☆☆

Das notwendige Material für Ihre Erläuterungen in der Begründetheit finden Sie zu einem erheblichen Anteil bereits im Sachverhalt, den sie dementsprechend gründlich lesen und erschöpfend verwenden sollten. Der Ratschlag, möglichst alle Angaben des Sachverhalts in Ihrer Klausur zu verwerten, ist zwar im Grunde nur eine Wiederholung von Tipp Nr. 3 (Arbeiten Sie an und mit dem Sachverhalt!) auf S. 35, erfährt aber im Öffentlichen Recht eine besondere Bedeutung.

Im Vergleich zu Aufgaben im Bürgerlichen Recht oder im Strafrecht zeichnen sich Klausuren im Öffentlichen Recht zumeist durch einen umfangreichen Sachverhalt aus. Böse Zungen würden, vielleicht auch im Hinblick auf die durchschnittliche Länge verfassungsgerichtlicher Entscheidungen, behaupten, dem Öffentlichen Recht sei ein gewisser Hang zur Ausführlichkeit immanent. Stattdessen lässt sich der Reichtum der Angaben aber vor allem darauf zurückführen, dass erst die zusätzlichen Informationen eine sinnvolle Bearbeitung der Klausur ermöglichen.

Wie bereits geschildert, besteht Ihre Aufgabe im Öffentlichen Recht oftmals darin, nicht einfach unter eine einzige bestimmte Norm mit ihren jeweiligen Merkmalen zu subsumieren, sondern widerstreitende Aspekte (z.B. Grundrechte oder Staatszielbestimmungen) in Einklang bzw. Konkordanz zu bringen. Ein ausführlicher Sachverhalt wird Ihnen hierzu erste *Argumentations- und Diskussionshilfen* gewähren, die Sie beherzt aufgreifen und verwenden sollten.

Tipp Nr. Ö4: Nutzen Sie das System!   ☆☆☆

Das Öffentliche Recht stellt nicht nur das prüfungsschematafreundlichste Rechtsgebiet dar. Es weist darüber hinaus viele systematische Strukturen auf, deren Verständnis den Umgang mit der Materie erheblich erleichtert. Daher ist empfehlenswert, sich die grundlegenden Systemkenntnisse anzueignen und somit eine solide Basis für höhere Punktzahlen zu erarbeiten, zumal dies im Vergleich zu anderen Rechtsgebieten nur einen relativ geringen Aufwand erfordert.

Versuchen Sie daher, die Aufbauregeln des Öffentlichen Rechts nicht nur zu lernen, sondern auch zu verstehen. Dies wird Ihnen helfen, unbekannte Probleme an der richtigen Stelle einzuordnen und durch ein derart praktiziertes Systemverständnis Punkte zu erzielen. Was das Lernen im Öffentlichen Recht zudem erleichtern kann, ist die Vielzahl an grundlegenden Unterscheidungen und Abgrenzungen, die Sie sich verinnerlichen sollten. Vor allem Gegensatzpaare (z.B. sachlicher und persönlicher Schutzbereich, Freiheits- und Gleichheitsrechte, Verbands- und Organkompetenz) sind recht häufig und können das Verständnis fördern.

Das Lernaufwand-Punkte-Verhältnis ist im Öffentlichen Recht also äußerst günstig. Daraus dürfen Sie nun aber nicht schließen, das Öffentliche Recht vernachlässigen zu können. Dies erscheint bereits deswegen nicht ratsam, da die Lern- und Verständnisfreundlichkeit des Öffentlichen Rechts einen kleinen Haken hat: Systemfehler werden umso schwerer bestraft. Das Verständnis der grundlegenden Systematik des Öffentlichen Rechts erweist sich somit nicht nur als äußerst hilfreich, sondern stellt auch eine elementare Notwendigkeit dar.

II. Klausur 11: Versteuert?

Sachverhalt

Um die marode Wirtschaft anzukurbeln, möchte die Bundesregierung einige Änderungen im Einkommensteuerrecht vornehmen. Zur Beschleunigung des Gesetzgebungsverfahrens verzichtet sie jedoch im Hinblick auf Art. 76 Abs. 2 GG auf ihr Initiativrecht. Stattdessen veranlasst sie die Regierungsfraktionen, einen textidentischen Entwurf für ein Gesetz zur Vereinfachung des Einkommensteuerrechts (EStVG) in den Bundestag einzubringen. Die Opposition ist weder vom Inhalt des (materiell verfassungsgemäßen) Gesetzes noch von der Art der Einleitung des Verfahrens angetan. Trotz des brisanten Themas ist bei der Abstimmung im Bundestag infolge einer Grippewelle lediglich ein gutes Drittel der Abgeordneten anwesend. Von den abgegebenen Stimmen votieren letztlich 114 für das EStVG und 112 dagegen, vier Abgeordnete enthalten sich.

Auch im Bundesrat verläuft die Abstimmung nicht problemlos. Aufgrund der knappen Mehrheitsverhältnisse ist im Vorfeld absehbar, dass es auf die Stimmen des Bundeslandes A ankommen wird. Dem Land A steht zurzeit eine Regierung aus zwei Parteien vor, die sich über die Zustimmung zum EStVG nicht einigen können. An sich sieht der Koalitionsvertrag der beiden Parteien für einen solchen Fall vor, sich im Bundesrat zu enthalten. Gleichwohl weist der Finanzminister von A, zugleich bestelltes Bundesratsmitglied für die betreffende Sitzung, in der Aussprache vor der Abstimmung ausdrücklich auf die bestehenden Differenzen hin und stellt eine unterschiedliche Stimmabgabe des Landes A in Aussicht. Während der Abstimmung erklärt auf den Aufruf des Landes A durch den Bundesratspräsidenten der als Vertreter seines Landes anwesende Ministerpräsident „Ja!", der Finanzminister von A dagegen „Nein!". Der Bundesratspräsident beanstandet, dass das Land A seine Stimmen nicht wie im Grundgesetz vorgesehen einheitlich abgegeben habe, und fragt den Ministerpräsidenten von A, wie sein Land abstimme. Dieser antwortet: „Als Ministerpräsident des Landes A erkläre ich hiermit ‚Ja!'." Der Bundesratspräsident stellt daraufhin fest, das Land A habe mit „Ja!" abgestimmt. Insgesamt votieren schließlich 35 von 69 Stimmen für das EStVG, alle vier Stimmen des Landes A mit eingeschlossen.

Trotz Bedenken an seiner formellen Verfassungsmäßigkeit fertigt der Bundespräsident das Gesetz aus. Weil die Regierung des Landes A das EStVG wegen der Vorkommnisse bei der Abstimmung im Bundesrat für nichtig hält und zudem den Koalitionsfrieden wiederherstellen möchte, will sie das Gesetz vom Bundesverfassungsgericht umgehend überprüfen lassen. Das EStVG ist zu diesem Zeitpunkt zwar im Bundesgesetzblatt verkündet, aber noch nicht in Kraft getreten.

Bearbeitervermerk: Wie sind die Erfolgsaussichten des einschlägigen verfassungsrechtlichen Verfahrens?

Lösungsskizze

Erfolgsaussichten der abstrakten Normenkontrolle

A. Zulässigkeit
I.   Antragsberechtigung (+)
II. Prüfungsgegenstand (+)
     unerheblich, dass EStVG noch nicht in Kraft
III. Antragsbefugnis (+)
     str.: Zweifel oder Überzeugung von der Nichtigkeit
IV. Klarstellungsinteresse (+)
     objektives Klarstellungsinteresse ausreichend
V.   Form und Frist (+)

B. Begründetheit
    Formelle Verfassungsmäßigkeit des Gesetzes
    1. Zuständigkeit (+)
        Art. 105 Abs. 2 GG
    2. Verfassungsgemäßes Gesetzgebungsverfahren
        a) Initiativphase
            Umgehung der Rechte des Bundesrates (−)
        b) Hauptverfahren
            aa) Abstimmung im Bundestag (+)
                fehlende Beschlussfähigkeit gemäß § 45 GOBT nicht festgestellt
                Stimmenthaltungen bleiben unberücksichtigt
            bb) Abstimmung im Bundesrat
                (1) Notwendigkeit der Zustimmung des Bundesrates (+)
                    Art. 105 Abs. 3 GG
                (2) Wirksamkeit der Zustimmung
                    Koalitionsvertrag rein politische (Innen-)Vereinbarung
                    uneinheitliche Abgabe des Landes A; Stimmführerprinzip (−)
                    Zulässigkeit der Nachfrage des Bundesratspräsidenten
                    str.: Rechtsfolge der uneinheitlichen Stimmabgabe

Lösung

Erfolgsaussichten der abstrakten Normenkontrolle

Um die Verfassungsmäßigkeit des EStVG überprüfen zu lassen, könnte die Landesregierung von A eine abstrakte Normenkontrolle gemäß Art. 93 Abs. 1 Nr. 2 GG einlegen. Sie hat Aussicht auf Erfolg, wenn sie zulässig und begründet ist.

A. Zulässigkeit

Die Zulässigkeit einer abstrakten Normenkontrolle richtet sich nach den Art. 93 Abs. 1 Nr. 2 GG, §§ 13 Nr. 6, 76 ff. BVerfGG.

I. Antragsberechtigung

Die Landesregierung von A ist gemäß Art. 93 Abs. 1 Nr. 2 GG, § 76 Abs. 1 BVerfGG antragsberechtigt.

II. Prüfungsgegenstand

Gemäß Art. 93 Abs. 1 Nr. 2 GG, § 76 Abs. 1 BVerfGG ist das EStVG als Bundesgesetz und somit Bundesrecht grds. tauglicher Prüfungsgegenstand der abstrakten Normenkontrolle.

Dem könnte entgegenstehen, dass das EStVG noch nicht in Kraft getreten ist. Die abstrakte Normenkontrolle stellt aber ein *objektives Verfahren* zum Schutz der Verfassung dar, mit der verfassungsrechtlich fragwürdiges Recht jederzeit und unabhängig von einem konkreten Rechtsstreit überprüft werden soll. Dem Anliegen widerspräche es, wenn der Antragsteller bis zum Inkrafttreten der fraglichen Vorschrift warten müsste. Dies wäre vielmehr eine überflüssige Förmlichkeit.[1] Vorliegend reicht daher aus, dass das EStVG ausgefertigt und verkündet wurde.

III. Antragsbefugnis

Die Regierung des Landes A müsste antragsbefugt sein. Gemäß § 76 Abs. 1 Nr. 1 BVerfGG setzt dies voraus, dass der Antragsteller den Prüfungsgegenstand wegen Verstoßes gegen das Grundgesetz oder sonstiges Bundesrecht für nichtig hält. Dies scheint im Widerspruch zum Wortlaut des Art. 93 Abs. 1 Nr. 2 GG zu stehen, wonach bereits „Meinungsverschiedenheiten oder Zweifel(n)" ausreichen. Ob die Vorschrift des § 76 Abs. 1 Nr. 1 BVerfGG insoweit verfassungswidrig ist oder lediglich eine *rechtmäßige Konkretisierung* des Art. 93 Abs. 1 Nr. 2 GG darstellt,[2] bleibt umstritten. Der Meinungsstreit kann aber dahinstehen, da die Landesregierung A das EStVG für nichtig hält und damit selbst dem strengeren Maßstab des § 76 Abs. 1 Nr. 1 BVerfGG genügt.

---

[1] *Ipsen*, Staatsrecht I, Rdn. 916.
[2] So BVerfGE 96, 133 (137 f.); zum Streitstand *Maurer*, § 20 Rdn. 81.

IV. Klarstellungsinteresse

Fraglich ist, ob die Landesregierung A ein Klarstellungsinteresse an der Entscheidung über die Verfassungsmäßigkeit des EStVG besitzt. Dagegen könnte sprechen, dass sie durch ihre Stimmabgabe im Bundesrat erst die Verabschiedung des EStVG ermöglicht hat. Zudem erscheint das Interesse an der Wiederherstellung des Koalitionsfriedens rein politischer Natur und für ein Rechtsschutzbedürfnis nicht ausreichend. Jedoch stellt die abstrakte Normenkontrolle ein objektives Verfahren zum Schutz der Verfassung dar, weswegen ein rein *objektives Klarstellungsinteresse* genügt.[3] Es besteht darin, dass das EStVG Auswirkungen auf die Einkommensteuer und somit auf die Steuereinnahmen des Landes A haben wird.

V. Form und Frist

Der Antrag muss die Schriftform des § 23 Abs. 1 BVerfGG wahren. Eine Frist ist nicht zu beachten.

VI. Zwischenergebnis

Bei Beachtung der erforderlichen Schriftform ist der Antrag der Landesregierung A auf abstrakte Normenkontrolle des EStVG zulässig.

B. Begründetheit

Der Antrag auf abstrakte Normenkontrolle ist begründet, wenn das EStVG mit dem Grundgesetz nicht vereinbar ist.

I. Formelle Verfassungsmäßigkeit des Gesetzes

1. Zuständigkeit

Damit das EStVG formell verfassungsgemäß zustande gekommen ist, müsste der Bund für seinen Erlass zuständig sein. Mangels ausschließlicher Gesetzgebungskompetenz kommt eine *konkurriende Gesetzgebungszuständigkeit*, vorliegend aus Art. 105 Abs. 2 GG, in Betracht. Dazu müsste es sich bei der Einkommensteuer um eine Steuer handeln, deren Aufkommen dem Bund zumindest zum Teil zusteht. Gemäß Art. 106 Abs. 3 S. 1 GG ist die Einkommensteuer eine Gemeinschaftssteuer, deren Aufkommen Bund und Länder gemeinsam zufließt. Der Bund war für den Erlass des EStVG zuständig.

2. Verfassungsgemäßes Gesetzgebungsverfahren

a) Initiativphase

Darüber hinaus müsste das Gesetzgebungsverfahren verfassungsgemäß verlaufen sein. Dem könnte in der Initiativphase entgegenstehen, dass der Entwurf zum EStVG von den Regierungsfraktionen und nicht von der Bundesregierung als

---

[3] *Maurer*, § 20 Rdn. 82.

eigentlicher Urheberin des Gesetzentwurfs eingebracht wurde. Gemäß Art. 76 Abs. 2 GG sind Gesetzesvorlagen der Bundesregierung zunächst dem Bundesrat zuzuleiten. Die dadurch eröffnete Gelegenheit zur frühzeitigen Stellungnahme und zur Berücksichtigung seines Standpunkts im weiteren Gesetzgebungsverfahren wird dem Bundesrat genommen, wenn das Gesetz von einer Fraktion eingebracht wird. Allerdings sieht das Grundgesetz in Art. 76 Abs. 1 GG ausdrücklich Gesetzentwürfe aus der *Mitte des Bundestages* vor. Das Initiativrecht des Bundestages ist nicht begrenzt, so dass er sich auch Gesetzentwürfe, die nicht aus seiner Feder stammen, frühzeitig zu eigen machen und selbst einbringen darf. Die Rechte des Bundesrates werden dadurch ausreichend gewahrt, dass ihm das vom Bundestag beschlossene Gesetz im zweiten Durchgang nach Art. 77 GG zugeleitet wird.[4] Die Initiativphase war somit verfassungsgemäß.

b) Hauptverfahren

Allerdings könnten Fehler im Hauptverfahren ein verfassungsgemäßes Zustandekommen des EStVG verhindert haben.

aa) Abstimmung im Bundestag

Bedenklich erscheint zunächst, dass bei dem Gesetzesbeschluss nur ein gutes Drittel der Abgeordneten mitgewirkt hat. Dies könnte der Beschlussfähigkeit des Bundestages und somit der Wirksamkeit des Gesetzesbeschlusses entgegenstehen. Gemäß § 45 Abs. 1 GOBT ist der Bundestag nur beschlussfähig, wenn mehr als die Hälfte seiner Mitglieder anwesend ist. Allerdings führt eine geringere Anwesenheitsquote nicht automatisch zur Beschlussunfähigkeit, die vielmehr gemäß § 45 Abs. 2 GOBT der *ausdrücklichen Feststellung* vor Beginn der Abstimmung bedarf. Ansonsten gilt der Bundestag ohne Rücksicht auf die Zahl seiner anwesenden Mitglieder als beschlussfähig.[5] Dass bei der Abstimmung zum EStVG nur ein gutes Drittel der Abgeordneten anwesend war, steht der Wirksamkeit des Gesetzesbeschlusses somit nicht entgegen.

Fraglich ist, ob bei der Verabschiedung des EStVG im Bundestag die erforderliche Mehrheit erreicht wurde. Für einen Beschluss ist gemäß Art. 42 Abs. 2 S. 1 GG grds. die Mehrheit der abgegebenen Stimmen erforderlich (sog. *Abstimmungsmehrheit*). Allerdings kann Enthaltungen kein anderer Erklärungsgehalt als der Nichtabgabe der Stimme entnommen werden, weswegen sie nicht als abgegebene Stimmen zählen können. Damit ein Beschluss zustande kommt, reicht daher aus, dass die Anzahl der abgegebenen Ja-Stimmen die der Nein-Stimmen um zumindest eine übersteigt.[6] Vorliegend haben 114 Abgeordnete für und 112 gegen das EStVG gestimmt. Die vier Enthaltungen bleiben außer Betracht. Somit hat die erforderliche Abstimmungsmehrheit für das Gesetz votiert.

Die Abstimmung im Bundestag ist insgesamt ordnungsgemäß verlaufen und führt nicht zur Verfassungswidrigkeit des EStVG.

---

[4] *Degenhart*, Rdn. 200; kritisch *Maurer*, § 17 Rdn. 63.

[5] Vgl. BVerfGE 44, 308 (317 ff.); *Ipsen*, Staatsrecht I, Rdn. 238.

[6] Jarass/Pieroth/*Pieroth*, Art. 42 Rdn. 4.

bb) *Abstimmung im Bundesrat*

Einer verfassungsmäßigen Verabschiedung des EStVG könnten jedoch die Geschehnisse während der Abstimmung im Bundesrat entgegenstehen.

(1) *Notwendigkeit der Zustimmung des Bundesrates*

Zunächst ist fraglich, ob das EStVG der Zustimmung des Bundesrates bedarf. Dazu müsste das EStVG ein *Zustimmungsgesetz* sein, für welches das Grundgesetz ausdrücklich die Zustimmung des Bundesrates vorsieht. Für ein Bundesgesetz über die Einkommen- als Gemeinschaftssteuer, deren Aufkommen zum Teil den Ländern zufließt, enthält Art. 105 Abs. 3 GG eine solche Anordnung. Ohne Zustimmung des Bundesrates kann das EStVG nicht zustande kommen.

(2) *Wirksamkeit der Zustimmung*

Die Zustimmung könnte gescheitert sein, da die notwendige Mehrheit von 35 Stimmen nur unter Einschluss aller vier Stimmen des Landes A erreicht wurde, bei dessen Stimmabgabe Differenzen zu Tage traten.

So könnte eine wirksame Stimmabgabe des Landes A bereits an einer Verletzung des Koalitionsvertrags der Regierungsparteien scheitern. Allerdings entfaltet der Koalitionsvertrag seine ohnehin *lediglich politische Wirkung* nur im Innenverhältnis der Vertragspartner. Im Außenverhältnis gegenüber Dritten ist er ohne Bedeutung.[7] Zwar hätte sich das Land A infolge des Koalitionsvertrags bei der Abstimmung wegen der bestehenden Differenzen enthalten müssen. Der Bruch des Koalitionsvertrags hat im Außenverhältnis jedoch keine Bedeutung und lässt die Wirksamkeit der Stimmabgabe des Landes A unberührt.

Gegen die Wertung der vier Stimmen des Landes A bestehen weitere Bedenken, da seine Vertreter zunächst unterschiedlich abgestimmt haben. Allerdings könnte nach dem *Stimmführerprinzip* das zuerst abgegebene Votum für das gesamte Land maßgeblich sein. Nach diesem Grundsatz müssen sich nicht alle Bundesratsmitglieder eines Landes bei einer Abstimmung äußern. Da das Grundgesetz in Art. 51 Abs. 3 S. 2 GG eine einheitliche Stimmabgabe erwartet, genügt vielmehr, dass ein einzelnes Bundesratsmitglied stellvertretend für alle Vertreter des Landes abstimmt. Indes ist das Stimmführerprinzip nicht zwingend. Zwar sieht Art. 51 Abs. 3 S. 2 GG nur die einheitliche Stimmabgabe vor, jedoch werden nach derselben Vorschrift die Stimmen durch die anwesenden (einzelnen) Mitglieder abgegeben. Die dadurch eröffnete Möglichkeit einer gegensätzlichen und uneinheitlichen Stimmabgabe legt somit das Grundgesetz selbst an. Tritt ein solcher Widerspruch zu Tage, entfallen daher die Voraussetzungen des Prinzips der Stimmführerschaft.[8] Auf den Aufruf des Landes A durch den Bundesratspräsidenten stimmte der Ministerpräsident mit „Ja!", der Finanzminister dagegen mit „Nein!". Da sich zwei Bundesratsmitglieder des Landes A widersprachen, entfal-

---

[7]   Jarass/Pieroth/*Pieroth*, Art. 51 Rdn. 6.
[8]   BVerfGE 106, 310 (330 f.); zustimmend *Dörr*, BeckOK-GG, Art. 51 Rdn. 17; *Ipsen*, Staatsrecht I, Rdn. 346.

tet das Stimmführerprinzip keine Wirkung mehr. Zumindest zu diesem Zeitpunkt lag daher keine einheitliche Stimmabgabe des Landes A vor.

Die Uneinheitlichkeit der Stimmabgabe könnte durch die Nachfrage des Bundesratspräsidenten und die daraufhin abgegebene, unwidersprochen gebliebene Zustimmung des Ministerpräsidenten von A beseitigt worden sein. Dies setzt voraus, dass der Bundesratspräsident überhaupt zur Nachfrage berechtigt ist. Grds. darf er im Rahmen seiner *Sitzungsleitung* bei Unklarheiten im Abstimmungsverlauf nachfragen und auf eine wirksame Stimmabgabe des Landes hinwirken. Gemäß Art. 78 GG i.V.m. dem Rechtsstaatsprinzip trifft ihn sogar die Pflicht, den Willen des Bundesrates im Gesetzgebungsverfahren klar festzustellen. Allerdings muss tatsächlich eine Unklarheit und somit ein Anlass für eine Rückfrage vorliegen. Dies ist nicht der Fall, wenn ein *einheitlicher Landeswille* erkennbar nicht besteht und nach den gesamten Umständen ebenso wenig erwartet werden kann, dass ein solcher während der Abstimmung noch zustande kommt.[9] Der Finanzminister von A hat in der Aussprache vor der Abstimmung ausdrücklich auf den Dissens innerhalb der Landesregierung und eine uneinheitliche Stimmabgabe hingewiesen. Die Abstimmung verlief entsprechend und legte den Widerspruch klar zu Tage. Auch unter Berücksichtigung der Einschätzungsprärogative des Bundesratspräsidenten konnten die evidenten Differenzen nicht mehr als bloße Unklarheit gedeutet werden. Vielmehr lag ein uneinheitlicher Wille des Landes A vor.

In diesem atypischen Fall ist der Bundesratspräsident als Sitzungsleiter lediglich dazu verpflichtet, die uneinheitliche Stimmabgabe zu protokollieren. Er hat dagegen kein Recht, das Abstimmungsverhalten des Landes in irgendeiner Weise, etwa durch Nachfrage an den Ministerpräsidenten, zu lenken. Darin läge vielmehr ein *Übergriff in den Verantwortungsbereich des Landes*. Ohnehin hätte das Nachfragerecht nur in einer neutralen Form ausgeübt werden dürfen.[10] Dazu wäre erforderlich gewesen, nochmals das gesamte Land aufzurufen oder zumindest auch den mit „Nein!" stimmenden Finanzminister erneut zu befragen. Es bleibt somit bei der uneinheitlichen Stimmabgabe des Landes A.

Fraglich sind die Konsequenzen einer uneinheitlichen Stimmabgabe, die im Grundgesetz nicht geregelt sind. Nach einer Auffassung soll die Stimme des jeweiligen Regierungschefs des Landes ausschlaggebend sein. Dadurch könne eine einheitliche und verfassungsgemäße Stimmabgabe erreicht werden, zu welcher der Regierungschef kraft seiner *Richtlinienkompetenz* befugt sei.

Dagegen spricht, dass sich eine Wertung oder Reihenfolge der einzelnen Stimmen eines Landes dem Grundgesetz nicht entnehmen lässt. Auch etwaige Rangordnungen im jeweiligen Landesverfassungsrecht sind auf Bundesebene nicht von Bedeutung. Der Regierungschef eines Landes hat somit keine Befugnis, einen Abstimmungsdissens durch sein Votum zu überwinden. Da die Stimmen eines Landes wegen Art. 51 Abs. 3 S. 2 GG nicht aufgeteilt werden können, führt eine

---

[9] BVerfGE 106, 310 (332).
[10] BVerfGE 106, 310 (333 ff.); a.A. Jarass/Pieroth/*Pieroth*, Art. 51 Rdn. 6.

uneinheitliche Stimmabgabe zur Ungültigkeit aller Stimmen des Landes.[11] Die vier Stimmen des Landes A dürfen daher nicht gewertet werden. Somit entfallen nur 31 von 69 möglichen Ja-Stimmen im Bundesrat auf das EStVG. Mangels Mehrheit hat der Bundesrat seine Zustimmung zu dem Gesetzentwurf nicht erteilt, so dass das EStVG nicht (verfassungsgemäß) zustande gekommen ist.

II. Ergebnis

An der materiellen Verfassungsmäßigkeit des EStVG gibt es laut Sachverhalt zwar keine Zweifel. Allerdings ist das EStVG bereits wegen seiner formellen Verfassungswidrigkeit mit dem Grundgesetz nicht vereinbar. Der Antrag der Landesregierung A im Verfahren der abstrakten Normenkontrolle ist somit begründet und hat Aussicht auf Erfolg. Gemäß § 78 S. 1 BVerfGG wird das Bundesverfassungsgericht das EStVG für nichtig erklären.

Erwartungshorizont der Klausur

Schwerpunkte 1. Ordnung
- Uneinheitliche Stimmabgabe im Bundesrat

Schwerpunkte 2. Ordnung
- Abstrakte Normenkontrolle bei nicht in Kraft getretenen Gesetzen
- Einbringen eines Gesetzentwurfs der Bundesregierung über den Bundestag
- Fehlende Beschlussfähigkeit des Bundesrates
- Stimmenthaltungen als (nicht) abgegebene Stimmen
- Auswirkungen der Koalitionsvereinbarung auf die Stimmabgabe des Landes A

Kleinere Probleme
- Antragsbefugnis bei der abstrakten Normenkontrolle
- Wiederherstellung des Koalitionsfriedens und Klarstellungsinteresse
- Gesetzgebungskompetenz des Bundes für das EStVG
- Zustimmungsbedürfnis des Bundesrates zum EStVG

---

[11] BVerfGE 106, 310 (334 f.); *Degenhart*, Rdn. 655; *Dörr*, BeckOK-GG, Art. 51 Rdn. 21.

III. Klausur 12: Eine Folter für den Bundespräsidenten

Sachverhalt

Grundfall: Nachdem Berichte über eine deutliche Zunahme von Sexualstraftaten die Medien beherrschen, wird in der Öffentlichkeit der Ruf nach härteren Sanktionen laut. Die Bundesregierung vernimmt die Anregungen aufmerksam und bringt umgehend einen Entwurf für ein Gesetz zum Schutze der Bevölkerung vor Sexualstraftätern (GSBS) ein. Das GSBS sieht unter anderem eine abgestufte Verlängerung der Freiheitsstrafen bereits verurteilter und noch in Haft befindlicher Sexualstraftäter vor. Damit soll die Bevölkerung länger vor potentiell rückfälligen Kriminellen geschützt werden und zugleich die verhängten Strafen maßvoll an die demographische Entwicklung angepasst werden. Zur Entlastung der Gerichte soll ferner den ermittelnden Staatsanwälten die Befugnis verliehen werden, eines geringfügigen Sexualdelikts Verdächtige ohne Mitwirkung eines Richters zu einer Geld- oder Freiheitsstrafe bis zu zwei Jahren auf Bewährung zu verurteilen, sofern die Beweislage eindeutig ist und an Täterschaft und Schuld des Verdächtigen keine Zweifel bestehen. Zur Beschleunigung des Ermittlungsverfahrens sollen schließlich die Strafverfolgungsbehörden Personen, die einer Sexualstraftat dringend verdächtig sind, näher bezeichneten Maßnahmen zur Wahrheitsfindung (z.B. Elektroschocks) unterziehen können, um eine Aussage zu erzwingen.

Der Entwurf zum GSBS wird im Bundestag nach verfassungsgemäßem Gesetzgebungsverfahren mit großer Mehrheit verabschiedet. Der Bundespräsident hegt jedoch Bedenken im Hinblick auf die materielle Verfassungsmäßigkeit des Gesetzes. Unter anderem sieht er durch die Einzelregelungen des GSBS den Grundsatz der Gewaltenteilung und das Rechtsstaatsprinzip offensichtlich verletzt. Er verweigert daher die Ausfertigung des GSBS. Die Regierungsfraktion A hält dies für eine unbefugte Einmischung in die Rechte des Bundestages und möchte den Bundespräsidenten „vor das Bundesverfassungsgericht ziehen".

Bearbeitervermerk: Welche verfassungsgerichtlichen Verfahren kommen in Betracht und haben sie Aussicht auf Erfolg?

Abwandlung: Trotz seiner Bedenken hat der Bundespräsident das GSBS ausgefertigt, das nach seiner Verkündung mittlerweile in Kraft getreten ist. Vor dem Amtsgericht B (Schöffengericht) ist in erster Instanz ein Strafprozess wegen versuchter Vergewaltigung anhängig, in dem das wesentliche und letztlich zur Verurteilung führende Beweismittel das glaubhafte Geständnis des Angeklagten darstellt, das er unter Folter abgelegt hat. Die Foltermaßnahmen stehen im Einklang mit dem durch das GSBS neu eingeführten § 136b der Strafprozessordnung (StPO). Das Amtsgericht B ist von der Verfassungswidrigkeit der Norm und somit von der fehlenden Verwertbarkeit des Geständnisses überzeugt und möchte daher den § 136b StPO vom Bundesverfassungsgericht überprüfen lassen.

Bearbeitervermerk: Prüfen Sie in einem Gutachten die Zulässigkeit des dafür einschlägigen Verfahrens!

Lösungsskizze

Grundfall: Möglichkeiten der Regierungsfraktion A

A. Organstreitverfahren
I. Zulässigkeit
  1. Parteifähigkeit (+)
    Bundespräsident
    Fraktionen als Teil des Bundestages
  2. Antragsbefugnis (+)
    Prozessstandschaft
  3. Form und Frist (+)
II. Begründetheit
  1. Formelle Prüfungsbefugnis des Bundespräsidenten
    (+), aber GSBS formell verfassungsmäßig
  2. Materielle Prüfungsbefugnis des Bundespräsidenten
    a) Voraussetzungen
      eA (–): Überprüfung dem Bundesverfassungsgericht vorbehalten
      aA (+): Amtseid des Bundespräsidenten
      aA (+): Bindung des Bundespräsidenten an Art. 20 Abs. 3 GG
    b) Evidente materielle Verfassungswidrigkeit des GSBS
      aa) Nachträgliche Verlängerung der Freiheitsstrafen
         (+); keine Rückwirkung von Strafgesetzen (Art. 103 Abs. 2 GG)
      bb) Verurteilung durch den ermittelnden Staatsanwalt
         (+); Grundsatz der Gewaltenteilung
      cc) Folter zur Erzwingung einer Aussage
         (+); Rechtsstaatsprinzip

B. Präsidentenanklage (–)

Abwandlung: Vorgehensmöglichkeiten des Strafgerichts

Zulässigkeit der konkreten Normenkontrolle
I. Vorlageberechtigung (+)
II. Vorlagegegenstand (+)
III. Vorlagebefugnis (+)
IV. Form und Frist (+)

Lösung

Grundfall: Möglichkeiten der Regierungsfraktion A

A. Organstreitverfahren

Für das Anliegen der Regierungsfraktion A, den Bundespräsidenten „vor das Bundesverfassungsgericht zu ziehen", käme zunächst ein Organstreitverfahren gemäß Art. 93 Abs. 1 Nr. 1 GG, §§ 13 Nr. 5, 63 ff. BVerfGG in Betracht. Es hat Aussicht auf Erfolg, wenn ein entsprechender Antrag zulässig und begründet ist.

I. Zulässigkeit

1. Parteifähigkeit

Die Zulässigkeit des Antrags setzt die Parteifähigkeit von Antragsteller und Antragsgegner gemäß § 63 BVerfGG voraus. Der Bundespräsident als Antragsgegner ist einer der explizit in der Vorschrift aufgezählten Organe und somit parteifähig.

Fraglich erscheint, ob die Regierungsfraktion A ein zulässiger Antragsteller ist. In der Aufzählung des § 63 BVerfGG werden Fraktionen nicht ausdrücklich genannt. A könnte aber ein *mit eigenen Rechten ausgestatteter Organteil* im Sinne der Vorschrift sein. Fraktionen des Bundestages sind notwendige Einrichtungen des Verfassungslebens und haben z.b. gemäß § 12 GOBT ein Recht auf Vertretung in den Ausschüssen des Deutschen Bundestages. Sie sind daher durch die GOBT mit eigenen Rechten ausgestattet und im Organstreitverfahren parteifähig.[1]

2. Antragsbefugnis

Des Weiteren müsste die Regierungsfraktion A antragsbefugt sein. Dazu muss sie als Antragsteller geltend machen, durch eine rechtserhebliche Maßnahme oder Unterlassung des Antragsgegners in ihren durch das Grundgesetz übertragenen Rechten oder Pflichten verletzt oder unmittelbar gefährdet zu sein. A rügt vorliegend das Unterlassen des Bundespräsidenten, das GSBS auszufertigen. Dadurch habe er sich in das Legislativrecht des Bundestages eingemischt (vgl. etwa Art. 77 Abs. 1 S. 1 GG). Zwar handelt es sich dabei um kein der Fraktion eigenes Recht. Gemäß § 64 Abs. 1 BVerfGG genügt für das Organstreitverfahren jedoch, dass der Antragsteller Rechte des Organs, dem er angehört, geltend macht. A darf daher im eigenen Namen das Gesetzgebungsrecht des Bundestages im Wege der *Prozessstandschaft* verteidigen.[2] Somit liegt eine Streitigkeit um ein vom Grundgesetz vorgesehenes Recht und daher ein tauglicher Streitgegenstand vor.

Für die Geltendmachung genügt, dass eine Verletzung der Rechte des Antragstellers möglich erscheint.[3] Es kann nicht von vornherein ausgeschlossen werden, dass der Bundespräsident zur Ausfertigung des GSBS gemäß Art. 82 Abs. 1 S. 1 GG verpflichtet gewesen war. Die Regierungsfraktion A ist antragsbefugt.

---

[1] *Degenhart*, Rdn. 750; *Ipsen*, Staatsrecht I, Rdn. 881.
[2] *Degenhart*, Rdn. 752; *Ipsen*, Staatsrecht I, Rdn. 891.
[3] *Ipsen*, Staatsrecht I, Rdn. 887.

3. Form und Frist

Schließlich muss der Antrag die Schriftform gemäß § 23 Abs. 1 BVerfGG wahren. Darüber hinaus ist im Antrag die konkrete Verfassungsnorm zu nennen, gegen die der Antragsgegner durch sein Verhalten verstoßen hat (§ 64 Abs. 2 BVerfGG).

Gemäß § 64 Abs. 3 BVerfGG ist der Antrag binnen sechs Monaten nach Bekanntwerden des Verhaltens, hier der Verweigerung der Ausfertigung durch den Bundespräsidenten, zu stellen.

4. Zwischenergebnis

Die Beachtung der soeben genannten formellen Voraussetzungen unterstellt, ist der Antrag der Regierungsfraktion A zulässig.

II. Begründetheit

Der Antrag der A ist begründet, wenn das Verhalten des Bundespräsidenten verfassungswidrig und dadurch die A in ihren Rechten verletzt wird.

1. Formelle Prüfungsbefugnis des Bundespräsidenten

Die Weigerung des Bundespräsidenten, das GSBS auszufertigen, wäre verfassungswidrig, wenn er nach dem Grundgesetz dazu verpflichtet wäre. Dafür spricht der Wortlaut des Art. 82 Abs. 1 S. 1 GG, wonach Gesetze vom Bundespräsidenten ausgefertigt „werden". Ausnahmen, in denen der Bundespräsident von der Ausfertigung eines Gesetzes absehen könnte, sind nicht vorgesehen. Andererseits gilt die Vorschrift nur für Gesetze, die „*nach den Vorschriften dieses Grundgesetzes zustande gekommen(en)*" sind. Aus dieser Einschränkung wird ein formelles Prüfungsrecht des Bundespräsidenten abgeleitet. Danach darf er die Verfassungsmäßigkeit des Gesetzgebungsverfahrens untersuchen, zumal zum Zeitpunkt der Ausfertigung erstmals die Gelegenheit besteht, das bisherige Gesetzgebungsverfahren umfassend zu überprüfen. Somit ist er berechtigt, die Ausfertigung eines Bundesgesetzes zu verweigern, wenn das Gesetzgebungsverfahren nicht verfassungsgemäß war.[4]

Die Gesetzgebungskompetenz des Bundes für das GSBS als Gesetz auf dem Gebiet des Strafrechts folgt aus Art. 72 Abs. 2, 74 Abs. 1 Nr. 1 GG. Das Gesetzgebungsverfahren verlief laut Sachverhalt verfassungsgemäß. Ein Grund zur Verweigerung der Ausfertigung des GSBS aus formellen Gründen ist somit nicht gegeben. Ohnehin trägt der Bundespräsident lediglich vor, Bedenken an der materiellen Verfassungsmäßigkeit des GSBS zu haben.

2. Materielle Prüfungsbefugnis des Bundespräsidenten

a) Voraussetzungen

Neben der formellen könnte der Bundespräsident eine materielle Prüfungsbefugnis besitzen. Sie könnte wiederum aus Art. 82 Abs. 1 S. 1 GG abgeleitet werden, der

---

[4] *Degenhart*, Rdn. 712.

nur von Gesetzen spricht, die nach den Vorschriften des Grundgesetzes zustande gekommen sind. Dass dadurch jedoch auch die materielle Verfassungsmäßigkeit von Bundesgesetzen umfasst wird, erscheint wegen Art. 78 GG fraglich, der für das Zustandekommen eines Gesetzes lediglich formelle Voraussetzungen aufstellt. Da der Wortlaut des Art. 82 Abs. 1 S. 1 GG somit nicht eindeutig ist, bedarf es einer systematischen Auslegung der Vorschrift.[5]

Gegen die Annahme einer materiellen Prüfungsbefugnis des Bundespräsidenten wird zum Teil der *Grundsatz der Gewaltenteilung* (Art. 20 Abs. 2 GG) bemüht. Danach falle die inhaltliche Kontrolle der Verfassungsmäßigkeit eines Bundesgesetzes allein in den Zuständigkeitsbereich des Bundesverfassungsgerichts. Dem lässt sich allerdings entgegenhalten, dass die Möglichkeit einer nachträglichen Kontrolle, die zudem nur auf Antrag geschieht, die Verfassungsorgane nicht von ihrer Verpflichtung befreit, bei ihrem Handeln die grundgesetzlichen Anforderungen von vornherein zu beachten.

Zu den verfassungsrechtlichen Aufgaben des Bundespräsidenten soll daher auch ein materielles Prüfungsrecht für Bundesgesetze zählen. Teilweise wird dies mit dem *Amtseid des Bundespräsidenten* aus Art. 56 GG begründet. Danach hat er das Grundgesetz zu wahren und seine Pflichten gewissenhaft zu erfüllen. Indes enthält die Vorschrift nur eine Aussage darüber, *wie* der Bundespräsident seine Pflichten zu erfüllen hat, aber nicht darüber, *welche Pflichten* ihm überhaupt obliegen. Somit kann aus dem Amtseid des Bundespräsidenten nicht abgeleitet werden, ob er ein materielles Prüfungsrecht für Bundesgesetze besitzt oder nicht. Für eine solche Prüfungsbefugnis spricht allerdings die *Bindung* des Bundespräsidenten als Verfassungsorgan *an Recht und Gesetz* gemäß Art. 20 Abs. 3 GG. Demzufolge kann ein Verfassungsorgan nicht zur Vornahme von Handlungen verpflichtet werden, die nach seiner Auffassung verfassungswidrig sind.[6]

Dies könnte dazu verleiten, den Bundespräsident generell als nicht zur Ausfertigung eines Bundesgesetzes verpflichtet anzusehen, das seiner Meinung nach gegen das Grundgesetz verstößt. Allerdings ist auch der Bundestag als Teil der Legislative an die verfassungsmäßige Ordnung gebunden (Art. 20 Abs. 3 GG). Wenn er ein Bundesgesetz beschließt, bringt er damit zum Ausdruck, von der Verfassungsmäßigkeit des Gesetzes auszugehen. Daher stellt sich die Frage, wie der Widerstreit aufzulösen und der Ansicht welchen Verfassungsorgans der Vorrang eingeräumt werden muss. Dabei ist zu berücksichtigen, dass der Bundestag als gesetzgebendes Organ primär für den Inhalt der von ihm verabschiedeten Gesetze verantwortlich zeichnet. Somit muss ihm in Zweifelsfällen, in denen Bedenken an der Verfassungsmäßigkeit eines Gesetzes bestehen, eine *Einschätzungsprärogative* eingeräumt werden, welche der Bundespräsident zu beachten hat. Dessen Verpflichtung zur Wahrung der Verfassungsordnung kann demgegenüber nur Bedeutung erlangen, wenn ein Gesetz *offensichtlich materiell verfassungswidrig* erscheint.[7]

---

[5]   *Degenhart*, Rdn. 713.
[6]   Zusammenfassend *Degenhart*, Rdn. 713 f.; *Ipsen*, Staatsrecht I, Rdn. 496; *Maurer*, § 17 Rdn. 87 ff.
[7]   *Degenhart*, Rdn. 715.

b) Evidente materielle Verfassungswidrigkeit des GSBS

aa) Nachträgliche Verlängerung der Freiheitsstrafen

Evident verfassungswidrig könnte die abgestufte Verlängerung der Freiheitsstrafen bereits verurteilter und noch in Haft befindlicher Sexualstraftäter sein. Eine solche nachträgliche Straferhöhung könnte gegen den aus dem *Rechtsstaatsprinzip* abgeleiteten Aspekt der *Rechtssicherheit* verstoßen. Danach ist das Vertrauen des Bürgers, der sein Verhalten an den bestehenden Gesetzen ausrichtet, vor nachträglichen Umgestaltungen zu schützen. Dies gilt vor allem bei Gesetzesänderungen für bereits vergangene und abgeschlossene Tatbestände, auf welche der Bürger überhaupt nicht mehr reagieren kann. Solche Fälle sog. *echter Rückwirkung* sind daher nur in Ausnahmefällen zulässig.[8]

Im Strafrecht gilt darüber hinaus zu bedenken, dass der bei Straftaten angedrohte Freiheitsentzug in einem besonderen Maße in die Freiheitssphäre des Bürgers eingreift. Der Bürger hat daher ein umso größeres Interesse, die Grenzen seiner Handlungsfreiheit zu erfahren, um sein Verhalten dementsprechend ausrichten zu können. Deswegen enthält *Art. 103 Abs. 2 GG* eine grundgesetzliche Konkretisierung des Rechtsstaatsprinzips, wonach die Strafbarkeit vor Begehung der Tat gesetzlich festgelegt sein muss, nicht also erst im Nachhinein eingefügt oder verschärft werden darf. Rückwirkende Strafgesetze sind daher schlechthin unzulässig.[9] Vorliegend betrifft die Verlängerung der Freiheitsstrafen verurteilte Straftäter. Ihre Strafe für bereits begangene und somit abgeschlossene Straftaten soll nachträglich erhöht werden. Darin liegt eine rückwirkende Strafschärfung, die sich mit Art. 103 Abs. 2 GG offensichtlich nicht vereinbaren lässt.

bb) Verurteilung durch den ermittelnden Staatsanwalt

Bedenken könnten auch gegen die Regelung bestehen, dass Staatsanwälte Geld- und Freiheitsstrafen bis zu zwei Jahren selbst verhängen dürfen. Gemäß Art. 92 GG ist die rechtsprechende Gewalt den Richtern als Teil der Judikative anvertraut. Dass die staatliche Machtausübung auf verschiedene Gewalten verteilt wird, hat nach dem *Grundsatz der Gewaltenteilung* (Art. 20 Abs. 2 S. 2 GG) den Sinn, die Staatsgewalten zu begrenzen und ihre gegenseitige Kontrolle zu ermöglichen.[10] Nach dem GSBS sollen Staatsanwälte Strafverfahren zum Teil selbst durch eine Verurteilung beenden können. Die Kontrollfunktion der Judikative ginge aber verloren, wenn Staatsanwälte in ihrer *exekutiven Funktion der Strafverfolgung* ohne richterliche Mitwirkung Geld- und Freiheitsstrafen verhängen dürften.

Allerdings darf die Gewaltenteilung nicht völlig strikt verstanden werden, so dass Überschneidungen im Aufgabenbereich der Staatsgewalten durchaus möglich sind. So wäre, nicht zuletzt zur Entlastung der Gerichte, etwa denkbar, Bagatelldelikte zu entkriminalisieren und sich insoweit mit der Ahndung durch die Exekutive (z.B. durch Bußgelder) zu begnügen. Unantastbar ist jedoch der *Kernbereich*

---

[8] *Degenhart*, Rdn. 375; *Huster/Rux*, BeckOK-GG, Art. 20 Rdn. 157; Jarass/Pieroth/*Jarass*, Art. 20 Rdn. 71.

[9] BVerfGE 81, 132 (135); *Degenhart*, Rdn. 370; Jarass/Pieroth/*Pieroth*, Art. 103 Rdn. 52.

[10] *Degenhart*, Rdn. 265; Jarass/Pieroth/*Jarass*, Art. 20 Rdn. 24.

jeder Teilgewalt. Die Ahndung kriminellen Unrechts durch Verhängung von Geld- und Freiheitsstrafen zählt aber zum Kernbereich der Rechtsprechung und bleibt ihr daher vorbehalten.[11] Indem das GSBS diese Aufgabe zum Teil den Staatsanwälten und somit der Exekutive übertragen will, liegt ein Eingriff in die Gewaltenteilung vor. Da die Strafgerichtsbarkeit zum traditionellen Kernbereich der Judikative zählt, erscheint der darin liegende Verstoß gegen das Grundgesetz offensichtlich.

cc) Folter zur Erzwingung einer Aussage

Letztlich könnten die vom GSBS vorgesehenen Wahrheitsfindungsmaßnahmen zur Erzwingung der Aussage eines Verdächtigen evident gegen das Grundgesetz verstoßen. Zwar ist Aufgabe der Strafverfolgungsbehörden, staatliche Straf- ansprüche festzustellen und Straftäter zur Verwirklichung materieller Gerechtig- keit zu überführen. Bei dem berechtigten Interesse an einer funktionstüchtigen Strafrechtspflege darf aber nicht außer Acht gelassen werden, dass das Strafver- fahren den Anforderungen des *Rechtsstaatsprinzips* genügen muss. Dies bedeutet u.a. die Durchführung eines ordnungsgemäßen justizförmigen Verfahrens, in dem die Grundrechte des Verdächtigen gewahrt werden und keine Wahrheitsermittlung um jeden Preis betrieben werden darf. Nach dem GSBS sollen dringend Verdäch- tige näher bezeichneten Maßnahmen der Wahrheitsfindung wie z.B. Elektro- schocks unterzogen werden können, um eine Aussage zu erhalten. Darin liegt zum einen ein Verstoß gegen die ausdrückliche Anordnung des Art. 104 Abs. 1 S. 2 GG, wonach festgehaltene Personen nicht misshandelt werden dürfen.[12] Zudem verletzen solche Maßnahmen der Wahrheitsfindung das aus dem Allgemeinen Persönlichkeitsrecht des Verdächtigen gemäß Art. 2 Abs. 1 i.V.m. Art. 1 Abs. 1 GG abgeleitete Recht, sich nicht durch seine eigene Aussage belasten zu müssen (*nemo-tenetur-Grundsatz*), sondern sich schweigend verteidigen zu dürfen. Nicht zuletzt wäre die gemäß Art. 1 Abs. 1 S. 1 GG unantastbare Menschenwürde verletzt, wenn ein Verdächtiger solchen Maßnahmen unterzogen und somit zum bloßen Verfahrensobjekt degradiert würde.[13] Die Möglichkeit ihrer Anordnung im GSBS verstößt daher in eklatanter Weise gegen das Rechtsstaatsprinzip.

3. Ergebnis

Das GSBS ist aus mehreren Gründen evident materiell verfassungswidrig, so dass der Bundespräsident nicht zu seiner Ausfertigung verpflichtet ist. Seine Verwei- gerung steht somit im Einklang mit dem Grundgesetz.

Die Antragstellerin A wird daher nicht in ihren verfassungsgemäßen Rechten verletzt. Ihr Antrag ist zulässig, aber unbegründet.

B. Präsidentenanklage

Um den Bundespräsidenten „vor das Bundesverfassungsgericht zu ziehen", wäre zudem eine Präsidentenanklage gemäß Art. 61 GG denkbar.

---

[11] Vgl. BVerfGE 22, 49 (77 f.); *Degenhart*, Rdn. 269.
[12] Vgl. Jarass/Pieroth/*Jarass*, Art. 104 Rdn. 9.
[13] Vgl. BVerfGE 56, 37 (43).

Antragsberechtigt sind lediglich Bundestag und Bundesrat. Die Regierungsfraktion A könnte allenfalls dann einen *Antrag auf Erhebung der Anklage* stellen,
wenn sie mindestens ein Viertel der Mitglieder des Bundestages stellt (Art. 61
Abs. 1 S. 2 GG). Der Antrag müsste dann mit Zwei-Drittel-Mehrheit des Bundestages beschlossen werden.

Zudem müsste dem Bundespräsidenten im Rahmen der Präsidentenanklage die
vorsätzliche Verletzung des Grundgesetzes (Art. 61 Abs. 1 S. 1 GG) vorgeworfen
werden. Dafür bestehen im Hinblick auf sein materielles Prüfungsrecht keine Anhaltspunkte. Eine Präsidentenanklage hat somit keine Aussicht auf Erfolg.

Abwandlung: Vorgehensmöglichkeiten des Strafgerichts

Zulässigkeit der konkreten Normenkontrolle

Um die Vorschrift des § 136b StPO vom Bundesverfassungsgericht überprüfen zu
lassen, könnte das Amtsgericht B einen Antrag auf konkrete Normenkontrolle
stellen (Art. 100 Abs. 1 GG, §§ 13 Nr. 11, 80 ff. BVerfGG). Fraglich ist ihre Zulässigkeit.

I. Vorlageberechtigung

Das Amtsgericht B müsste zur Vorlage berechtigt sein. Vorlageberechtigt sind
gemäß Art. 100 Abs. 1 S. 1 GG alle staatlichen Gerichte.[14] Dass sich das Verfahren noch in der ersten Instanz befindet, ist unerheblich. Vielmehr kann jedes
Gericht unmittelbar das Bundesverfassungsgericht anrufen. Somit ist das Amtsgericht B als Gericht i.s.d. Art. 92 GG vorlageberechtigt.

II. Vorlagegegenstand

§ 136b StPO ist eine formelle und nachkonstitutionelle Norm und somit als Gesetz
i.s.d. Art. 100 Abs. 1 GG ein zulässiger Vorlagegegenstand der konkreten Normenkontrolle.

III. Vorlagebefugnis

Das Amtsgericht B ist von der Verfassungswidrigkeit des § 136b StPO *überzeugt*.
Außerdem muss die Vorschrift für das konkrete Ausgangsverfahren *entscheidungserheblich* sein. Wenn § 136b StPO verfassungswidrig und das Geständnis
des Angeklagten daher nicht verwertbar wäre, reichen die verbleibenden
Beweismittel laut Sachverhalt nicht zu einer Verurteilung aus. Die Verfassungsmäßigkeit der Norm ist somit entscheidungserheblich.

---

[14] *Maurer*, § 20 Rdn. 110.

IV. Form und Frist

Der Antrag muss die Schriftform des § 23 Abs. 1 BVerfGG wahren. In seiner Begründung ist gemäß § 80 Abs. 2 BVerfGG vor allem auf die Entscheidungserheblichkeit der Verfassungswidrigkeit der vorgelegten Norm einzugehen.
Fristen sind nicht zu beachten.

V. Ergebnis

Von der Beachtung der Schriftform ist auszugehen. Die Vorlage des Amtsgerichts B ist somit zulässig.

Erwartungshorizont der Klausur

Schwerpunkte 1. Ordnung
– Materielles Prüfungsrecht des Bundespräsidenten

Schwerpunkte 2. Ordnung
– Parteifähigkeit einer Fraktion im Organstreitverfahren
– Rückwirkungsverbot bei Strafgesetzen
– Grundsatz der Gewaltenteilung
– Rechtsstaatsprinzip im Strafverfahren

Kleinere Probleme
– Prozessstandschaft einer Fraktion im Organstreitverfahren
– Formelles Prüfungsrecht des Bundespräsidenten
– Präsidentenanklage
– Vorlageberechtigung in der ersten Instanz
– Entscheidungserheblichkeit des § 136b StPO

IV. Klausur 13: Schon gezahlt?

Sachverhalt

Dem Beauftragten der Bundesregierung für Kultur und Medien A ist die Rundfunkgebühr in ihrer derzeitigen Form ein Dorn im Auge. Seit langem hält er die gerätebezogene Abgabe, die an das Bereithalten von Rundfunkempfangs- sowie Fernsehgeräten anknüpft, um die Finanzierung der öffentlich-rechtlichen Rundfunkanstalten zu gewährleisten, für überholt. Stattdessen plädiert A für eine haushaltsbezogene Abgabe, wonach jeder Haushalt gebührenpflichtig ist, und zwar unabhängig von Anzahl oder Art der zum Empfang von Rundfunksendungen geeigneten Geräte. Auch die Ministerpräsidenten der Länder erwägen eine solche Regelung, können sich aber nicht auf die notwendige Änderung des Rundfunkgebührenstaatsvertrags (RGebStV) einigen. Als ein Bundesland den RGebStV sogar zum nächstmöglichen Zeitpunkt kündigt, sieht A seine Chance gekommen, um im Alleingang die Reform des Rundfunkgebührensystems voranzutreiben.

Den Bedenken seiner Rechtsberater, der Bund sei für eine Regelung des Rundfunks nicht zuständig, hält er entgegen, dass in den Art. 70 ff. GG die Begriffe „Rundfunk" und „Fernsehen" überhaupt nicht aufgeführt seien. Mangels Berücksichtigung im Grundgesetz müsste daher dem Bund ohnehin die Gesetzgebungszuständigkeit für diese Bereiche zustehen. Außerdem berücksichtige sein Modell der haushaltsbezogenen Abgabe auch die modernen Übertragungswege des Rundfunks einschließlich des Internetfernsehens, weswegen sich die Zuständigkeit des Bundes aus Art. 73 Abs. 1 Nr. 7 GG ergebe. Schließlich führt A an, sowohl die Fernsehsignale des modernen digitalen Satellitenfernsehens (DVB-S) als auch des terrestrischen Digitalfernsehens (DVB-T) seien nicht an die Grenzen der Länder gebunden, so dass der Bund von vornherein dafür zuständig sein müsse. Um sein Vorhaben völlig unangreifbar zu machen, will A seine Reform der Rundfunkgebühr nicht durch ein Gesetz des Bundestages verabschieden, sondern durch eine Volksabstimmung. Da alle Staatsgewalt vom Volke ausgeht, ist A der Ansicht, dass sich die Länder nicht gegen das Votum einer bundesweiten Abstimmung des Volkes wehren können.

Der Bundestag erlässt daher ein Gesetz, das eine Volksabstimmung über die Reform der Rundfunkgebühr vorsieht (GVRR). In der Volksabstimmung können sich die Wahlberechtigten zwischen dem bisherigen gerätebezogenen Erhebungsmodell und der alternativen haushaltsbezogenen Abgabe entscheiden. Das Modell, das die meisten Stimmen auf sich vereinigt, soll danach Gesetz werden.

Bearbeitervermerk:
1. Die Regierung des Bundeslandes B hält das GVRR für verfassungswidrig und möchte dagegen vor dem Bundesverfassungsgericht vorgehen. Haben die insoweit einschlägigen verfassungsgerichtlichen Verfahren Aussicht auf Erfolg?
2. Zur Einlegung welches der Verfahren würden Sie der Regierung des Bundeslandes B raten? Erläutern Sie Ihre Entscheidung!

Lösungsskizze

Frage 1: Erfolgsaussichten der Anträge der Regierung B

A. Abstrakte Normenkontrolle (Art. 93 Abs. 1 Nr. 2 GG)
I. Zulässigkeit
   1. Antragsberechtigung (+)
   2. Prüfungsgegenstand (+)
   3. Antragsbefugnis (+)
       str.: Zweifel oder Überzeugung von der Nichtigkeit
   4. Form und Frist (+)
II. Begründetheit
   1. Formelle Verfassungsmäßigkeit des Gesetzes
       Zuständigkeit
       aa) Ausschließliche Gesetzgebung
           Art. 73 Abs. 1 Nr. 7 GG (–)
       bb) Ungeschriebene Gesetzgebungskompetenz
           kraft Sachzusammenhangs (–)
           kraft Natur der Sache (–)
       cc) Zuständigkeit der Länder
           Grundsatz des Art. 70 Abs. 1 GG; Kulturhoheit der Länder
   2. Materielle Verfassungsmäßigkeit des Gesetzes
       Zulässigkeit von Volksentscheiden auf Bundesebene grundsätzlich (+)
       erforderlich jedoch Regelung im GG

B. Bund-Länder-Streit
I. Zulässigkeit
   1. Parteifähigkeit (+)
   2. Streitgegenstand (+)
   3. Antragsbefugnis (+)
   4. Form und Frist (+)
II. Begründetheit (+)
   beschränkt auf Maßnahmen, welche die Rechte der Länder verletzen (hier: Missachtung der Gesetzgebungskompetenzverteilung)

C. Organstreitverfahren (–)

Frage 2: Vorzugswürdiges Verfahren
abstrakte Normenkontrolle vorzugswürdig (Formalia, keine subjektive Rechtsverletzung erforderlich, Nichtigerklärung der angegriffenen Norm)

Lösung

Frage 1: Erfolgsaussichten der Anträge der Regierung B

A. Abstrakte Normenkontrolle (Art. 93 Abs. 1 Nr. 2 GG)

Um das GVRR auf seine Verfassungsmäßigkeit überprüfen zu lassen, könnte die Regierung des Bundeslandes B einen Antrag im abstrakten Normenkontrollverfahren gemäß Art. 93 Abs. 1 Nr. 2 GG stellen. Er hat Aussicht auf Erfolg, wenn er zulässig und begründet ist.

I. Zulässigkeit

Die Zulässigkeit einer abstrakten Normenkontrolle bestimmt sich nach Art. 93 Abs. 1 Nr. 2 GG, §§ 13 Nr. 6, 76 ff. BVerfGG.

1. Antragsberechtigung

Die Antragsberechtigung der Landesregierung von B ergibt sich aus Art. 93 Abs. 1 Nr. 2 GG, § 76 Abs. 1 BVerfGG.

2. Prüfungsgegenstand

Das GVRR ist als Bundesrecht tauglicher Prüfungsgegenstand der abstrakten Normenkontrolle (Art. 93 Abs. 1 Nr. 2 GG, § 76 Abs. 1 BVerfGG).

3. Antragsbefugnis

Die Landesregierung B müsste antragsbefugt sein. Fraglich sind die Anforderungen an die Antragsbefugnis. Einerseits verlangt § 76 Abs. 1 Nr. 1 BVerfGG, dass der Antragsteller den jeweiligen Prüfungsgegenstand wegen Verstoßes gegen das Grundgesetz oder sonstiges Bundesrecht für nichtig hält. Andererseits lässt die höherrangige Norm des Art. 93 Abs. 1 Nr. 2 GG Meinungsverschiedenheiten oder Zweifel genügen. Ob die Vorschrift des § 76 Abs. 1 Nr. 1 BVerfGG verfassungswidrig ist oder nur eine *rechtmäßige Konkretisierung* des Art. 93 Abs. 1 Nr. 2 GG darstellt,[1] bleibt umstritten. Der Meinungsstreit kann aber dahinstehen, da die Landesregierung B das GVRR für verfassungswidrig befindet und somit auch die Voraussetzungen des § 76 Abs. 1 Nr. 1 BVerfGG erfüllt.

4. Form und Frist

Die Beachtung der Schriftform des § 23 Abs. 1 BVerfGG kann unterstellt werden. Ein Fristerfordernis besteht für die abstrakte Normenkontrolle nicht.

5. Zwischenergebnis

Der Antrag der Landesregierung B auf abstrakte Normenkontrolle des GVRR ist zulässig.

---

[1] So BVerfGE 96, 133 (137 f.); zum Streitstand *Maurer*, § 20 Rdn. 81.

II. Begründetheit

Der Antrag ist begründet, soweit das GVRR mit dem Grundgesetz unvereinbar ist.

1. Formelle Verfassungsmäßigkeit des Gesetzes

Fraglich erscheint das formell verfassungsgemäße Zustandekommen des GVRR.

a) Zuständigkeit

aa) Ausschließliche Gesetzgebung

Dazu müsste der Bund zum Erlass des GVRR zuständig gewesen sein. Seine ausschließliche Gesetzgebungskompetenz könnte sich aus Art. 73 Abs. 1 Nr. 7 GG ergeben. „Telekommunikation" i.S.d. Vorschrift erfasst allerdings lediglich die *technische Seite* der Errichtung einer Telekommunikationsinfrastruktur und der Informationsübermittlung. Eine Zuständigkeit des Bundes für die übermittelten Inhalte oder die Art der Nutzung der Telekommunikation ergibt sich hieraus indes nicht.[2] Moderne Übertragungswege des Rundfunks wie das Internetfernsehen können zwar als Telekommunikation angesehen werden. Die Regelungen des GVRR betreffen aber die Reform der Rundfunkgebühr und somit äußere Umstände und Voraussetzungen der Nutzung, die nicht mit der Übertragungstechnik selbst zusammenhängen. Eine Zuständigkeit des Bundes gemäß Art. 73 Abs. 1 Nr. 7 GG besteht daher nicht.

bb) Ungeschriebene Gesetzgebungskompetenz

Mangels konkurrierender Zuständigkeit kommen schließlich ungeschriebene Gesetzgebungskompetenzen des Bundes in Betracht, namentlich *kraft Sachzusammenhangs*.[3] Dazu müsste eine dem Bund ausdrücklich zugewiesene Materie verständigerweise nicht geregelt werden können, ohne zugleich Vorschriften in anderen, nicht ausdrücklich zugewiesenen Bereichen zu erlassen.[4] Zur Normierung der technischen Infrastruktur der Telekommunikation ist nicht notwendig, auch Regelungen über ihre spätere Nutzung zu treffen. Die Rundfunkgebühr hat zudem nicht den Sinn, die technische Infrastruktur der Telekommunikation zu sichern, sondern soll die Finanzierung der öffentlich-rechtlichen Rundfunkanstalten gewährleisten, um den staatlichen Auftrag zur Grundversorgung der Bevölkerung mit Rundfunkprogrammen erfüllen zu können. Übertragungstechnik und Rundfunkgebühr hängen somit nicht zusammen und lassen sich gesondert regeln. Eine Zuständigkeit des Bundes kraft Sachzusammenhangs mit Art. 73 Abs. 1 Nr. 7 GG scheidet aus.

Denkbar ist ferner eine ungeschriebene Gesetzgebungskompetenz des Bundes *kraft Natur der Sache*.[5] Dazu ist erforderlich, dass eine Materie von vornherein

---

[2] BVerfGE 113, 348 (368); *Seiler*, BeckOK-GG, Art. 73 Rdn. 33; vgl. bereits BVerfGE 12, 205 (226 ff.).

[3] Dazu *Degenhart*, Rdn. 169 f.; *Maurer*, § 10 Rdn. 28.

[4] BVerfGE 3, 407 (421); 98, 265 (299); 110, 33 (48).

[5] Dazu *Degenhart*, Rdn. 167; *Maurer*, § 10 Rdn. 30.

nur vom Bund geregelt werden kann, weil sie seine ureigensten Angelegenheiten betrifft.[6] Dafür spricht, dass die Rundfunksignale des Satelliten- und terrestrischen Digitalfernsehens nicht an die Grenzen der Länder gebunden sind. Dass Signale einen grenzüberschreitenden physikalischen Charakter haben, lässt den damit zusammenhängenden Regelungsbedarf aber nicht zu einer ureigensten Angelegenheit des Bundes werden.[7] Dies gilt nicht einmal bei überregionalen, sich auf das gesamte Bundesgebiet erstreckenden Ausstrahlungen, zumal auch hier eine gemeinsame und koordinierte Regelung durch die Länder möglich erscheint.

Eine Gesetzgebungskompetenz des Bundes kraft Natur der Sache kann sich schließlich daraus ergeben, dass das GVRR eine Entscheidung über die Rundfunkgebühr durch eine bundesweite Volksabstimmung vorsieht. Bei der Frage der Kompetenzzuordnung dürfen jedoch die einzelnen Vorschriften eines Gesetzes nicht isoliert, sondern nur in ihrem Zusammenhang betrachtet werden. Gesetze mit unterschiedlichen Regelungsbereichen sind daher regelmäßig nur einem einzigen Kompetenztitel zuzurechnen, der sich vor allem an dem Normzweck und *Regelungsschwerpunkt* orientiert.[8] Zwar kann eine bundesweite Volksabstimmung naturgemäß nur vom Bund geregelt werden. Der Schwerpunkt des GVRR befasst sich aber mit der Reform der Rundfunkgebühr, so dass das GVRR insgesamt, einschließlich der Abstimmungsmodalitäten, allein dem Sachbereich des Rundfunks zuzuordnen bleibt. Ansonsten könnte der Bund jede in die Gesetzgebungskompetenz der Länder fallende Materie normieren, wenn er seine Regelungen einer Volksabstimmung zur Entscheidung stellte. Auch eine ungeschriebene Gesetzgebungskompetenz des Bundes kraft Natur der Sache scheidet daher aus.

cc) Zuständigkeit der Länder

Fraglich ist die Gesetzgebungszuständigkeit, wenn das Grundgesetz eine Materie weder dem Bund noch den Ländern ausdrücklich zuschreibt. Die *Kompetenzordnung des Grundgesetzes* ist *abschließend*. Bei Zweifeln über die Zuständigkeit spricht daher keine Vermutung zugunsten einer Bundeskompetenz. Wird ein Sachbereich nicht berücksichtigt, bleibt es vielmehr beim Grundsatz des Art. 70 Abs. 1 GG. Danach liegt entgegen der Auffassung des A die Gesetzgebungszuständigkeit grds. bei den Ländern. Dies gilt auch für den zur *Kulturhoheit* und somit zum ureigensten Regelungsbereich der Länder zählenden Rundfunk, der in den Art. 70 ff. GG nicht eigens erwähnt wird und somit – einschließlich der Regelung der Rundfunkgebühr[9] – in die *Verbandskompetenz der Länder* fällt.[10]

b) Zwischenergebnis

Das GVRR ist wegen der fehlenden Gesetzgebungskompetenz des Bundes formell verfassungswidrig.

---

[6]   BVerfGE 11, 89 (98 f.).

[7]   Vgl. BVerfGE 12, 205 (251).

[8]   BVerfGE 98, 265 (299 ff.); *Degenhart*, Rdn. 160 ff.

[9]   Vgl. BVerfGE 90, 60 (105).

[10] Vgl. *Maurer*, § 17 Rdn. 24.

2. Materielle Verfassungsmäßigkeit des Gesetzes

Darüber hinaus könnte das GVRR auch materiell gegen das Grundgesetz verstoßen. Fraglich ist, ob der Erlass und der Inhalt des GVRR dem Volk zur Abstimmung vorgelegt werden darf.

Solche Volksentscheide, d.h. verbindliche Abstimmungen des Volkes über Gesetzesvorhaben, könnten mit der Verfassung generell nicht zu vereinen sein. Zwar übt das Volk gemäß Art. 20 Abs. 2 S. 2 GG seine *Staatsgewalt in Wahlen und Abstimmungen* aus. Allerdings sieht das Grundgesetz selbst eine Abstimmung nur in Art. 29 GG für den Fall der Neugliederung des Bundesgebiets vor. Bei der grundgesetzlichen Demokratie handelt es sich daher um eine ausgeprägt parlamentarische und repräsentative Demokratie mit einem Minimum an plebiszitären Elementen. Allerdings kann dem Art. 29 GG keine Aussage über die Zulässigkeit weiterer Abstimmungen entnommen werden. Zudem spricht der Wortlaut des Art. 20 Abs. 2 S. 2 GG („Abstimmung*en*") dafür, dass Art. 29 GG nicht abschließend zu verstehen ist, sondern auf Bundesebene weitere Elemente *direkter Demokratie* denkbar sind.

Fraglich bleibt, unter welchen Voraussetzungen ein *Volksentscheid auf Bundesebene* durchgeführt werden kann. Für die Zulässigkeit einer Regelung durch einfaches Bundesgesetz spricht, dass Art. 20 Abs. 2 S. 2 GG explizit die Möglichkeit einer Abstimmung vorsieht. Jedoch ist der einzige im Grundgesetz geregelte Fall des Art. 29 GG sehr detailliert normiert. Daher bedürfen weitere Abstimmungen einer ebenso ausführlichen Ermächtigung im Grundgesetz selbst. Auch auf Länderebene sind Elemente direkter Demokratie in der jeweiligen Verfassung vorgesehen. Zudem muss beachtet werden, dass das Grundgesetz eingehende und abschließende Vorschriften zum Gesetzgebungsverfahren enthält, die auf eine unmittelbare Beteiligung des Volkes verzichten. Um dem Staatsvolk eine solche unmittelbare Entscheidungskompetenz über Gesetzesvorhaben zuzugestehen, erscheint daher eine grundgesetzliche Regelung im Wege einer *Verfassungsänderung* erforderlich.[11] Durch einfaches Bundesgesetz kann eine Volksabstimmung auf Bundesebene nicht eingeführt werden. Das GVRR ist somit auch materiell mit dem Grundgesetz nicht vereinbar.

III. Ergebnis

Das GVRR ist formell und materiell verfassungswidrig. Der Antrag der Landesregierung B im abstrakten Normenkontrollverfahren ist zulässig und begründet und hat Aussicht auf Erfolg. Das Bundesverfassungsgericht wird gemäß § 78 S. 1 BVerfGG das GVRR für nichtig erklären.

B. Bund-Länder-Streit

Die Landesregierung B könnte zudem einen Antrag im Bund-Länder-Streit in Erwägung ziehen. Der Antrag hat Aussicht auf Erfolg, wenn er zulässig und begründet ist.

---

[11] Zum Themenkreis *Ipsen*, Staatsrecht I, Rdn. 129 ff.; *Maurer*, § 7 Rdn. 32 ff.

I. Zulässigkeit

Die Zulässigkeit des Antrags im Bund-Länder-Streit richtet sich nach Art. 93 Abs. 1 Nr. 3 GG, §§ 13 Nr. 7, 68 ff. BVerfGG.

1. Parteifähigkeit

Die Landesregierung ist gemäß § 68 BVerfGG geeigneter Antragsteller für ihr Land B. Als Antragsgegner ist die Bundesregierung zu bezeichnen, die in Prozessstandschaft für den Bund auftritt.

2. Streitgegenstand

Zulässiger Streitgegenstand des Bund-Länder-Streits sind gemäß Art. 93 Abs. 1 Nr. 3 GG Rechte und Pflichten des Bundes und der Länder. Bei der Verabschiedung des GVRR ist die Abgrenzung der Gesetzgebungskompetenzen von Bund und Ländern ein geeigneter Verfahrensgegenstand.

3. Antragsbefugnis

Der Antragsteller muss gemäß § 69 i.V.m. § 64 Abs. 1 BVerfGG geltend machen, durch eine rechtserhebliche Maßnahme oder Unterlassung des Antragsgegners in seinen durch das Grundgesetz übertragenen Rechten oder Pflichten verletzt oder unmittelbar gefährdet zu sein. Vorliegend kann die Landesregierung B vortragen, der Bund habe durch den Erlass des GVRR die Gesetzgebungskompetenzen der Länder und somit auch des Landes B missachtet. Dem steht nicht entgegen, dass das GVRR die Reform der Rundfunkgebühr nicht endgültig umsetzt, sondern lediglich vorbereitet. In Sachbereichen, die in die Gesetzgebungszuständigkeit der Länder fallen, bleibt vielmehr auch die Entscheidung über eine Beteiligung des Volkes im Gesetzgebungsverfahren den Ländern vorbehalten. Die Landesregierung B ist somit antragsbefugt.

4. Form und Frist

Der Antrag muss die Schriftform gemäß § 23 Abs. 1 BVerfGG wahren. Darüber hinaus ist im Antrag die konkrete Verfassungsnorm zu nennen, die der Antragsgegner durch sein Verhalten verletzt hat (§ 69 i.V.m. § 64 Abs. 2 BVerfGG).

Der Antrag ist nach §§ 69, 64 Abs. 3 BVerfGG binnen sechs Monaten nach Bekanntwerden des streitgegenständlichen Verhaltens zu stellen.

5. Zwischenergebnis

Der Antrag der Landesregierung B ist zulässig.

II. Begründetheit

Der Antrag ist begründet, wenn das GVRR nicht mit dem Grundgesetz vereinbar ist und der Bund durch dessen Verabschiedung die verfassungsmäßigen Rechte des Landes B verletzt hat.

Wie bereits aufgezeigt, ist das GVRR sowohl formell als auch materiell verfassungswidrig. Allerdings ist beim Bund-Länder-Streit der *Prüfungsmaßstab* des Bundesverfassungsgerichts auf Verstöße gegen das Grundgesetz *beschränkt*, soweit sich daraus *Rechte des Antragstellers* ableiten lassen. Das Bundesverfassungsgericht wird sich vorliegend nur damit beschäftigen, ob der Bund für den Erlass des GVRR zuständig war. Da dies zu verneinen ist, hat der Bund durch die Verabschiedung des GVRR die Gesetzgebungskompetenz des Landes B verletzt.

Der Antrag der Landesregierung B ist daher begründet und hat Aussicht auf Erfolg. Das Bundesverfassungsgericht wird gemäß §§ 69, 67 BVerfGG eine Verletzung des Art. 70 Abs. 1 GG feststellen.

C. Organstreitverfahren

Schließlich käme ein Organstreitverfahren gemäß Art. 93 Abs. 1 Nr. 1 GG, §§ 13 Nr. 5, 63 ff. BVerfGG in Betracht. Seine Zulässigkeit scheitert aber bereits daran, dass B als Landesregierung kein Organ des Bundes und somit *nicht parteifähig* ist (§ 63 BVerfGG).

Frage 2: Vorzugswürdiges Verfahren

Von den in Frage 1 dargelegten Verfahren erscheint die abstrakte Normenkontrolle nach Art. 93 Abs. 1 Nr. 2 GG als vorzugswürdig.

Im Vergleich zum Bund-Länder-Streit gemäß Art. 93 Abs. 1 Nr. 3 GG weist die abstrakte Normenkontrolle mehrere Vorteile auf. Zum einen sind ihre *formellen Anforderungen* an den Antrag gegenüber dem Bund-Länder-Streit und die Fehleranfälligkeit somit *geringer*. Beim Bund-Länder-Streit wird insbesondere eine Bezeichnung der konkreten Verfassungsnorm verlangt, gegen die der Antragsgegner verstoßen haben soll (§ 69 i.V.m. § 64 Abs. 2 BVerfGG). Darüber hinaus ist die Sechs-Monate-Frist nach §§ 69, 64 Abs. 3 BVerfGG zu beachten.

Ein wesentlicher Unterschied zwischen den Verfahrensarten besteht zudem darin, dass der Bund-Länder-Streit einen verfassungsgerichtlichen Rechtsbehelf darstellt, mit dem eine *Verletzung subjektiver Rechte* aus der Verfassung geltend gemacht werden muss. Der Prüfungsmaßstab des Bundesverfassungsgerichts ist dementsprechend beschränkt. Bei der abstrakten Normenkontrolle handelt es sich dagegen um ein *objektives Verfahren* zum Schutz der Verfassung, welche die angegriffene Norm umfassend auf ihre Vereinbarkeit mit dem Grundgesetz überprüft. Die Erfolgsaussichten des Antrags auf Überprüfung der Verfassungsmäßigkeit eines Gesetzes sind daher größer.

Schließlich hat im Erfolgsfalle die Entscheidung des Bundesverfassungsgerichts über eine abstrakte Normenkontrolle eine *weiter gehende Wirkung*. Während beim Bund-Länder-Streit lediglich die Rechtsverletzung (§ 69 i.V.m. § 67 BVerfGG) festgestellt wird, ohne dass dies unmittelbare Auswirkungen auf die Gültigkeit der angegriffenen Norm nach sich zieht, wird diese im abstrakten Normenkontrollverfahren gemäß § 78 S. 1 BVerfGG *für nichtig erklärt*.[12]

---

[12] Vgl. dazu *Ipsen*, Staatsrecht I, Rdn. 902.

Erwartungshorizont der Klausur

Schwerpunkte 1. Ordnung
- Zulässigkeit von Volksentscheiden auf Bundesebene
- Frage 2

Schwerpunkte 2. Ordnung
- Ausschließliche Gesetzgebungskompetenz des Bundes für das GVRR
- Ungeschriebene Gesetzgebungskompetenz kraft Sachzusammenhangs
- Ungeschriebene Gesetzgebungskompetenz kraft Natur der Sache
- Bund-Länder-Streit

Kleinere Probleme
- Antragsbefugnis bei der abstrakten Normenkontrolle
- Kulturhoheit der Länder

V. Klausur 14: The Passau Peace Parade

Sachverhalt

Student S aus Passau veranstaltet aus Anlass der Präsidentschaftswahl im Staat A eine Wahlnachtsparty. Allerdings verläuft die Wahl nicht wunschgemäß für den S, da nach einer langen Nacht der von ihm nicht favorisierte Kandidat J als Gewinner der Wahl feststeht. S ruft daher die Partybesucher dazu auf, mit ihm in einer „Passau Peace Parade" sogleich zum nahe gelegenen Marktplatz zu ziehen, um dort gegen J und für den Frieden zu demonstrieren. Seinem Aufruf leisten dreißig Personen Folge, die sich mit spontan angefertigten themenbezogenen Transparenten auf dem Marktplatz versammeln. Unter die ansonsten friedlichen Teilnehmer mischt sich jedoch ein vermummter Tiefgaragenhooligan, der einzelne Personen mit seinem Schlagring angreifen möchte. Mitten in der Eröffnungsrede des S erscheint die Polizei und löst die Versammlung auf.

S lässt sich davon nicht unterkriegen und versucht noch auf seinem Heimweg, seine Friedensbotschaft anderweitig zu vermitteln. In einem scheinbar unbeobachteten Moment zückt er eine Graffiti-Spraydose und ziert das Schaufenster eines Bekleidungsgeschäftes mit dem Abbild eines verstorbenen Rockmusikers im Pop-Art-Stil, welcher dem karikatierten J als Gute-Nacht-Lied „Give peace a chance!" singt. Zu seinem Leidwesen wird S jedoch von einem Nachbarn bemerkt, so dass er kurze Zeit später erneut in unfreiwilligen Kontakt mit der Polizei tritt.

Wegen der Vorfälle wird S vom Strafrichter wegen Missachtung der Anmeldepflicht in § 14 Abs. 1 des Versammlungsgesetzes (VersG) gemäß § 26 Nr. 2 VersG sowie für sein Graffito wegen Sachbeschädigung gemäß § 303 Abs. 2 StGB verurteilt. S hält seine Verurteilung für verfassungswidrig. Die Anmeldepflicht empfindet er als übermäßige Einschränkung der Versammlungsfreiheit, da sie jeglichen Entschluss der Spontaneität im Keim ersticke. Gegen den Schuldspruch der Sachbeschädigung wendet er ein, die nach dem Grundgesetz uneingeschränkte Kunstfreiheit verbiete eine strafrechtliche Sanktion seiner Aktion. Berufung und Revision gegen das Urteil bleiben gleichwohl ohne Erfolg.

Bearbeitervermerk: S fühlt sich durch die Urteile der Strafgerichte in seiner Versammlungs- und Kunstfreiheit verletzt und legt form- und fristgerecht Verfassungsbeschwerde zum Bundesverfassungsgericht ein. Mit Aussicht auf Erfolg?

§ 14 Abs. 1 VersG: „Wer die Absicht hat, eine öffentliche Versammlung unter freiem Himmel oder einen Aufzug zu veranstalten, hat dies spätestens 48 Stunden vor der Bekanntgabe der zuständigen Behörde unter Angabe des Gegenstandes der Versammlung oder des Aufzuges anzumelden."

§ 15 Abs. 3 VersG: „Sie [Die zuständige Behörde] kann eine Versammlung oder einen Aufzug auflösen, wenn sie nicht angemeldet sind, wenn von den Angaben der Anmeldung abgewichen oder den Auflagen zuwidergehandelt wird oder wenn die Voraussetzungen zu einem Verbot nach Absatz 1 oder 2 gegeben sind."

§ 26 VersG: „Wer als Veranstalter oder Leiter …
2. eine öffentliche Versammlung unter freiem Himmel oder einen Aufzug ohne Anmeldung (§ 14) durchführt, wird mit Freiheitsstrafe bis zu einem Jahr oder mit Geldstrafe bestraft."

Lösungsskizze

Verfassungsbeschwerde des S

A. Zulässigkeit
I. Beschwerdefähigkeit (+)
II. Beschwerdegegenstand (+)
   öffentliche Gewalt i.S.d. § 90 Abs. 1 BVerfGG
III. Beschwerdebefugnis (+)
IV. Rechtsschutzbedürfnis (+)
V. Form und Frist (+)

B. Begründetheit
I. Prüfungsmaßstab
   Verletzung spezifischen Verfassungsrechts
II. Art. 8 Abs. 1 GG
   1. Schutzbereich
      Störung von außen unerheblich
   2. Eingriff (+)
   3. Verfassungsrechtliche Rechtfertigung
      a) Verfassungsgemäße Schrankengesetze (+)
         bei Spontanversammlungen keine Anmeldepflicht
         verfassungskonforme Auslegung des § 14 Abs. 1 VersG
      b) Verfassungsgemäße Gesetzesanwendung (–)
         verfassungskonforme Auslegung durch Gerichte verkannt
III. Art. 5 Abs. 3 S. 1 GG
   1. Schutzbereich (+)
      keine abschließende Definition von Kunst
   2. Eingriff (+)
   3. Verfassungsrechtliche Rechtfertigung
      verfassungsimmanente Schranken
      Kunstfreiheit tritt hinter Eigentum zurück
IV. Art. 5 Abs. 1 S. 1 1. Alt. GG (–)
V. Art. 2 Abs. 1 GG (–)

Lösung

Verfassungsbeschwerde des S

Die Verfassungsbeschwerde des S hat Aussicht auf Erfolg, wenn sie zulässig und begründet ist.

A. Zulässigkeit

Die Zulässigkeit der Verfassungsbeschwerde bestimmt sich nach Art. 93 Abs. 1 Nr. 4a GG, §§ 13 Nr. 8a, 90 ff. BVerfGG.

I. Beschwerdefähigkeit

Die natürliche und somit grundrechtsfähige Person S ist als „jedermann" i.S.d. § 90 Abs. 1 BVerfGG beschwerdefähig.

II. Beschwerdegegenstand

Gegenstand der Verfassungsbeschwerde kann jeder Akt der öffentlichen Gewalt sein. Öffentliche Gewalt i.S.d. § 90 Abs. 1 BVerfGG ist entgegen dem gleichlautenden Begriff in Art. 19 Abs. 4 GG nicht auf die vollziehende Gewalt beschränkt, sondern umfasst auch Maßnahmen der Gesetzgebung und Rechtsprechung. Der Umfang der Beschwerdemöglichkeit entspricht dem *Umfang der Grundrechtsbindung* gemäß Art. 1 Abs. 3 GG.[1] Die Urteile der Strafgerichte sind als Akte der Judikative ein tauglicher Beschwerdegegenstand. Dabei bleibt dem Beschwerdeführer unbenommen, sich nicht nur gegen die letztinstanzliche Entscheidung zu wenden, sondern auch die Urteile der Vorinstanzen anzugreifen.[2]

III. Beschwerdebefugnis

Die Zulässigkeit der Verfassungsbeschwerde setzt gemäß § 90 Abs. 1 BVerfGG die Beschwerdebefugnis des Beschwerdeführers voraus. Er muss geltend machen, in seinen Grundrechten oder den aufgezählten grundrechtsgleichen Rechten verletzt zu sein.[3] Die angefochtenen Entscheidungen haben den S zum einen wegen Missachtung der Anmeldepflicht von Versammlungen verurteilt. Da S seine spontan einberufene Versammlung naturgemäß nicht anmelden konnte, könnte die auf § 14 VersG beruhende Verurteilung ein verfassungsrechtlich nicht gerechtfertigter Eingriff in die *Versammlungsfreiheit* des S aus Art. 8 Abs. 1 GG sein.

Des Weiteren wurde S der Sachbeschädigung für schuldig befunden, weil er ein Porträt im Pop-Art-Stil auf eine Schaufensterscheibe gesprüht hat. Insoweit könnte sich S auf die *Kunstfreiheit* gemäß Art. 5 Abs. 3 S. 1 GG berufen, ggf. wegen der Äußerung „Give piece a chance!" auch auf die Meinungsfreiheit des Art. 5 Abs. 1

---

[1]   *Ipsen*, Staatsrecht I, Rdn. 952; *Pieroth/Schlink*, Rdn. 1125.
[2]   BVerfGE 54, 53 (64 f.).
[3]   *Ipsen*, Staatsrecht I, Rdn. 954; *Pieroth/Schlink*, Rdn. 1129.

S. 1 1. Alt. GG. Dass S durch die angegriffenen Strafurteile in seinen Grundrechten verletzt wird, erscheint daher nicht von vornherein ausgeschlossen.

Durch seine Verurteilung ist S schließlich *selbst, gegenwärtig und unmittelbar betroffen*. Er ist somit beschwerdebefugt.

IV. Rechtsschutzbedürfnis

Gemäß § 90 Abs. 2 S. 1 BVerfGG kann die Verfassungsbeschwerde erst nach *Erschöpfung des Rechtsweges* erhoben werden. S hat gegen das erstinstanzliche Urteil des Amtsgerichts Berufung und Revision eingelegt und somit alle ihm zur Verfügung stehenden Rechtsmittel in zulässiger, aber erfolgloser Weise ergriffen. Sein Rechtsschutzbedürfnis ist gegeben.

V. Form und Frist

Die Form- und Begründungserfordernisse der §§ 23 Abs. 1, 92 BVerfGG und die Monatsfrist des § 93 Abs. 1 S. 1 BVerfGG sind gewahrt.

VI. Zwischenergebnis

Die Verfassungsbeschwerde des S ist somit zulässig.

B. Begründetheit

Die Verfassungsbeschwerde des S ist begründet, wenn die angegriffenen Strafurteile ihn in seinen Grundrechten aus Art. 8 Abs. 1 bzw. Art. 5 Abs. 3 S. 1, Art. 5 Abs. 1 S. 1 1. Alt. GG verletzen.

I. Prüfungsmaßstab

Fraglich ist, ob und ggf. inwieweit das Bundesverfassungsgericht fachgerichtliche Urteile überhaupt auf Grundrechtsverletzungen überprüfen darf. Wenn jede Entscheidung der Fachgerichte auf ihre Vereinbarkeit mit Grundrechten untersucht werden könnte, würde das Bundesverfassungsgericht zu einer *Superrevisionsinstanz* und somit erheblich in die Zuständigkeitsbereiche der anderen Bundesgerichte eingreifen.[4] Das Bundesverfassungsgericht beschränkt sich daher bei der Überprüfung fachgerichtlicher Entscheidungen auf die *Verletzung spezifischen Verfassungsrechts*. Danach bleibt zwar die Auslegung des einfachen Rechts und seine Anwendung auf den Einzelfall eine Angelegenheit der Fachgerichte, die selbst im Falle ihrer Gesetzeswidrigkeit unberührt bleiben. Das Bundesverfassungsgericht behält sich aber eine Überprüfung vor, ob einschlägige Grundrechte völlig übersehen wurden oder ihre Bedeutung *wesentlich verkannt* wurde.[5] Beruht eine Entscheidung auf einem solchen Fehler, ist eine dagegen gerichtete Verfassungsbeschwerde begründet.

---

[4] *Pieroth/Schlink*, Rdn. 1174.
[5] *Pieroth/Schlink*, Rdn. 1176.

II. Art. 8 Abs. 1 GG

Seine Verurteilung wegen Missachtung der Anmeldepflicht gemäß §§ 14 Abs. 1, 26 Nr. 2 VersG könnte den S in seiner Versammlungsfreiheit verletzen.

1. Schutzbereich

Mangels Angaben im Sachverhalt ist davon auszugehen, dass S die deutsche Staatsangehörigkeit besitzt und sich auf das Deutschen- bzw. *Bürgerrecht* des Art. 8 Abs. 1 GG berufen kann.

Dazu müsste die Passau Peace Parade eine Versammlung sein. Dafür reicht nicht jede beliebige Zusammenkunft mehrerer Personen aus. Wegen des Charakters des Art. 8 Abs. 1 GG als Kommunikationsgrundrecht liegt eine Versammlung nur vor, wenn ihre Teilnehmer einen *gemeinsamen Zweck* verfolgen.[6] Nach restriktiver Rechtsprechung des Bundesverfassungsgerichts ist erforderlich, dass sich mehrere Personen zwecks gemeinschaftlicher Erörterung und Kundgebung zusammenfinden, um an der *öffentlichen Meinungsbildung* teilzuhaben.[7] An der Passau Peace Parade nehmen dreißig Personen teil, die unter anderem mit Transparenten für den Frieden eintreten wollen. Mit ihrem Demonstrationsanliegen tragen die Teilnehmer zur öffentlichen Meinungsbildung bei und stellen selbst nach der engen Auffassung des Bundesverfassungsgerichts eine Versammlung i.S.d. Art. 8 GG dar. Ob der Ansicht zu folgen oder stattdessen ein weiter Versammlungsbegriff vorzugswürdig erscheint, kann offen gelassen werden.

Der Schutzbereich des Art. 8 GG ist jedoch nur für *friedliche Versammlungen ohne Waffen* eröffnet. Insoweit könnte die Teilnahme des mit einem Schlagring bewaffneten vermummten Tiefgaragenhooligans dem Versammlungscharakter der Passau Peace Parade entgegenstehen. Würde jedoch das aggressive Verhalten Einzelner ausreichen, eine Zusammenkunft insgesamt als unfriedlich erscheinen zu lassen, hätten es einzelne Personen in der Hand, Demonstrationen gegen den Willen der anderen Teilnehmer den Versammlungscharakter zu nehmen. Dies erscheint vor allem dann nicht gerechtfertigt, wenn die *Störungen von außen* an die Demonstranten herangetragen werden und nicht von den Teilnehmern selbst herrühren.[8] Die Anwesenheit des Tiefgaragenhooligans steht dem Versammlungscharakter der Passau Peace Parade i.S.d. Art. 8 Abs. 1 GG somit nicht entgegen.

2. Eingriff

Die Gerichtsurteile müssten einen Eingriff in die Versammlungsfreiheit des S begründen. Ein Eingriff liegt in jedem staatlichen Handeln, welches dem Einzelnen ein Verhalten, das vom Schutzbereich eines Grundrechts erfasst wird, unmöglich macht.[9] Art. 8 Abs. 1 GG gewährt das Recht, sich „ohne Anmeldung"

---

[6] *Hufen*, § 30 Rdn. 7; *Pieroth/Schlink*, Rdn. 689.

[7] BVerfG NJW 2002, 1031 (1032); NJW 2001, 2459 (2460); kritisch Dreier/*Schulze-Fielitz*, Art. 8 Rdn. 27.

[8] BVerfGE 69, 315 (359 ff.); Jarass/Pieroth/*Jarass*, Art. 8 Rdn. 10; *Pieroth/Schlink*, Rdn. 701.

[9] *Pieroth/Schlink*, Rdn. 240.

versammeln zu dürfen. Die in § 14 Abs. 1 VersG vorgesehene Anmeldepflicht stellt somit einen Eingriff in die Versammlungsfreiheit dar. Wird die Durchführung einer Versammlung unter Verletzung der Anmeldepflicht strafrechtlich bewehrt und daraufhin eine entsprechende Verurteilung ausgesprochen, so greift auch diese in die Versammlungsfreiheit ein. Vorliegend stellt die Verurteilung des S gemäß § 26 Nr. 2 VersG einen Eingriff in seine Versammlungsfreiheit dar.

3. Verfassungsrechtliche Rechtfertigung

Der Eingriff bedarf der verfassungsrechtlichen Rechtfertigung. Gemäß des *einfachen Gesetzesvorbehalts* in Art. 8 Abs. 2 GG können Versammlungen unter freiem Himmel durch oder aufgrund Gesetzes beschränkt werden. Die Passau Peace Parade findet auf dem Marktplatz unter freiem Himmel statt. Die auf §§ 14 Abs. 1, 26 Nr. 2 VersG beruhende Verurteilung des S könnte verfassungsrechtlich gerechtfertigt sein.

a) Verfassungsgemäße Schrankengesetze

Dazu müssten die Vorschriften zunächst verfassungsgemäße Schranken darstellen.

An der formellen Verfassungsmäßigkeit der Vorschriften bestehen keine Bedenken. Jedoch erscheint fraglich, ob die darin vorgesehene, strafrechtlich bewehrte Anmeldepflicht sich materiell mit dem Grundgesetz vereinbaren lässt. Auch ein einfacher Gesetzesvorbehalt ermöglicht keine beliebige Einschränkung eines Grundrechts. Vielmehr erfordert der *Grundsatz der Verhältnismäßigkeit*, dass der Gesetzgeber ein zulässiges Ziel mit einem zulässigen und zudem geeigneten und notwendigen Mittel verfolgt.[10] Mit der in § 14 Abs. 1 VersG statuierten Anmeldepflicht verfolgt der Gesetzgeber den Zweck, den zuständigen Behörden die notwendigen Informationen zukommen zu lassen, um Vorkehrungen für einen störungsfreien Verlauf der Versammlung und zum Schutze Dritter und der Allgemeinheit treffen zu können. Dies stellt ein legitimes Ziel dar und kommt der praktischen Durchsetzung der Versammlungsfreiheit sogar zugute, indem die Versammlung vor Störungen bewahrt werden kann. Die Anmeldepflicht für öffentliche Versammlungen unter freiem Himmel ist insoweit ein geeignetes Mittel und verstößt grds. nicht gegen Art. 8 Abs. 1 GG.[11]

Darüber hinaus müsste die Anmeldepflicht zur Erreichung des legitimen Zwecks erforderlich sein. Dies erscheint jedoch für kurzfristig bzw. aus aktuellem Anlass augenblicklich einberufene Versammlungen fraglich. Hier kann nämlich die in § 14 Abs. 1 VersG vorgesehene Anmeldefrist von 48 Stunden nicht eingehalten werden, so dass bei strikter Anwendung der Anmeldepflicht sog. *Eil- bzw. Spontanversammlungen* generell unzulässig wären. Dies stellte eine sehr weitgehende Einschränkung der Versammlungsfreiheit dar, die weder aus den oben genannten noch aus sonstigen Gründen gerechtfertigt werden kann. Sollten im Verlauf der Versammlungen Störungen auftreten, wäre vielmehr ein nachträgliches Einschreiten der Behörden, etwa durch Auflösung der Versammlung gemäß

---

[10] *Ipsen*, Staatsrecht II, Rdn. 184; *Pieroth/Schlink*, Rdn. 279.
[11] *Pieroth/Schlink*, Rdn. 715; Dreier/*Schulze-Fielitz*, Art. 8 Rdn. 80.

§ 15 Abs. 3 VersG, möglich und ausreichend. Eine unveränderte Anwendung des § 14 Abs. 1 VersG bei Eil- und Spontanversammlungen erscheint somit mit Art. 8 GG nicht vereinbar, der gerade das Recht gewährt, sich „ohne Anmeldung" versammeln zu können.

Dies bedeutet indes nicht die materielle Verfassungswidrigkeit und Nichtigkeit des § 14 Abs. 1 VersG. Vielmehr kann den Bedenken mit einer *verfassungskonformen Auslegung* der Vorschrift Rechnung getragen werden. Wird § 14 Abs. 1 VersG derart interpretiert, dass nur bei Spontanversammlungen eine Anmeldung entbehrlich ist, bleibt die Vorschrift mit dem Grundgesetz vereinbar.[12] Gleiches gilt mangels anderer Anhaltspunkte für die Strafbewehrung in § 26 Nr. 2 VersG.

b) Verfassungsgemäße Gesetzesanwendung

Gleichwohl könnte die Versammlungsfreiheit des S verletzt sein, wenn die angegriffenen Entscheidungen der Strafgerichte die verfassungsgemäßen Vorschriften der §§ 14 Abs. 1, 26 Nr. 2 VersG in verfassungswidriger Weise angewendet haben. Unter Berücksichtigung der auf die Verletzung spezifischen Verfassungsrechts beschränkten Prüfungsbefugnis des Bundesverfassungsgerichts ist dies etwa dann der Fall, wenn das erkennende Gericht *Bedeutung und Tragweite* des anzuwendenden Grundrechts grds. *verkennt.* Vorliegend haben sich die Teilnehmer der Passau Peace Parade aus dem aktuellen Anlass des Ausgangs der Präsidentschaftswahl im Staat A zusammengefunden und eine Spontanversammlung ins Leben gerufen. In verfassungskonformer Auslegung des § 14 Abs. 1 VersG entfällt insoweit wegen des Stellenwerts der Versammlungsfreiheit als für die freiheitlich-demokratische Grundordnung konstituierendes Element jegliche Anmeldepflicht. Dass die Gerichte dies verkannt und demzufolge zu Unrecht eine Strafbarkeit nach § 26 Nr. 2 VersG angenommen haben, führt zu einer Verletzung spezifischen Verfassungsrechts.

4. Zwischenergebnis

S wird durch die Verurteilung nach § 26 Nr. 2 VersG in seiner Versammlungsfreiheit verletzt. Seine Verfassungsbeschwerde ist zumindest insoweit begründet.

III. Art. 5 Abs. 3 S. 1 GG

Die Verurteilung des S wegen Sachbeschädigung gemäß § 303 Abs. 2 StGB könnte ihn in seiner Kunstfreiheit verletzen.

1. Schutzbereich

Fraglich ist, ob sich S bezüglich seines Graffitos auf die jedermann zustehende Kunstfreiheit gemäß Art. 5 Abs. 3 S. 1 GG berufen kann. Eine abschließende

---

[12]   BVerfGE 85, 69 (74 f.); *Schneider*, BeckOK-GG, Art. 8 Rdn. 41; Dreier/*Schulze-Fielitz*, Art. 8 Rdn. 81 f. Kritisch *Ipsen*, Staatsrecht II, Rdn. 573; Jarass/Pieroth/*Jarass*, Art. 8 Rdn. 22.

Definition der Kunst erscheint nicht möglich, weswegen das Bundesverfassungsgericht mehrere Kunstbegriffe nebeneinander verwendet.[13]

Nach dem *formalen Kunstbegriff* können nur Produkte der traditionellen Werktypen als künstlerisch betrachtet werden. Zu den traditionellen Formen zählt auch das Malen. Vorliegend ist daher trotz des modernen Werkstoffes das Sprühen eines Personenbildnisses im Pop-Art-Stil als Kunst anzusehen.

Der *materielle Kunstbegriff* betont dagegen die freie schöpferische Gestaltung des Künstlers, die in einem Kunstwerk zum Ausdruck kommt. Durch seine Zeichnung und deren aktuellen Bezug zu J will S zum Frieden aufrufen, so dass auch nach dieser Ansicht das Pop-Art-Bild als Kunst zu betrachten ist.

Der *offene Kunstbegriff* schließlich stellt in den Vordergrund, dass Kunst regelmäßig mannigfaltige Interpretationen zulässt. Dies schließt jedoch bei Werken mit vermeintlich eindeutiger Aussage den Kunstcharakter nicht aus, solange sie durch ihren gestalterischen Kontext neue Auslegungsmöglichkeiten erhalten. Vorliegend belässt es S nicht einfach bei dem Aufsprühen der Textzeile „Give peace a chance!", sondern verbindet sie mit zwei Personen der früheren bzw. aktuellen Zeitgeschichte, deren Verknüpfung verschiedenen Interpretationen zugänglich ist. S kann sich mit seinem Pop-Art-Bild auf die Kunstfreiheit des Art. 5 Abs. 3 S. 1 GG berufen.

2. Eingriff

In das Grundrecht der Kunstfreiheit müssten die gerügten Gerichtsentscheidungen eingegriffen haben. Die Strafurteile haben die künstlerische Betätigung als Sachbeschädigung gemäß § 303 Abs. 2 StGB gewertet und den S deswegen verurteilt. Die strafrechtlichen Konsequenzen für das Herstellen eines Kunstwerks greifen in den Wirkbereich des S und somit in seine Kunstfreiheit ein.

3. Verfassungsrechtliche Rechtfertigung

Der Eingriff bedarf der verfassungsrechtlichen Rechtfertigung. Allerdings sieht Art. 5 Abs. 3 GG keine Einschränkungsmöglichkeiten vor, weswegen bereits fraglich erscheint, ob in die Kunstfreiheit überhaupt eingegriffen werden darf. Denkbar wäre die Anwendung der Schranken des Art. 5 Abs. 2 GG. Dem steht jedoch die systematische Stellung der Vorschrift entgegen. Danach ist Art. 5 Abs. 3 S. 1 GG *lex specialis* gegenüber den Grundrechten aus Absatz 1, so dass dessen Schranken nicht einschlägig sind.[14] Das Fehlen expliziter Schranken in Art. 5 Abs. 3 GG bedeutet aber nicht die *schrankenlose* Gewährung der Kunstfreiheit. Allerdings sind ihre Grenzen nur durch die Verfassung selbst zu bestimmen, so dass ein Eingriff in die Kunstfreiheit lediglich durch *kollidierendes Verfassungsrecht*, d.h. durch andere Grundrechte oder Verfassungsgüter gerechtfertigt werden kann.[15]

---

[13] BVerfGE 67, 213 (225 f.); vgl. dazu *Hufen*, § 33 Rdn. 4 ff.; *Pieroth/Schlink*, Rdn. 611 ff.; *Schemmer/Kempen*, BeckOK-GG, Art. 5 Rdn. 157 ff.

[14] BVerfGE 30, 173 (191 f.); *Hufen*, § 33 Rdn. 24.

[15] BVerfGE 30, 173 (193); *Hufen*, § 33 Rdn. 28 ff.; *Pieroth/Schlink*, Rdn. 630.

Auch bei sog. *verfassungsimmanenten Schranken* darf ein Eingriff nur durch oder aufgrund eines verfassungsmäßigen Gesetzes ergehen. An der formellen und materiellen Verfassungsmäßigkeit des § 303 Abs. 2 StGB bestehen keine Zweifel. Überschneidungen mit der Kunstfreiheit ließen sich im Wege verfassungskonformer Auslegung lösen, so dass die Vorschrift nur dann anwendbar ist, wenn ein kollidierendes Grundrecht oder Verfassungsgut zu einem Eingriff ermächtigt.

Fraglich bleibt, ob die angegriffenen Strafurteile die Kunstfreiheit des S verletzt haben. Wegen des auf die Verletzung spezifischen Verfassungsrechts beschränkten Prüfungsumfangs des Bundesverfassungsgerichts ist dies nur der Fall, wenn die Strafgerichte die Bedeutung der Kunstfreiheit völlig übersehen oder grds. falsch angewendet haben und ihre Urteile auf dem Fehler beruhen.[16] Vorliegend kollidiert die Kunstfreiheit des S mit dem Eigentumsrecht des Inhabers des Bekleidungsgeschäfts aus Art. 14 Abs. 1 GG, ggf. auch mit seinem Grundrecht auf Berufsausübungsfreiheit gemäß Art. 12 Abs. 1 GG. Eine solche Kollision widerstreitender Grundrechte ist im Wege *praktischer Konkordanz* auszugleichen. Auch wenn das Eigentumsgrundrecht anders als die Kunstfreiheit einem geschriebenen Gesetzesvorbehalt unterliegt, tritt es deswegen nicht generell hinter die Kunstfreiheit zurück. Die Kunstfreiheit berechtigt also nicht zur eigenmächtigen Inanspruchnahme oder Beeinträchtigung fremden Eigentums zum Zwecke der Kunst.[17] Bei der notwendigen Abwägung der widerstreitenden Grundrechte muss zudem berücksichtigt werden, dass die künstlerische Entfaltung des S die Beschädigung fremden Eigentums nicht zwingend voraussetzt, sondern auch auf andere Weise verwirklicht werden kann. Der Benutzung des Schaufensters als Bildunterlage lässt sich gerade keine künstlerische Aussage beimessen. S kann daher wegen eigenmächtiger Missachtung fremden Eigentums wegen Sachbeschädigung verurteilt werden, ohne dass seine Kunstfreiheit entgegensteht. Die Verfassungsbeschwerde des S ist insoweit unbegründet.

IV. Art. 5 Abs. 1 S. 1 1. Alt. GG

Wegen der friedensbekennenden Aussage „Give peace a chance!" könnte durch die angegriffenen Urteile die Meinungsäußerungsfreiheit des S tangiert sein. Stellt die betreffende Äußerung jedoch nur einen Teil einer künstlerischen Gesamtaussage dar, so ist die Kunstfreiheit gemäß Art. 5 Abs. 3 GG gegenüber der allgemeinen Meinungsäußerungsfreiheit *lex specialis*.[18] Der Schutz der Aktion des S bestimmt sich ausschließlich nach Art. 5 Abs. 3 GG.

V. Art. 2 Abs. 1 GG

Die allgemeine Handlungsfreiheit aus Art. 2 Abs. 1 GG tritt hinter den speziellen Freiheitsgrundrechten der Versammlungsfreiheit aus Art. 8 Abs. 1 GG und der Kunstfreiheit aus Art. 5 Abs. 3 GG zurück.

---

[16] Vgl. *Pieroth/Schlink*, Rdn. 1182.

[17] BVerfG NJW 1984, 1293 (1294).

[18] BVerfGE 30, 173 (200); 75, 369 (377); Dreier/*Pernice*, Art. 5 III (Kunst) Rdn. 50; *Hufen*, § 33 Rdn. 24. Kritisch *Ipsen*, Staatsrecht II, Rdn. 520.

VI. Ergebnis

S ist durch seine Verurteilung wegen Missachtung der Anmeldepflicht gemäß §§ 14 Abs. 1, 26 Nr. 2 VersG in seiner Versammlungsfreiheit gemäß Art. 8 Abs. 1 GG verletzt. Der Eingriff in seine Kunstfreiheit nach Art. 5 Abs. 3 GG durch die Verurteilung wegen Sachbeschädigung gemäß § 303 Abs. 2 StGB ist dagegen verfassungsrechtlich gerechtfertigt.

Die Verfassungsbeschwerde des S ist somit insgesamt zulässig, aber nur teilweise begründet. Das Bundesverfassungsgericht wird insoweit die angegriffenen Urteile aufheben (§ 95 Abs. 2 BVerfGG).

Erwartungshorizont der Klausur

Schwerpunkte 1. Ordnung
– Verfassungskonforme Auslegung des § 14 Abs. 1 VersG

Schwerpunkte 2. Ordnung
– Beschwerdebefugnis
– Prüfungsmaßstab der Verletzung spezifischen Verfassungsrechts
– Passau Peace Parade als Versammlung
– Graffito als Kunst
– Abwägung zwischen Kunstfreiheit und Eigentum

Kleinere Probleme
– Auslegung der öffentlichen Gewalt in § 90 Abs. 1 BVerfGG
– Kunstfreiheit als lex specialis gegenüber der Meinungsäußerungsfreiheit
– Subsidiarität der allgemeinen Handlungsfreiheit

VI. Klausur 15: Der unfreiwillige Ruhestand

Sachverhalt

Um die zukünftige Finanzierung der gesetzlichen Krankenversicherung zu gewährleisten, will das Bundesministerium für Gesundheit unter anderem die Anzahl der Vertragsärzte gesetzlich beschränken. Zu diesem Zweck wird mit dem formell verfassungsgemäßen Gesetz zur Sicherung der gesetzlichen Krankenversicherung (GSGKV) eine Regelung in § 95 Abs. 7 des fünften Sozialgesetzbuchs (SGB V) eingeführt, wonach die für die Teilnahme an der vertragsärztlichen Versorgung notwendige Zulassung mit Vollendung des 68. Lebensjahres des Arztes automatisch endet. Neben der finanziellen Gesundung der gesetzlichen Krankenkassen soll dadurch zugleich dem Schutz der Gesundheit der Patienten gedient werden, da das Ministerium davon ausgeht, dass sich Ärzte ab diesem Alter nicht mehr im völligen Besitz ihrer körperlichen und geistigen Leistungsfähigkeit befinden. Mit Erreichen der Altersgrenze ist ein Arzt daher nicht mehr befugt, gesetzlich Krankenversicherte zu behandeln und seine Tätigkeiten mit der gesetzlichen Krankenkasse abzurechnen. Ihm bleibt allenfalls noch, sich auf die Behandlung von Privatpatienten zu verlegen.

Das GSGKV tritt Anfang 2009 in Kraft; die neue Rechtslage soll ab dem 1. Januar 2012 gelten. Als der 65-jährige frei praktizierende Arzt A von der Gesetzesänderung erfährt, stellt er entsetzt fest, dass er am 1. März 2012 sein 68. Lebensjahr vollenden und seine vertragsärztliche Zulassung verlieren wird. Dies erscheint ihm in Anbetracht seiner nach wie vor einwandfreien körperlichen und geistigen Leistungsfähigkeit unbillig, die ihn diesen Beruf noch mindestens fünf Jahre ausüben ließe. Zudem wollte er seine Praxisräume mitsamt Ausstattung und Patientenstamm Anfang 2014 seinem Enkel übergeben, der dann sein Medizinstudium abgeschlossen haben dürfte. Dies sei ihm nun nicht mehr möglich, da seine Patienten während des zweijährigen Leerstehens seiner Praxis den Arzt wechseln würden. Das GSGKV verletze somit seine Berufsfreiheit und sein Eigentumsrecht. Zudem fühlt er sich ungerecht behandelt, da die Altersgrenze nur für Vertragsärzte gelte, eine privatärztliche Tätigkeit dagegen weiterhin erlaubt sei. Seine Kollegen, die sich auf die Behandlung von Privatpatienten konzentriert haben, erhielten aber ohnehin schon mehr Geld.

Bearbeitervermerk: A legt aus diesen Gründen Verfassungsbeschwerde gegen das GSGKV vor dem Bundesverfassungsgericht ein. Mit Aussicht auf Erfolg?

Lösungsskizze

Verfassungsbeschwerde des A

A. Zulässigkeit
I.   Beschwerdefähigkeit (+)
II. Beschwerdegegenstand (+)
III. Beschwerdebefugnis (+)
     selbst, gegenwärtig, unmittelbar betroffen (+)
IV. Rechtsschutzbedürfnis (+)
     Subsidiarität bei Rechtssatzverfassungsbeschwerde
V. Form und Frist (+)

B. Begründetheit
I.   Art. 12 Abs. 1 GG
     1. Schutzbereich
     2. Eingriff (+)
     3. Verfassungsrechtliche Rechtfertigung
         a) Schranken der Berufsfreiheit
             einheitliches Grundrecht der Berufsfreiheit
         b) Verfassungsmäßigkeit des GSGKV als Schranke
             aa) Legitimes Ziel und Mittel (+)
             bb) Geeignetheit (+)
             cc) Erforderlichkeit (+)
                 niedrigste Stufe der Drei-Stufen-Theorie; hier: Berufsausübungs-
                 regelung
                 Einschätzungsprärogative des Gesetzgebers
             dd) Verhältnismäßigkeit im engeren Sinne (+)
                 Altersgrenze zwar Regelung der Berufsausübung, faktisch aber sub-
                 jektive Zulassungsvoraussetzung
                 Gemeinschaftsgüter: Finanzierbarkeit der gesetzlichen Kranken-
                 versicherung, Gesundheitsschutz
II. Art. 14 Abs. 1 GG (–)
     Abgrenzung zur Berufsfreiheit
III. Art. 2 Abs. 1 GG (–)
IV. Art. 3 Abs. 1 GG
     1. Ungleichbehandlung (+)
         Vertragsarzt contra Kassenarzt
     2. Verfassungsrechtliche Rechtfertigung (+)
         Patienten auf Leistungsfähigkeit der Kassenärzte angewiesen

Lösung

Verfassungsbeschwerde des A

Die Verfassungsbeschwerde des A hat Aussicht auf Erfolg, wenn sie zulässig und begründet ist.

A. Zulässigkeit

Die Zulässigkeit der Verfassungsbeschwerde richtet sich nach Art. 93 Abs. 1 Nr. 4a GG, §§ 13 Nr. 8a, 90 ff. BVerfGG.

I. Beschwerdefähigkeit

Die natürliche und somit grundrechtsfähige Person A ist als „jedermann" i.S.d. § 90 Abs. 1 BVerfGG beschwerdefähig.

II. Beschwerdegegenstand

Gegenstand der Verfassungsbeschwerde kann jeder Akt der *öffentlichen Gewalt* (§ 90 Abs. 1 BVerfGG) sein. Dazu zählen anders als in Art. 19 Abs. 4 GG nicht nur Maßnahmen der vollziehenden Gewalt (Exekutive), sondern auch der Legislative und Judikative. Der Umfang der Beschwerdemöglichkeit entspricht dem Umfang der Grundrechtsbindung gemäß Art. 1 Abs. 3 GG.[1] Das GSGKV ist als Akt der Gesetzgebung ein tauglicher Beschwerdegegenstand.

III. Beschwerdebefugnis

Gemäß § 90 Abs. 1 BVerfGG muss der Beschwerdeführer beschwerdebefugt sein. Er muss geltend machen, in seinen Grundrechten oder grundrechtsgleichen Rechten verletzt zu sein.[2] Durch das GSGKV wird dem A untersagt, nach dem 68. Lebensjahr als Vertragsarzt tätig zu sein. Demnach erscheint ein Eingriff in seine *Berufsfreiheit* aus Art. 12 Abs. 1 GG nicht von vornherein ausgeschlossen. Auch das Vorhaben, seine Praxis und seinen Kundenstamm an seinen Enkel weiterzugeben, wird dadurch unmöglich, was sein *Eigentumsrecht* (Art. 14 Abs. 1 GG) verletzen könnte. Da das Verbot des § 95 Abs. 7 SGB V nur für vertrags-, nicht dagegen für privatärztliche Tätigkeiten gilt, ist schließlich denkbar, dass das allgemeine Gleichheitsrecht gemäß Art. 3 Abs. 1 GG verletzt wird.

A müsste durch das GSGKV *selbst, gegenwärtig und unmittelbar betroffen* sein. Als Arzt mit vertragsärztlicher Zulassung, die nach dem GSGKV mit Vollendung des 68. Lebensjahres enden soll, ist A von der Regelung selbst betroffen.

Gegenwärtig betroffen ist der Beschwerdeführer, wenn die Vorschrift auf seine Rechtsstellung bereits oder noch Auswirkungen entfaltet.[3] Dies erscheint vor-

---

[1] *Ipsen*, Staatsrecht I, Rdn. 952; *Pieroth/Schlink*, Rdn. 1125.
[2] *Ipsen*, Staatsrecht I, Rdn. 954; *Pieroth/Schlink*, Rdn. 1129.
[3] *Pieroth/Schlink*, Rdn. 1143.

liegend fraglich, weil die neue Rechtslage erst ab dem 1. Januar 2012 gelten soll. Bei erst künftig eintretenden Ereignissen reicht indes aus, dass die angegriffenen Normen schon zum gegenwärtigen Zeitpunkt den Beschwerdeführer *zu Dispositionen veranlassen*, die er nach dem späteren Gesetzesvollzug nicht mehr nachholen könnte.[4] A wird durch die drohende Zwangspensionierung bereits jetzt dazu gezwungen, Vorkehrungen etwa zum Verkauf seiner Praxis oder zu seiner Altersvorsorge zu treffen. Er ist somit gegenwärtig von dem GSGKV betroffen.

Schließlich muss A unmittelbar betroffen sein. Die angegriffenen Vorschriften müssen ohne weiteren Vollzugsakt in die Grundrechte des Beschwerdeführers eingreifen.[5] § 95 Abs. 7 SGB V in der Fassung des GSGKV ordnet an, dass die Zulassung zur vertragsärztlichen Versorgung automatisch mit Vollendung des 68. Lebensjahres erlischt. Ein gesondertes Handeln der Verwaltung, etwa durch einen entsprechenden Verwaltungsakt, ist nicht erforderlich. A ist somit durch das GSGKV auch unmittelbar betroffen und daher beschwerdebefugt.

IV. Rechtsschutzbedürfnis

§ 90 Abs. 2 S. 1 BVerfGG lässt die Erhebung der Verfassungsbeschwerde nur nach *Erschöpfung des Rechtsweges* zu. Gegen formelle Bundesgesetze ist kein Rechtsweg eröffnet, so dass das Rechtsschutzbedürfnis des A an sich vorliegt.

Allerdings wird dem § 90 Abs. 2 BVerfGG der *Grundsatz der Subsidiarität* entnommen. Danach obliegt der Rechtsschutz gegen Grundrechtsverletzungen zunächst den Fachgerichten. Eine Verfassungsbeschwerde ist erst zulässig, wenn der Grundrechtsverletzung nicht auf andere zumutbare Weise abgeholfen werden kann. Das Subsidiaritätserfordernis soll gewährleisten, dass das Bundesverfassungsgericht entlastet wird und nicht über einen in tatsächlicher sowie rechtlicher Hinsicht unaufbereiteten Sachverhalt entscheiden muss.[6] Dem A könnte somit zugemutet werden, ein Verfahren vor den Fachgerichten anzustrengen, um ggf. auf eine *inzidente Normenkontrolle* hinzuwirken. Dem steht aber entgegen, dass das GSGKV den A schon zum gegenwärtigen Zeitpunkt zu später nicht mehr rücknehmbaren Dispositionen zwingt. A hat bereits jetzt und nicht erst nach vollständiger Ausschöpfung des fachgerichtlichen Instanzenzugs ein erhebliches Bedürfnis an Klärung seiner Rechtsstellung. Sein Rechtsschutzbedürfnis ist gegeben.

V. Form und Frist

Die Beachtung der Form- und Begründungserfordernisse der §§ 23 Abs. 1, 92 BVerfGG kann unterstellt werden. Ebenso ist anzunehmen, dass die Jahresfrist in § 93 Abs. 3 BVerfGG eingehalten wird.

VI. Zwischenergebnis

Die Verfassungsbeschwerde des A ist zulässig.

---

[4] BVerfGE 65, 1 (37); 75, 78 (95); *Pieroth/Schlink*, Rdn. 1143.
[5] BVerfGE 70, 35 (50 f.); *Ipsen*, Staatsrecht I, Rdn. 955.
[6] BVerfGE 79, 1 (20); *Pieroth/Schlink*, Rdn. 1156.

B. Begründetheit

Die Verfassungsbeschwerde des A ist begründet, wenn das GSGKV ihn in seinen Grundrechten aus Art. 12 Abs. 1, Art. 14 Abs. 1 bzw. Art. 3 Abs. 1 GG verletzt.

I. Art. 12 Abs. 1 GG

Durch das automatische Erlöschen seiner vertragsärztlichen Zulassung mit Vollendung des 68. Lebensjahres könnte das GSGKV den A in seiner Berufsfreiheit gemäß Art. 12 Abs. 1 GG verletzen.

1. Schutzbereich

Mangels entgegenstehender Angaben im Sachverhalt kann davon ausgegangen werden, dass A Deutscher i.S.d. Art. 116 Abs. 1 GG ist und sich auf das Grundrecht der Berufsfreiheit berufen kann.

Dazu müsste der sachliche Schutzbereich eröffnet sein. Art. 12 Abs. 1 GG gewährt sowohl das Recht zur freien *Berufswahl* als auch zur freien *Berufsausübung*. Unter Beruf ist jede auf gewisse Dauer angelegte Tätigkeit zu verstehen, die der Schaffung und Erhaltung der Lebensgrundlage dient.[7] Bei der entgeltlichen Tätigkeit eines Arztes handelt es sich um einen Beruf. Die Entscheidung des A, auch nach Vollendung seines 68. Lebensjahres als Vertragsarzt tätig zu sein, betrifft zumindest sein Recht auf freie Ausübung seines Berufes. Das entgegenstehende GSGKV berührt den sachlichen Schutzbereich der Berufsfreiheit.

2. Eingriff

Das GSGKV müsste in die Berufsfreiheit eingegriffen haben. Ein Eingriff liegt in jedem staatlichen Handeln, welches dem Einzelnen ein Verhalten, das vom Schutzbereich eines Grundrechts erfasst wird, unmöglich macht.[8] Wegen § 95 Abs. 7 SGB V kann der A nach Vollendung seines 68. Lebensjahres seinen Lebensunterhalt nicht mehr durch die Behandlung von Kassenpatienten verdienen. Er könnte allenfalls noch Privatpatienten behandeln. Wegen des hohen Anteils gesetzlich Krankenversicherter an der Bevölkerung kommt die Altersgrenze nahezu einer Beschränkung der Berufswahlfreiheit gleich. Jedenfalls untersagt der Ausschluss von der vertragsärztlichen Tätigkeit dem A, seinen Beruf weiterhin in vollem Umfang auszuüben. Ein Eingriff in die Berufsfreiheit des A ist gegeben.

3. Verfassungsrechtliche Rechtfertigung

a) Schranken der Berufsfreiheit

Der Eingriff müsste zu seiner verfassungsrechtlichen Rechtfertigung durch Grundrechtsschranken gedeckt sein. Art. 12 Abs. 1 S. 2 GG enthält einen *einfachen Gesetzesvorbehalt*, der seinem Wortlaut nach nur für die Freiheit der Berufsausübung zu gelten scheint. Das Grundrecht auf Berufsfreiheit stellt aber ein *einheitliches*

---

[7] *Hufen*, § 35 Rdn. 6; *Pieroth/Schlink*, Rdn. 812; *Ruffert*, BeckOK-GG, Art. 12 Rdn. 40.

[8] *Pieroth/Schlink*, Rdn. 240.

Grundrecht dar, bei dem Berufswahl und Berufsausübung verschiedene Aspekte einer einheitlichen freien beruflichen Betätigung verkörpern. Der einfache Gesetzesvorbehalt gilt daher für sämtliche Eingriffe in die Berufsfreiheit.[9] Ob die Altersgrenze des GSGKV als Beschränkung der Berufsausübungsfreiheit oder wegen ihrer erheblichen faktischen Auswirkungen als Eingriff in die Berufswahlfreiheit zu qualifizieren ist, kann insoweit dahinstehen.

b) Verfassungsmäßigkeit des GSGKV als Schranke

Das GSGKV ist laut Sachverhalt formell verfassungsgemäß zustande gekommen. Bedenklich ist jedoch seine materielle Verfassungsmäßigkeit, mangels besonderer Anforderungen des einfachen Gesetzesvorbehalts in Art. 12 Abs. 1 GG vor allem seine *Verhältnismäßigkeit*.

aa) Legitimes Ziel und Mittel

Zu seiner Verhältnismäßigkeit muss das GSGKV zunächst ein zulässiges Ziel mit einem zulässigen Mittel verfolgen.[10] Der Gesetzgeber beabsichtigt mit der Einführung der Altersgrenze zum einen, die Finanzierung der gesetzlichen Krankenversicherung zu garantieren. Das Anliegen der Gewährleistung einer sozialen Absicherung der Bevölkerung ist legitim. Zum anderen soll die Altersgrenze dem Schutz der Gesundheit der Patienten und damit einem anderen wichtigen Gemeinschaftsgut dienen. Mit dem GSGKV verfolgt der Gesetzgeber daher zulässige Ziele. Dabei zur Verringerung der zugelassenen Vertragsärzte an eine neutrale und objektive Altersgrenze anzuknüpfen, mit deren Erreichen ein Arzt seine kassenärztliche Tätigkeit aufgeben muss, stellt ein zulässiges Mittel dar.

bb) Geeignetheit

Darüber hinaus müsste das GSGKV geeignet sein. Geeignet sind alle Maßnahmen, welche den zulässigen Zweck fördern können.[11] Durch die Altersgrenze wird die *Anzahl der Vertragsärzte reduziert*. Dies trägt dazu bei, die Überversorgung und die damit verbundenen erhöhten Ausgaben der gesetzlichen Krankenkassen einzudämmen. Ebenso vermag die Altersgrenze dazu beizutragen, dass die Anzahl von Ärzten verringert wird, denen infolge ihres hohen Alters die zur Ausübung ihres Berufs notwendige völlige *körperliche und geistige Leistungsfähigkeit* fehlt. Das GSGKV ist daher auch geeignet, das Ziel der Gesundheit der Patienten zu fördern.

cc) Erforderlichkeit

Zudem müsste die Altersgrenze erforderlich sein, um diese Ziele zu erreichen. Es darf kein anderes Mittel geben, dass ebenso wirksam, dabei aber weniger belas-

---

[9] BVerfGE 7, 377 (402); 103, 172 (183); *Hufen*, § 35 Rdn. 26; *Ruffert*, BeckOK-GG, Art. 12 Rdn. 74.
[10] Vgl. *Pieroth/Schlink*, Rdn. 847.
[11] *Ipsen*, Staatsrecht II, Rdn. 675.

tend ist.[12] Bei Beschränkungen der Berufsfreiheit bestimmt sich die Erforderlichkeit einer Regelung nicht zuletzt danach, ob sie in die freie Berufswahl oder nur in die freie Berufsausübung eingreift. Zwar wird Art. 12 Abs. 1 GG als *einheitliches Grundrecht* angesehen. Beschränkungen der freien Berufswahl, die den Betroffenen von seiner erstrebten Tätigkeit völlig ausschließen, verkörpern aber besonders einschneidende Eingriffe in die Berufsfreiheit. Dies gilt umso mehr, wenn die aufgestellten Zulassungskriterien objektiver Natur sind (sog. *objektive Zulassungsvoraussetzungen*) und der Interessent auf ihre Verwirklichung daher keinen Einfluss hat. Werden demgegenüber *subjektive Zulassungsvoraussetzungen* aufgestellt, die an persönliche Eigenschaften des Bewerbers wie seine Qualifikation anknüpfen und die grds. jeder Berufswillige erfüllen kann, erweist sich die darin liegende Einschränkung der Berufsfreiheit als geringer. Am wenigsten eingriffsintensiv sind schließlich Beschränkungen lediglich der *Berufsausübungsfreiheit*, die dem Einzelnen nicht die freie Entscheidung nehmen, *ob* er eine bestimmte Tätigkeit ausüben will, sondern nur das *Wie* der Ausübung reglementieren.[13]

Auf Grundlage dieses sog. *Drei-Stufen-Modells* des Bundesverfassungsgerichts ist ein Eingriff nur dann erforderlich, wenn keine Beschränkungsmöglichkeiten auf niedrigerer Stufe oder sonstige weniger einschneidende Maßnahmen zur Verfügung stehen.[14] Das GSGKV untersagt dem A nach Vollendung seines 68. Lebensjahres die Zulassung als Vertragsarzt. Ihm ist dadurch nicht mehr möglich, durch die Behandlung gesetzlich Krankenversicherter seinen Lebensunterhalt zu verdienen. A könnte sich aber auf die Behandlung privat krankenversicherter Patienten verlegen. Sofern nicht in einem „Kassenarzt" und einem „Privatarzt" zwei eigenständige Berufe erblickt werden sollen, was bereits im Hinblick auf die regelmäßige Vermischung gesetzlich und privat krankenversicherter Personen im Patientenstamm von Ärzten und die gleichlaufenden Regeln ärztlicher Heilkunst zweifelhaft erscheint, bedeutet die Altersgrenze des GSGKV somit eine *Berufsausübungsregelung* und daher einen Eingriff auf grds. niedrigster Stufe.

Fraglich bleibt, ob zur Erreichung des gesetzlichen Zieles nicht weniger einschneidende Maßnahmen zur Verfügung standen. So wäre denkbar, anstelle einer generalisierenden Altersgrenze eine *individuelle Prüfung* der körperlichen und geistigen Leistungsfähigkeit derjenigen Ärzte vorzunehmen, die weiterhin als Vertragsarzt zugelassen werden wollen.[15] Solche Ausnahmeregelungen könnten das Ziel, die Anzahl der zugelassenen Ärzte zu verringern, jedoch nur bedingt erreichen. Zudem steht dem Gesetzgeber eine erhebliche *Einschätzungsprärogative* zu. Das Bundesverfassungsgericht darf daher bei der Erforderlichkeit eines Mittels lediglich prüfen, ob es offensichtlich seiner Notwendigkeit entbehrt.[16] Letztlich lässt sich die finanzielle Gesundung der gesetzlichen Krankenkassen kaum durch eine einzige Maßnahme, sondern nur durch ein Zusammenwirken

---

[12] BVerfG NJW 1998, 1776 (1777); *Hufen*, § 35 Rdn. 18; Jarass/Pieroth/*Jarass*, Art. 12 Rdn. 34.

[13] BVerfGE 7, 377 (404 ff.); vgl. dazu *Pieroth/Schlink*, Rdn. 825 ff.

[14] BVerfGE 7, 377 (408); *Ipsen*, Staatsrecht II, Rdn. 679; *Pieroth/Schlink*, Rdn. 850.

[15] Vgl. BVerfG NJW 1998, 1776 (1777).

[16] Vgl. BVerfGE 103, 172 (184).

mehrerer Mittel erreichen. Daher sind andere weniger intensive Beschränkungen zumindest nicht offensichtlich. Der starren Altersgrenze des GSGKV kann somit ihre Erforderlichkeit nicht abgesprochen werden.

dd) Verhältnismäßigkeit im engeren Sinne

Die Regelungen des GSGKV müssten letztlich verhältnismäßig im engeren Sinne, d.h. angemessen sein. Erforderlich ist dazu eine *Güterabwägung* zwischen dem angestrebten Ziel und den mit der Anwendung des erforderlichen Mittels verbundenen Nachteilen.[17] Der Maßstab für die Abwägung orientiert sich bei der Berufsfreiheit grds. nach der Stufe des vorgenommenen Eingriffs. Die Altersgrenze des GSGKV stellt an sich eine Einschränkung der Berufsausübungsfreiheit dar. Für seine Rechtfertigung wären nach der Drei-Stufen-Theorie somit lediglich fürstreitende Gesichtspunkte der *Zweckmäßigkeit* erforderlich.[18]

Allerdings darf nicht verkannt werden, dass Regelungen der Berufsausübung *im Einzelfall eingriffsintensiver* sein können als Einschränkungen der Berufswahl, z.B. wenn sie sich in lediglich geringen Qualifikationsanforderungen erschöpfen. Auch wenn der Gesetzgeber nur die Berufsausübung reglementiert, unterliegt er daher je nach Ausgestaltung seiner Regelung unterschiedlichen Beschränkungen. Je mehr er mit seiner Maßnahme die Freiheit der Berufswahl berührt, umso höher sind die Anforderungen für die verfassungsrechtliche Legitimation.[19] Die Altersgrenze des GSGKV schließt den A mit Vollendung seines 68. Lebensjahres von der Behandlung gesetzlich Krankenversicherter aus, die einen Großteil seiner möglichen Patienten darstellen. Die Vorschrift rückt daher in die Nähe einer Zulassungsregelung.

Es stellt sich die Frage, welcher Zulassungsschranke eine starre Altersgrenze am ehesten entspricht. Für eine objektive Zulassungsvoraussetzung lässt sich anführen, dass der Alterungsvorgang dem Einfluss des Betroffenen entzogen ist. Allerdings handelt es sich bei dem Alter um eine *persönliche Eigenschaft*, die ausschließlich dem jeweiligen Betroffenen zugerechnet werden kann. Eine Altersgrenze zur Regelung der Berufswahl wäre demnach eine *subjektive Zulassungsvoraussetzung*.[20] Danach kann ein Eingriff nur dann gerechtfertigt werden, wenn er zur ordnungsgemäßen Erfüllung des Berufes oder *zum Schutz eines besonders wichtigen Gemeinschaftsgutes* erforderlich erscheint.[21] Die Altersgrenze des GSGKV dient der Verringerung der Anzahl der Vertragsärzte und somit der Finanzierbarkeit der gesetzlichen Krankenversicherung. Dies stellt in einem Sozialstaat wie der Bundesrepublik Deutschland ein besonders wichtiges Gemeinschaftsgut dar. Zudem verfolgt die Regelung den Zweck, Gefahren abzuwehren, die von älteren Berufstätigen ausgehen, die sich nicht mehr im Vollbesitz ihrer geistigen und körperlichen Leistungsfähigkeit befinden. Solche Gefahren sind bei

---

[17] *Pieroth/Schlink*, Rdn. 289 ff.
[18] Vgl. Jarass/Pieroth/*Jarass*, Art. 12 Rdn. 36.
[19] *Ipsen*, Staatsrecht II, Rdn. 669 ff.; *Pieroth/Schlink*, Rdn. 852 ff.
[20] Vgl. BVerfGE 9, 338 (344 f.); 64, 72 (82); Dreier/*Wieland*, Art. 12 Rdn. 81.
[21] BVerfGE 103, 172 (183); *Hufen*, § 35 Rdn. 31; Jarass/Pieroth/*Jarass*, Art. 12 Rdn. 37; *Ruffert*, BeckOK-GG, Art. 12 Rdn. 97.

der Behandlung von Patienten durch Ärzte außerordentlich groß, weil Fehldiagnosen zu einer Verletzung der Gesundheit der Patienten führen können. Auch der Gesundheitsschutz verkörpert ein besonders wichtiges Gemeinschaftsgut, insbesondere wenn ein Großteil der Bevölkerung auf die Behandlung durch Vertragsärzte angewiesen bleibt.[22]

Demgegenüber stehen die Interessen des A, auch nach Vollendung seines 68. Lebensjahres als Vertragsarzt tätig zu werden. Die Altersgrenze ist aber sehr hoch angesetzt, so dass A zuvor seinen Beruf über einen langen Zeitraum ausüben darf. Die mit der Altersgrenze verbundenen Nachteile gestalten sich daher nicht als unzumutbare Belastung. Ohnehin ist der Eingriff dadurch abgeschwächt, dass er nach Vollendung des 68. Lebensjahres noch privatärztlich tätig werden und somit weiterhin, wenngleich ggf. begrenzte Einkünfte erzielen kann.

4. Zwischenergebnis

Der Eingriff des GSGKV in das Grundrecht des A auf Berufsfreiheit gemäß Art. 12 Abs. 1 GG ist verfassungsrechtlich gerechtfertigt.

II. Art. 14 Abs. 1 GG

A könnte durch die Altersgrenze in seinem Recht auf Eigentum gemäß Art. 14 Abs. 1 GG verletzt sein.

Das Eigentum des A könnte zunächst dadurch tangiert sein, dass er infolge des GSGKV nach Vollendung seines 68. Lebensjahres nicht mehr berechtigt ist, mit seiner Praxis Einkünfte aus der Behandlung gesetzlich Krankenversicherter zu erzielen. In den Schutzbereich des Art. 14 Abs. 1 GG fällt die *freie Nutzung des Eigentums*. Bei der Ausübung von Berufen bedarf die Eigentumsfreiheit jedoch der Abgrenzung zur Berufsfreiheit. Danach schützt das Recht auf Eigentum lediglich, was durch die berufliche Nutzung *bereits erworben* wurde. Die berufliche Betätigung an sich und somit der *Vorgang des Erwerbs* sind dagegen allein durch Art. 12 Abs. 1 GG geschützt.[23] Insoweit greift das GSGKV in den Schutzbereich des Eigentumsrechts des A überhaupt nicht ein.

Des Weiteren könnte das Eigentum des A dadurch berührt sein, dass er seine Praxis nicht wie geplant bzw. nicht ohne Verlust eines erheblichen Teils seines Patientenstamms an seinen Enkel übergeben kann. Zur Nutzung des Eigentums gehört auch das Recht, es an andere zu übertragen. Das GSGKV verwehrt dem A aber nicht generell, seine Praxisräume und seinen Patientenstamm zu übertragen. Es verwehrt ihm lediglich die Möglichkeit, seinen Patientenstamm bis zu einem gewünschten Übergabezeitpunkt der Praxis durch eigene Tätigkeit zu erhalten. Dieser Aspekt wird jedoch wiederum nur durch Art. 12 Abs. 1 GG geschützt.

A ist somit durch die Altersgrenze des GSGKV nicht in seinem Recht auf Eigentum gemäß Art. 14 Abs. 1 GG verletzt.

---

[22] BVerfG NJW 1998, 1776 (1777).
[23] BVerfGE 88, 366 (377); *Hufen*, § 35 Rdn. 14; *Pieroth/Schlink*, Rdn. 912.

III. Art. 2 Abs. 1 GG

Die allgemeine Handlungsfreiheit gemäß Art. 2 Abs. 1 GG ist gegenüber dem speziellen Grundrecht der Berufsfreiheit aus Art. 12 Abs. 1 GG subsidiär.

IV. Art. 3 Abs. 1 GG

Letztlich könnte die Altersgrenze gegen den allgemeinen Gleichheitsgrundsatz des Art. 3 Abs. 1 GG verstoßen und A dadurch in seinen Grundrechten verletzen.

1. Ungleichbehandlung

Dies setzt zunächst voraus, dass *wesentlich Gleiches ungleich behandelt* wird.[24] Die Altersgrenze des GSGKV gilt nur für die Zulassung als Kassenarzt. Dagegen ist es frei praktizierenden Ärzten auch nach Vollendung des 68. Lebensjahres möglich, privatärztlich tätig zu sein. Obwohl sich beide Tätigkeiten nur durch den Versichertenstatus der Patienten unterscheiden, weder dagegen in der notwendigen Ausbildung noch in den medizinisch indizierten Behandlungsmethoden, gilt die Altersgrenze nur für die vertragsärztliche Tätigkeit. Darin liegt eine Ungleichbehandlung im Wesentlichen gleicher Sachverhalte.

2. Verfassungsrechtliche Rechtfertigung

Die Ungleichbehandlung bedarf zu ihrer verfassungsrechtlichen Rechtfertigung einer vernünftigen und *nicht willkürlichen Erwägung*.[25] Zum einen trifft den Gesetzgeber nur in Bezug auf die gesetzlichen Krankenkassen und die dadurch gewährleistete soziale Grundvorsorge der Bevölkerung eine erhöhte Fürsorgepflicht. Daher kann er Regelungen erlassen, die lediglich die Finanzierbarkeit der gesetzlichen Krankenkassen sichern sollen und für die privaten Krankenkassen, die den Gesetzen der freien Marktwirtschaft ausgesetzt sind, keine Vorschriften vorsehen. Zudem ist zu bedenken, dass Vertragsärzte grds. mit ihrer vollen Arbeitskraft für die vertragsärztliche Versorgung zur Verfügung stehen müssen, während Ärzte, die sich auf eine privatärztliche Tätigkeit beschränken, den zeitlichen Umfang ihrer beruflichen Betätigung frei einteilen und beschränken können. Des Weiteren haben gesetzlich Krankenversicherte nur einen Anspruch darauf, durch einen Vertragsarzt behandelt zu werden, und sind daher faktisch auf dessen volle körperliche und geistige Leistungsfähigkeit angewiesen. Die Beschränkung der Altersgrenze auf die vertragsärztliche Tätigkeit erscheint demnach nicht willkürlich, sondern gerechtfertigt. Ein Verstoß gegen den allgemeinen Gleichheitsgrundsatz des Art. 3 Abs. 1 GG kommt nicht in Betracht.

V. Ergebnis

Die Altersgrenze des GSGKV greift nicht in die Grundrechte des A ein. Seine Verfassungsbeschwerde ist zwar zulässig, aber nicht begründet.

---

[24] BVerfGE 49, 148 (165); *Pieroth/Schlink*, Rdn. 431.
[25] Jarass/Pieroth/*Jarass*, Art. 3 Rdn. 15; vgl. auch BVerfGE 10, 234 (246).

Erwartungshorizont der Klausur

Schwerpunkte 1. Ordnung
- Drei-Stufen-Theorie bei Eingriffen in die Berufsfreiheit
- Verfassungsrechtliche Rechtfertigung des GSGKV

Schwerpunkte 2. Ordnung
- Betroffenheit des A durch das GSGKV
- Grundsatz der Subsidiarität bei Verfassungsbeschwerden gegen Gesetze
- Erforderlichkeit der Einführung der Altersgrenze
- Eingriff in das Eigentumsrecht
- Verstoß gegen den allgemeinen Gleichheitsgrundsatz

Kleinere Probleme
- Auslegung der öffentlichen Gewalt in § 90 Abs. 1 BVerfGG
- einheitliches Grundrecht der Berufsfreiheit

Literaturverzeichnis

Beck'scher Online-Kommentar
- BGB, hrsg. von Bamberger, Heinz Georg / Roth, Herbert, 10. Ed. 2008, zit.: *Bearbeiter*, BeckOK-BGB.
- GG, hrsg. von Epping, Volker / Hillgruber, Christian, 1. Ed. 2008, zit.: *Bearbeiter*, BeckOK-GG.
- StGB, hrsg. von Heintschel-Heinegg, Bernd von, 6. Ed. 2008, zit.: *Bearbeiter*, BeckOK-StGB.

Beulke, Werner
- Klausurenkurs im Strafrecht I. Ein Fall- und Repetitionsbuch für Anfänger, 4. Aufl. 2008, zit.: *Beulke*, Klausurenkurs I.
- Klausurenkurs im Strafrecht II. Ein Fall- und Repetitionsbuch für Fortgeschrittene, 2007, zit.: *Beulke*, Klausurenkurs II.

Brox, Hans / Walker, Wolf-Dietrich
Allgemeiner Teil des BGB, 32. Aufl. 2008, zit.: *Brox/Walker*.

Degenhart, Christoph
Staatsrecht I. Staatsorganisationsrecht, 23. Aufl. 2007, zit.: *Degenhart*.

Dreier, Horst
Grundgesetz. Kommentar, Band 1 (Art. 1–19), 2. Aufl. 2004, zit.: Dreier/ *Bearbeiter*.

Erman, Walter
Bürgerliches Gesetzbuch, hrsg. von Westermann, Harm Peter, 12. Aufl. 2008, zit.: Erman/*Bearbeiter*.

Fischer, Thomas
Strafgesetzbuch und Nebengesetze, 55. Aufl. 2008, zit.: *Fischer*.

Hilgendorf, Eric
Fallsammlung zum Strafrecht, 5. Aufl. 2008, zit.: *Hilgendorf*.

Hufen, Friedhelm
Staatsrecht II. Grundrechte, München 2007, zit.: *Hufen*.

Ipsen, Jörn
- Staatsrecht I. Staatsorganisationsrecht, 19. Aufl. 2007, zit.: *Ipsen*, Staatsrecht I.
- Staatsrecht II. Grundrechte, 11. Aufl. 2008, zit.: *Ipsen*, Staatsrecht II.

Jarass, Hans D. / Pieroth, Bodo
Grundgesetz für die Bundesrepublik Deutschland, 9. Aufl. 2007, zit.: Jarass/
Pieroth/*Bearbeiter.*

Kindhäuser, Urs
Strafrecht. Allgemeiner Teil, 3. Aufl. 2008, zit.: *Kindhäuser,* AT.
Köhler, Helmut
BGB. Allgemeiner Teil, 32. Aufl. 2008, zit.: *Köhler.*
Kudlich, Hans
Prüfe dein Wissen. Rechtsfälle in Frage und Antwort, Band 9, Strafrecht. All-
gemeiner Teil, 2. Aufl. 2006, zit.: *Kudlich,* PdW AT.
Kühl, Kristian
Strafrecht. Allgemeiner Teil, 6. Aufl. 2008, zit.: *Kühl,* AT.

Lackner, Karl / Kühl, Kristian
Strafgesetzbuch, 26. Aufl. 2007, zit.: *Lackner/Kühl.*
Larenz, Karl / Wolf, Manfred
Allgemeiner Teil des Bürgerlichen Rechts, 9. Aufl. 2004, zit.: *Larenz/Wolf.*

Maurer, Hartmut
Staatsrecht I, 5. Aufl. 2007, zit.: *Maurer.*
Medicus, Dieter
Allgemeiner Teil des BGB, 9. Aufl. 2006, zit.: *Medicus,* AT.
Musielak, Hans-Joachim
Grundkurs BGB, 10. Aufl. 2007, zit.: *Musielak.*

Palandt, Otto
Bürgerliches Gesetzbuch, 67. Aufl. 2008, zit.: Palandt/*Bearbeiter.*
Pieroth, Bodo / Schlink, Bernhard
Grundrechte. Staatsrecht II, 24. Aufl. 2008, zit.: *Pieroth/Schlink.*

Rengier, Rudolf
Strafrecht. Besonderer Teil II. Delikte gegen die Person und die Allgemeinheit,
9. Aufl. 2008, zit.: *Rengier,* BT II.

Schwab, Dieter / Löhnig, Martin
Einführung in das Zivilrecht. Einschließlich BGB – Allgemeiner Teil, 17. Aufl.
2007, zit.: *Schwab/Löhnig.*

Wessels, Johannes / Beulke, Werner
Strafrecht. Allgemeiner Teil. Die Straftat und ihr Aufbau, 38. Aufl. 2008, zit.:
Wessels/Beulke.
Wessels, Johannes / Hettinger, Michael
Strafrecht. Besonderer Teil/1. Straftaten gegen Persönlichkeits- und Gemein-
schaftswerte, 32. Aufl. 2008, zit.: *Wessels/Hettinger.*

Zieschang, Frank
Strafrecht. Allgemeiner Teil, 2005, zit.: *Zieschang.*

Weiterführende Literatur

Zum Gutachtenstil

Fahl, Christian, Bemerkungen zum Urteilsstil, JuS 1996, 280.

Franck, Jens-Uwe, Zur Verwendung des Konjunktivs für den Lösungsansatz in einem Gutachten, JuS 2004, 174–176.

Hardtung, Bernhard, Das Springen im strafrechtlichen Gutachten, JuS 1996, 610–615, 706–710, 807–811.

Kerbein, Björn, Darstellung eines Meinungsstreits in Klausuren und Hausarbeiten, JuS 2002, 353–355.

Petersen, Harald, Typische Subsumtionsfehler in (straf-)rechtlichen Gutachten, Jura 2002, 105–109.

Schnapp, Friedrich E., Das Kreuz mit dem Konjunktiv, Jura 2002, 32–35.

Valerius, Brian, Der Gutachtenstil in der juristischen Fallbearbeitung, JA für Erstsemester, 47–53.

Wolf, Gerhard, Bemerkungen zum Gutachtenstil, JuS 1996, 30–36.

Zur Anfertigung von Klausuren und Hausarbeiten

Dühn, Matthias, Die »10 Gebote« der Klausurbearbeitung, JA 2000, 765–770.

Fahl, Christian, 10 Tipps zum Schreiben von (nicht nur) strafrechtlichen Klausuren und Hausarbeiten, JA 2008, 350–357.

Forster, Peter, Fragen der Klausurtechnik, JuS 1992, 234–240.

Hopt, Klaus J., Fallösungstechnik für Beginner – Hinweise zur Bearbeitung von Klausuren und Hausarbeiten, Jura 1992, 225–231.

Knödler, Christoph, Zur Vermeidung von formalen Fehlern in Klausuren, JuS 2000, L65–L67, L 73–L75.

Noltensmeier, Silke / Schuhr, Jan C., Hinweise zum Abfassen von (Pro-)Seminararbeiten, JA 2008, 576–584.

Reimer, Ekkehart, 10 Tipps für eine gute Hausarbeit, JA für Erstsemester, 78–81.

Schimmel, Roland, Juristische Klausuren und Hausarbeiten richtig formulieren, 7. Aufl. 2008.

Zuck, Holger, Das Anfertigen von Übungsarbeiten – Praktische Hinweise für Anfänger-, Fortgeschrittenen- und Examensarbeiten, JuS 1990, 905–912.

Stilkunde und juristischer Sprachgebrauch

Hattenhauer, Christian, Stilregeln für Juristen, JA für Erstsemester, 53–57.
Möllers, Thomas M.J., Juristischer Stil, JuS 2001, L65–L68, L81–L84.
Schmuck, Michael
- Den Ballast über Bord werfen, MDR 1995, 782–783.
- Klares Deutsch statt Schwulst, JA 2001, 911–912.
- Deutsch für Juristen: Vom Schwulst zur klaren Formulierung, 2. Aufl. 2006.
Schnapp, Friedrich E.
- Augen zu und »durch«? Von der Schwierigkeit im Umgang mit Präpositionen, Jura 2002, 312–316.
- Das vertrackte »Verbindungs«-Wesen. Zum richtigen Gebrauch von Konjunktionen, Jura 2002, 599–602.
- Krebsübel Substantivitis? Der richtige Umgang mit dem Nominalstil, Jura 2003, 173–177.
- Wie entspricht man dem Gebot der Knappheit?, Jura 2003, 602–607.
- Aktiv oder Passiv? Das Leiden an der Leideform, Jura 2004, 526–531.
- Von der (Un-)Verständlichkeit der Juristensprache, JZ 2004, 473–481.
- Das Gebot der Sachlichkeit, Jura 2006, 583–586.
Walter, Tonio
- Kleine Stilkunde für Juristen, 2002.
- Über den juristischen Stil, Jura 2006, 344–348.

Klausurmethodik und Sonstiges

Brox, Hans, Zur Methode der Bearbeitung eines zivilrechtlichen Falles, JA 1987, 169–176.
Brühl, Raimund, Arbeitstechniken und praktische Probleme der juristischen Fallbearbeitung, VR 1986, 302–307, 377–382, VR 1987, 15–19.
Jakoby, Markus, Das „Handwerkszeug" für die juristische Fallbearbeitung, RpflStud 1993, 164–171.
Körber, Torsten
- 20 Regeln für die zivilrechtliche Fallbearbeitung, JuS 1998, L65–L68, L73–L77.
- Zivilrechtliche Fallbearbeitung in Klausur und Praxis, JuS 2008, 289–296.
Kudlich, Hans / Reimer, Ekkehart / Wolf, Christian, Der Start ins Studium in den drei Hauptfächern, JA für Erstsemester, 16–20.
Lagodny, Otto, Gesetzestexte suchen, verstehen und in der Klausur anwenden. Eine praktische Anleitung für die ersten Schritte im Strafrecht, Öffentlichen Recht und Zivilrecht, 2008.
Linhart, Karin, Das System der Anspruchsgrundlagen, Einwendungen und Einreden in der Zivilrechtsklausur, JA 2006, 266–270.

Schmidt, Thorsten Ingo, Grundlagen rechtswissenschaftlichen Arbeitens, JuS 2003, 551–556, 649–654.

Senne, Petra, Hinweise zur Lösung einer zivilrechtlichen Klausur, JA 1995, 760–766.

Steffahn, Volker, Lerntipps für das Jurastudium, JA für Erstsemester, 73–78.

Stiebig, Volker, Einführende Hinweise zur strafrechtlichen Klausurentechnik, Jura 2007, 908–914.

Sachverzeichnis